수백 번 본들 한번 만들어봄만 하랴!

百見不如一打

백견불여일타

C# 입문

정준석 지음

수백 번 본들 한번 만들어봄만 하랴!
百見不如一打
백견불여일타 C# 입문

지은이 정준석 **1쇄 발행일** 2019년 11월 15일 **2쇄 발행일** 2021년 4월 29일
펴낸이 임성춘 **펴낸곳** 로드북 **편집** 조서희 **디자인** 이호용(표지), 심용희(본문)
주소 서울시 동작구 동작대로 11길 96-5 401호
출판 등록 제 25100-2017-000015호(2011년 3월 22일)
전화 02)874-7883 **팩스** 02)6280-6901
정가 25,000원 **ISBN** 978-89-97924-45-5 93000

이메일 chief@roadbook.co.kr **블로그** www.roadbook.co.kr

百見不如一打

코드를 한번 쳐보고 실행해보는 것이

프로그래밍을 익히는 으뜸 공부법이라는

철학을 담았습니다.

지은이의 글

"이 책은 프로그래밍 언어를 이제 막 시작하려는,
그리고 수없이 프로그래밍 입문에 실패한 독자를 위한 책입니다."

필자도 고등학교에선 문과 출신이었고, 대학 입학 후 소프트웨어 공학을 처음 접했을 때의 두려움과 어려웠던 점을 계속 생각하면서, 그때의 나와 비슷한 처지에 있는 지금의 IT 초급자 여러분들께 이 책이 주는 가치를 높이기 위해 노력을 했습니다.

컴퓨터에 대해 잘 모르는 상태에서, 프로그래밍 언어에 재미를 느끼는 것은 정말 어렵습니다. 저 또한 그랬습니다. 그냥 대학교 실습실에서 책을 보면서 코드를 따라 했고, 검은 화면(콘솔 창)에 나오는 아웃풋에 회의감을 느끼며 지냈었습니다. 그러던 제가 프로그래밍에 흥미를 가지게 된 언어가 바로 'C#'입니다.

초급자였던 과거의 시각에서 봤을 때 C#의 가장 큰 매력은, 어떤 프로그램을 만들어도 편하게 만들 수 있게 도와주는 Visual Studio라는 개발 툴이었습니다. Visual Studio에서 제공해주는 도구들은, 개발에 서툴렀던 저에게 많은 힘이 되어주었습니다. 마우스를 이용하여 손쉽게 이것저것 배치하며 나의 프로그램을 만들어가는 것은 정말 신세계였습니다.

점점 개발 경력이 늘어남에 따라, 지금의 시각에서 봤을 때 C#의 진정한 매력은, '트렌드를 이끄는 언어'라는 점입니다. 지금 "핫하다"는 타 언어의 새로운 릴리즈 목록을 보면, 거의 C#에 이미 있었던 기능들이 대부분입니다.

또한 과거 마이크로소프트의 '쇄국정책(?)'으로 인해 민심을 잃었던 부분도 이제는 많이 달라졌습니다. Windows에서만 동작하던 언어에서, 이제는 타 플랫폼에서도 안정적으로 돌아갈 수 있는 언어로 발전하게 된 것도, 그리고 GitHub를 인수하며 개발자들과 소통하는 것도, 어찌 보면 마이크로소프트가 점차 오픈마인드로 변화하고 있다는 점을 대변해주는 일이라고 보이며 앞으로도 IT시장에 중요한 한 축의 언어로 자리매김할 것입니다.

지금의 초급 개발자분들은 거의 '자바'나 '파이썬'과 같은 언어로 공부를 시작하는 분들이 많을 것입니다. 하지만 필자는 자신 있게 권하고 싶습니다.

- C#을 첫 언어로 시작해도 프로그래밍 언어에 매력을 느끼고, 흥미를 느낄 수 있을 것이라고.
- 그리고 C#을 공부하고 다른 언어를 접하더라도, 별도의 진입장벽 없이 쉽게 적응할 수 있을 것이라고.

이 책의 구성은 다음과 같습니다.

- 먼저 C# 언어의 역사와 함께 매력적이 부분은 어떤 것들이 있는지, 독자 여러분들의 관심을 끌 이야기들을 준비했고,
- C#의 기본적인 문법을 익히게 될 것이고
- 객체지향에 대한 원론직인 내용과 철학, 특징을 실펴볼 것이며,
- 여러분이 앞으로 어떤 언어를 이용해서 개발을 하든지, 무조건 패키지로 알아야 할 필수 요소인 데이터베이스와 자료구조에 대해서도 살펴볼 것입니다.
- 마지막으로 위 내용을 기반으로, C#을 이용해서 어떤 프로그램을 만들 수 있는지, 그리고 C#을 이용해서 어떤 개발자가 될 수 있는 것인지 미니멀한 프로젝트 세 가지를 준비했습니다.

먼저, 이 책을 포기하지 않고 완주를 했다는 점이 집필인으로서 정말 뿌듯합니다. 사실 이 책은 적어도 2년 전에 출간되었어야 하는 책이었습니다. 이미 한번 초고를 마쳤었지만, 필자 자신이 만족스럽지 않았기에 원고를 두 번 정도 갈아 엎었었습니다. 위에서 언급했던, 초급자가 프로그래밍에 대한 재미를 꼭 이 책을 통해 찾아가길 간절히 바라는 마음으로 정말 열심히 집필했습니다.

꼭 끝까지 포기하지 않고 완주하여, 같은 공간 같은 시간에서 저와 함께 대한민국 IT를 발전시키는 동료로 성장하시길 응원하겠습니다.

이 책을 집필하면서 정말 고마운 사람들이 많이 떠오릅니다. 한 분 한 분 모두 언급을 해야 예의지만 지면상 모든 분을 언급하지 못한 점 너그럽게 이해 부탁드립니다.

먼저, 이 책을 쓰는 동안 주말에도 집중할 수 있도록 용기와 배려를 해주고 가치있는 삶의 길을 함께 동행해주는 와이프와, 어떤 선택을 하더라도 뒤에서 묵묵히 응원을 해주고 아낌없이 지원해주신 부모님께 정말 감사함과 사랑함을 표현하고 싶습니다. 그리고, IT 업계 약 10년동안 열정을 잃지 않게 서로서로 이끌어주는 스터디 그룹 '실리콘밸리'에게도 감사하며, 저의 C# 원고를 시간 내어 검토해주고 끊임없이 조언을 해주신 저의 개발 멘토인 '최민석'님에게도 감사 인사를 드립니다.

마지막으로, 개발자로서 아무나 겪을 수 없는 집필의 경험을 느낄 수 있게 기회를 주고, 힘든 시간 속에서도 이 기회의 끈을 놓지 않도록 격려와 계속된 기다림을 보여주신 '임성춘' 편집장님께 감사드립니다.

2019년 11월

정준석

편집자이자 베타테스터의 글

"연습문제를 직접 풀어보지 않으면 아무리 좋은 입문서라도 백약이 무효입니다."

아직 출간까지 시간이 조금 남았지만 이 책의 첫 공부(?)[1]를 마쳤기에 그 느낌을 빨리 지면에 옮기고자 이렇게 글을 써둡니다. 무더운 여름 날들을 지나 이제 아침저녁으로 선선한 바람에 제법 가을의 향기가 나는 듯합니다.

내가 관여했던 수많은 책들 중에 수년 이상 걸린 책이 많았는데, 이 책은 그 중에서도 최장 기간의 프로젝트였습니다. 출간계획표를 보니 2015년 6월에 계약되었네요. 출간계획표는 매일 열어보고 관리하지만 참으로 힘든 계획이 아닐 수 없습니다(웃음). 그래도 완주하지 못하고 "파기 리스트"로 내려가는 타이틀도 많으니 출판사의 출간계획표는 저자들의 전쟁과 같은 삶을 고스란히 담아내고 있습니다(메일 내용이나 전화 통화 등등의 시시콜콜한 내용까지 메모로 달아두거든요). 이 책이 걸린 4년의 시간은 세상에 내놓기에 만족스럽지 못했던 저자의 고뇌의 시간이라고 해두죠. 실제로 부끄러워 못내놓겠다고 조금만 조금만 하던 시간이 벌써 4년이라는 세월이 흘러버렸으니까요.

책 제목은 밝힐 수 없지만, IT 입문자라면 누구나 알 만한 베스트셀러가 있습니다. 십수 년 전에 이 책을 벤치마킹한 적이 있었습니다. 그러나, 특별한 뭔가를 발견하지 못하고 책을 접었던 기억이 있습니다. "쉽다" "원리에 충실하다" "동영상 강의도 잘 되어 있다" 등등의 평범한 벤치마킹 결과였습니다. 그로부터 얼마 후 다시 그 책을 꺼내보았습니다. 이제는 진짜 독자가 되어 코드 하나하나 타이핑해보며 열심히 배우는 자세로 읽었습니다. 아니 "공부"를 했습니다. 그런데, 이전 벤치마킹에서 풀어보지 않고 넘어갔던 연습문제를 직접 고민하며 (최소 몇십 분에서 몇 시간, 정말 어려운 문제는 하루 정도 걸린 듯합니다) 풀어보니, 왜 이 책이 베스트셀러인지를 알 수 있었습니다. 연습문제 하나하나 허투루 만들지 않은 책이었습니다. 쉬운 문제부터 약간은 도전적인 문제까지 독자가 그 연습문제를 스스로 풀어보았을 때 해당 챕터의 내용을 제대로 이해했다는 성취감을 주고 그 다음 단계로 나갈 수 있는 에너지를 주는 책이라는 걸 깨달은 것이죠.

그때부터였던 것 같습니다. "편집자가 공부하듯이 모든 책을 만들 수는 없지만 입문서만큼은 꼭 독자가 되어 공부하며 책을 만들어보자." 이런 다짐으로 입문서는 꼭 소스를 직접 타이핑해보고 연습문제도 스스로 풀어보며 책을 만들어왔습니다.

---

[1] 편집자가 저자의 원고를 읽어보는 단계가 있는데, 보통 워드 파일 상태로 처음 보고 그리고 책으로 디자인된 단계에서 초교 재교 삼교 삼세번을 본다. 이 책은 최초의 독자라는 생각으로 초교 상태에서 독자의 입장에서 공부하듯이 보았다.

이 책도 마찬가지였습니다. 개발 환경 설정부터 아무리 반복되는 using 구문이든 Run() 메소드이든 반복해서 똑같이 입력해보고 공부했습니다. 그러다 보면 자연스레 클래스 구조와 메소드 구조에 익숙해지고 if문이나 for문 등이 나오면 능청스럽게 책도 안보고 구문을 완성하곤 했습니다.

그리고 역시 하이라이트는 연습문제였습니다. 본문에서 열심히 구문을 익혔는데도 잘 생각이 나지 않으면 어쩔 수 없이 본문을 참고하였지만, 절대 저자가 제공한 해답은 보지 않았습니다. 그리고 완성된 나만의 해답과 저자가 제공한 해답을 비교했을 때, "아~ 이렇게도 코딩을 할 수 있구나" 하며 큰 깨달음의 순간도 많았던 것 같습니다. 연습문제 푸는 시간이 제일 힘들었고 재미있었습니다. 그냥 단순 교정을 보면 10분도 채 걸리지 않지만, 한 문제만으로도 하루종일 시름하던 적도 있었습니다. 그러면서 힌트가 부족한 건 아니었는지 왜 이렇게 오래 걸린 건지 저자와 소통하며 연습문제의 힌트나, 문제를 약간씩 수정하기도 하며 책의 완성도에 기여를 한 것 같습니다.

눈으로만 읽으면 절대 내 지식이 될 수 없습니다. 특히 이 책에서 제공하는 연습문제들은 여러분이 나중에 현업에서 부딪히며 해결해야 할 미션들의 작은 버전과도 같습니다. 안 되면 밤새 고민해서 해결해보고 성취감을 맛본 후에 저자의 정답과 맞춰보고 잘한 점, 잘못한 점을 구분하여 배워나가야 합니다.

연습문제를 스스로 풀어본다는 것은 나에게 어떤 미션이 주어졌을 때 프로그램을 어떻게 짤 것이고 for문을 쓸 것인지 switch문을 쓸 것인지 배열 혹은 리스트, 제네릭 등등 어떤 자료구조를 쓸 것인지 고민하는 것부터 시작됩니다. 물론 현업에서와 같이 더 큰 프로젝트에서는 이 부분은 아주 작은 부분에 해당하겠지만, 이제 막 프로그래밍을 배우는 독자들에게는 모든 것이라고 해도 과언은 아닙니다.

대부분의 입문서에는 연습문제가 등장합니다. 여러분이 어떤 입문서를 택하든 연습문제는 꼭 스스로 풀어보는 훌륭한 독자이기를 바랍니다. 그리고 여러분이 원하는 프로그래밍의 세계에서 마음껏 날갯짓을 하며 즐겁고 행복한 삶이 되기를 기원합니다.

마지막으로 집필 기간 중에 결혼도 하고 삶의 큰 터닝포인트를 겪으신 저자님께 정말로 감사합니다.

2019년 10월
편집자 & 베타테스터 임성춘

일러두기

1. 이 책의 학습 방법

- 이 책은 1장부터 단계별로 C#의 문법과 그에 따른 실습을 하는 구성으로 되어 있습니다. 눈으로 읽어도 알 만한 예제라도 하나하나 직접 코딩을 해보면서 학습해야 학습 효과를 극대화할 수 있습니다.
- 비주얼 스튜디오에서 프로젝트를 처음 만들면 상위 개념인 솔루션을 만듭니다. 이 책은 하나의 솔루션(MyFirstApp)에 각 장마다 새로운 프로젝트를 만들어 총 12개의 프로젝트로 구성되었습니다. 참고로 2장을 학습한다면 2장의 프로젝트를 반드시 "시작 프로젝트로 설정"해야 합니다. 자세한 사항은 본문을 참고하세요.
- "스스로 해결해보세요"는 가능하면 뒤이어 나오는 코드를 보지 않고 풀어보기 바랍니다. 본인이 스스로 해결한 내용과 뒤이어 나오는 소스를 비교해보면 실력이 쑥쑥 올라가는 걸 느낄 겁니다.

스스로 해결해보세요

사용자 사전 만들기

위의 Ex011 예제를 좀더 확장해봅시다.

사용자가 단어를 검색하여.

`힌트` Hashtable에서 키의 존재를 판별하는 방법은 Contains입니다.

[함께 해봐요] **인사해보기**　　　　　　　　Hello.cs

```
01  using System;
02
03  namespace RoadBook.CsharpBasic.Chapter01.Examples
04  {
05      public class Hello
06      {
```

- "정리해봅시다"는 가볍게 복습하는 내용입니다. 앞서 배운 내용을 복기함으로써 한번 더 정리하는 단계이오니, 한 글자 한 글자 꾹꾹 눌러 읽어보길 권합니다.
- "나의 이해도를 측정하자"는 힌트가 제공되는 실습문제입니다. 가장 중요한 파트이기도 합니다. 실습문제는 현장에서 자주 직면하는 작은 미션들입니다. 이 미션들을 여러분 스스로 하나하나 해결해나가는 순간, 여러분은 이미 프로그래머입니다.

정리해봅시다

- 이번에 우리가 얻은 것
  이번 장에서 여러분은 프로그램을 제어하는 방법에 대해 알아보았습니다. 프로그램을 제어하는 것은 '조건문'을 이용하는 방법이고, 이 '조건문'의 종류에는 가장 흔히 사용되는 'if문', 그리고 if-else의 축소판인 '3항연산자', 명확한 조건을 비교할 때 사용되는 'switch문'이 있다는 것도 알아보았고, 몇가지 의미 있는 프로그램을 만들어 보았습니다.

나의 이해도를 측정하자

1. 주어진 1~100까지의 두개의 숫자(Random한 숫자)에 대한 더하기 문제를 제공하여, 사용자가 문제를 풀게 한 후 정답인지 오답인지 평가하는 프로그램을 만들어보세요.

  프로그램 만들기 위해서는 다음과 같은 지식이 필요해요
  - 변수 선언 방법

- 9장 함수형 프로그래밍까지 학습하였다면, 이후부터는 프로젝트 시간입니다. 세 개의 프로젝트를 제공합니다.

1. 콘솔 게시판을 만들어보고 웹 게시판으로 확장하기

필자는 새로운 언어를 배울 때 반드시 게시판을 먼저 만들어 본다고 합니다. 대부분의 프로젝트가 데이터를 다루는 일이 많은 만큼 쉽게 적응할 수 있기 때문입니다. 이 책은 먼저 원리를 알기 위해 콘솔 게시판을 만들어 보고, 그 다음에 간단하게 웹에서 어떻게 구현하는지 알아봅니다.

2. 매출 관리 시스템인 간단한 POS 시스템 만들어보기

Windows에서 돌아가는 솔루션을 만드는 곳은 반드시 원폼 Windows Form이 필요합니다. 가장 기본적인 매출관리 시스템을 만들어봄으로써 원폼 프로그래밍의 기초를 다질 수 있습니다.

데이터 관련 분야로 자신의 진로를 정한다면 더할 나위 없이 좋은 프로젝트가 될 것입니다. 데이터 수집과 색인 그리고 검색의 기초 원리를 배울 수 있습니다.

2. 이 책의 예제 다운로드와 표기법

- 이 책의 소스코드는 비주얼 스튜디오 커뮤니티(Community) 버전으로 작성되었습니다.
- 예제 소스는 로드북 사이트와 백견불여일타 네이버 카페에서 다운로드 받을 수 있습니다.

  www.roadbook.co.kr/216
  cafe.naver.com/codefirst

- 책의 예제는 라인 번호를 두었습니다. 라인 번호는 독자가 어느 위치에 코드를 추가해야 할지 직관적으로 알 수 있게 하기 위함입니다. 생략된 코드는 없으며, 모두 완전소스로 구성되었습니다.
- 주요 소스코드는 별도의 색으로 표현하였습니다. 별도의 설명도 두었습니다.

- "어려운 용어 설명" "잠시만 생각해봅시다" "달콤한 꿀 팁" 코너를 두어 지루하지 않게 학습할 수 있도록 구성하였습니다.

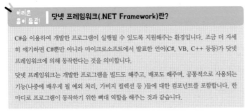

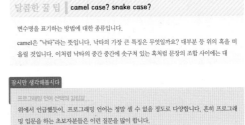

3. 백견불여일타 카페에서 함께 공부합시다.

앞으로 지속적으로 백견불여일타 시리즈 책들이 나올 예정입니다. 현재 HTML5와 안드로이드 앱 개발에서 없어서는 안 될 파이어베이스 독자분들이 백견불여일타 카페에서 많은 도움을 받고 있습니다. 외롭게 홀로 고군분투하며 어렵게 학습하는 입문자들에게 힘이 되는 공간으로 발전시켜나가도록 하겠습니다.

백견불여일타 네이버 카페 주소 : cafe.naver.com/codefirst

목차

3장 조건문: 상황에 따른 프로그램의 변화

4장 반복문: 반복된 상황의 프로그램 제어

7장 예외 처리: 누구에게나 예상치 못한 실수는 있어요

8장 파일과 데이터베이스: 데이터를 보관하자

9장 함수형 프로그래밍, 람다와 링큐

10장 프로젝트#1: 웹 프로그래밍 (게시판)

11장 프로젝트#2: 원폼으로 만드는 POS 시스템

부록

1장

첫 만남,
프로그래밍을 말하다

1장에서 만나볼 내용은?

첫 만남… 우리는 "처음"이라는 단어에 설렙니다.

지금 이 책을 보는 여러분도 분명 마음 한구석 어딘가에 기분 좋은 떨림을 가지고 첫 장을 펼칠 것이라고 생각합니다.

그리고 이러한 긍정적인 기대감이 곧 성취감으로 발전하여 이 책을 모두 다 읽었을 때,

대한민국 IT를 이끌어 가는 개발자로 성장하길 간절히 바랍니다.

이 장에서는 C#의 탄생을 비롯한 프로그래밍의 정의에 대해 알아볼 것입니다.

그리고 무(無)에서 유(有)를 창조해 나가기 위해 많은 도움을 줄 프로그램 설치와 환경 설정을 살펴 볼 것입니다.

#핵심_키워드

#프로그래밍_언어 #씨샵 #Visual_Studio #Git

프로그래밍 세계에 오신 것을 환영합니다.

지금 이 책을 읽는 분들은 미래의 "스티브 잡스" 혹은 "빌 게이츠"를 꿈 꾸는 소프트웨어 꿈나무 (초, 중, 고)인 분도 있을 것이고, 이미 그 꿈을 이루기 위해 이제 대학에 입학한 "공학도"인 분도 있을 것이며, 새로운 언어를 공부하여 더욱 더 완벽한 개발자가 되기 위한 "IT 전문가Specialist"도 있을 것입니다.

만약 이 책을 읽는 독자 여러분 중에 이미 C#을 많이 사용해서 숙련된 현업 개발자께서 이 책을 보신다면 약간은 심심한 면이 있을 수도 있을 것 같습니다. 반면에 C#은 물론 프로그래밍조차도 잘 모르는 IT초보자 분들께서 이 책을 보신다면 내 손으로 쉽게 프로그램을 만들며 흥미를 많이 얻을 수 있을 것 같습니다.

이 책의 구성은 C#을 처음으로 접해서 어디서부터 살펴봐야 할지 잘 모르는 초보자를 위한 바이블 서적입니다. 이 책에 나오는 예제를 직접 실습해보고, 원리를 깨달으면서 중간에 포기하는 분들 없 이 끝까지 함께 공부해 나가고 싶습니다. 바로 지금부터 책의 내용을 시작합니다.

1.1 프로그래밍이란 무엇일까?

"프로그래밍"이란 무엇일까요?

한마디로 쉽게 설명 드리자면, 기계와 내가 의사 소통을 하는 것입니다.

여러분의 일상 생활에서는 주변 사람들과 항상 대화를 하며 부탁을 하기도, 때로는 약속을 하기도 합니다. 그리고 메신저를 통해서 글로 주변 사람들에게 자신의 생각을 전달하기도 합니다. 지금 필 자가 여러분에게 프로그래밍을 설명하는 것, 더 나아가서 앞으로 여러분에게 무엇인가를 개발하도 록 문제를 내는 것 또한 의사소통을 하는 것이라고 볼 수가 있습니다.

이러한 인간과 인간 사이의 자연스러운 대화를, 기계와도 자연스럽게 이야기를 할 수 있는 것이 바 로 프로그래밍입니다.

다음의 내용은 닌텐도의 유명 게임 슈퍼마리오의 특징에 대해 설명한 글입니다.

1. 마리오는 앞으로 이동할 수도, 뒤로 이동할 수도 있다.
2. 마리오는 여러 가지 분장술을 하여 특수 능력을 발동시킬 수 있다.
3. 적이 있는 경우, 점프를 해 제거할 수도 있고 무기를 사용하여 제거할 수도 있다.
4. 마리오가 적과 부딪힌 경우 바로 죽게 된다.
5. 마지막 끝판 왕인 쿠퍼를 제거하고 공주를 구하게 되면 게임에서 승리한다.

또 다른 내용으로는 여러분이 생활에서 밀접하게 접하고 있는 자판기의 특징에 대해 설명한 글입니다.

1. 자판기에 동전 혹은 지폐를 넣으면, 기계에 현재 금액이 표시되고 해당 금액으로 살 수 있는 음료에 불이 켜진다.
2. 불이 켜져 있는 버튼(넣은 금액으로 살 수 있는 음료 버튼)을 누를 경우, 해당 음료가 나온다. 반면 불이 켜져 있지 않은 버튼(살 수 없는 음료 버튼)을 누를 경우, 아무 반응도 일어나지 않는다.
3. 거스름돈 레버를 돌리면, 남아 있는 금액이 다시 나온다.

닌텐도 게임 슈퍼마리오에서는 캐릭터를 움직이게 하고, 캐릭터의 행동에 따른 결과가 모두 약속되어 있습니다. 자판기 또한 각각의 상황에 대해 모두 약속되어 있습니다. 이러한 규칙을 정해주는 것은 사람(게임 개발자, 자판기 개발자)입니다. 이들이 바로 기계에게 의사소통을 통해 상황별로 무엇을 해야 할지 규칙을 정해주고, 이 기계는 명령을 입력 받아 일을 처리해 냅니다.

게임 주인공 캐릭터인 마리오와 주인공을 방해하는 적과 끝판 왕인 쿠퍼를 만든 사람은
디자이너입니다. 하지만 그들을 움직이게 하고 살아 숨쉬게 한 위대한 일을 한 사람은 바로
프로그래밍을 하는 프로그래머입니다. 프로그래머는 그들을 절대적으로 복종하게 하는 마치
조물주와 같은 일을 할 수 있습니다.

프로그래밍을 통해 기계와 의사소통을 한다는 것은 어느 정도 감이 올 것입니다. 그렇다면 이 의사소통을 어떤 방식으로 하는 것일까요? 말로 해서는 알아 들을 수 가 없을 텐데 말이죠.

정답은 우리가 한국어, 영어 등 국가별 모국어를 통해 의사소통을 하듯이 기계에게도 의사소통을 하는 언어가 있습니다. 이를 **프로그래밍 언어(Language)**라고 합니다. 전세계 다양한 언어가 있듯이 프로그래밍 언어에도 여러 가지가 있습니다.

지금부터 우리는 기계와 의사소통의 수단 중 하나인 C#이라는 언어를 공부하며 조물주가 되어보도록 할 것입니다.

1.2 프로그래밍 언어에는 무엇이 있을까?

국내에서 프로그래밍 언어를 말할 때 빠짐없이 나오는 언어가 있습니다. 바로 **자바(Java)**입니다.

자바는 제임스 고슬링James Gosling이 개발한 프로그래밍 언어입니다. 현재 세계적으로 많이 보급화한 언어이기도 하고 국내 IT시장에서는 프로젝트를 할 때 단연 1등으로 사용되는 언어이기도 합니다. 도대체 무슨 이유 때문에 자바가 뜬 것일까요?

그것은 바로 "한번 만들어 놓으면, 어디서든 동작한다(Write Once, Run Anywhere)"라는 모토를 가지고 개발된 언어이기 때문입니다.

한번 프로그램을 만들어 놓으면 어디서든지 돌아가도록 호환성을 보장해주는 언어이기 때문에 국내에서도 대부분이 자바를 사용하고 있습니다. 여기서 어디서든지 돌아갈 수 있다는 것은 OS(운영체제)를 말하는 것입니다. 노트북이나 일반 PC에 많이 설치되어 있는 Windows, 맥북에 설치되어 있는 Mac은 물론 각종 서버 용도로 쓰는 Linux 등등 어느 운영체제에서든지 가리지 않고 잘 동작하는 언어입니다.

자바 외에도, 개발자들이 주로 사용하는 인기 언어가 몇 가지 더 존재합니다. 필자가 생각하는 자바 시장을 위협하는 언어는 세 가지 정도가 있는 것 같습니다.

프로그래밍 원리를 깨우치는 데 도움이 많이 되어 과거 공대생들의 첫 프로그래밍 언어로 각광 받았던 **C언어**도 있고, 빠른 연산 처리와 다양한 내장 기능으로 초보자도 친근하게 프로그래밍을 할 수 있어 최근 공대생들의 첫 프로그래밍 언어로 각광 받는 **파이썬(Python)**도 있습니다. 그리고 필자와 마이크로소프트에서 가장 밀고 있는 언어인 **C#**도 자바를 위협하는 프로그래밍 언어 중 하나입니다.

그리고 이러한 메이저 언어 이외에도 루비Ruby, 펄Perl, 얼랭Erlang 등등 강소 언어들도 존재합니다. 사실 여러분이 하룻밤 자고 내일 일어 났을 때 또 다른 언어가 생겨날 수도 있습니다. 그만큼 프로그래밍 언어는 정말 많습니다.

잠시만 생각해봅시다

프로그래밍 언어 선택의 갈림길......

위에서 언급했듯이, 프로그래밍 언어는 정말 셀 수 없을 정도로 다양합니다. 흔히 프로그래밍 입문을 하는 초보자분들은 이런 질문을 많이 합니다.

"프로그래밍이 처음인데, 프로그래밍 언어 추천 좀 해주세요"

이러한 질문에 대해 필자는, 내게 잘 맞는 언어를 선택하고 잘 맞는 언어를 찾는 것이 중요하다고 얘기합니다. 교과서적인 답변이기도 하지만, 정말 중요한 이야기이기도 합니다.

미술 시간을 예로 들었을 때, 그림을 그릴 때 어떤 화가는 파스텔을 사용할 수도 있고 물감을 사용할 수도 있고, 또는 단순하게 연필을 사용할 수도 있습니다. 어떤 방식이든 자신만의 특징을 살리고 있는 화가는 이미 그림 그리는 기초 실력이 있기 때문에, 다른 도구를 접했을 때 아무 문제 없이 빠르게 적응하여 그림을 그려 낼 수 있을 것입니다.

프로그래밍 언어도 그림을 그리는 도구일 뿐입니다. 자바로 시작해도, C#으로 먼저 시작해도 나중에 여러분이 하나의 언어를 마스터하고 익숙해진다면 다른 언어도 접근하는 데 문제 없을 것입니다. 이는 숙련된 개발자가 되면 이미 프로그래밍의 원리를 깨우치고 기본기가 탄탄하기 때문에 빠르게 적응할 수 있기 때문입니다.

언어의 장점과 대세론으로 비추어 봤을 때, 자바 언어를 시작하려고 책을 덮으시려는 분들이 생겨날 것 같습니다. 하지만 지금부터 C#의 역사와 발전의 속도에 대해 설명을 들으시면서 다시 한번 이 책에 관심을 가져주셨으면 좋겠습니다. 지금부터 C#의 반격은 시작될 것이니까요.

1.3 C#의 탄생과 발전 가능성, 이 언어 매력적이다!

여러분이 배우는 C#은 탄생부터 매우 가슴 아픈 언어입니다. 역사에 대해 간략히 먼저 살펴보겠습니다.

마이크로소프트는 DOS 시절 TURBO-C, TURBO-PASCAL 제품의 볼랜드Borland에게 개발도구 시장을 완전히 뺏겼었습니다. 그래도 자본금이 많았던 마이크로소프트는 볼랜드의 탑 개발자인 앤더슨 해즐스버그Anderson Hejlsberg를 영입하는 데 성공하였고, 자바를 만들어 낸 썬 마이크로시스템즈Sun Microsystems와 라이선스를 맺은 뒤, 이를 이용하여 독자적으로 동작할 수 있는 Java 확장 버전인 Visual J++을 만들게 되었습니다.

Visual J++은 앱 프로그래밍, 분산 프로그래밍, 웹 프로그래밍 등등 모든 것이 한방에 다 될 정도로 엄청 잘 만들었다고 평가를 받았지만, Sun에서 표준 자바를 어긴 점과 특허권 관련 소송으로 고소를 하게 되어 Visual J++은 패소에 이르게 됩니다.

하지만 이렇게 잘 만들어 놓은 개발 도구를 포기할 수 없었던 마이크로소프트는 자바(Visual J++)를 업그레이드 하여 C#이라는 언어를 만들게 되었고, 이 프로그램이 동작할 수 있게 도와주는 .NET Framework도 업그레이드를 하였습니다. 처음에는 자바를 모태로 만들었던 C#이지만, 자바보다 더 빠른 성장 곡선을 만들어 가면서, 이제는 자바에는 없는 기능들을 먼저 선보일 정도가 되었습니다. (실제로 최근에 자바 업데이트 내역들을 보면 불과 2~3년 전에 C#에 나왔던 기능들이 이제 슬슬 자바에도 내장되는 것을 볼 수 있습니다.)

언어의 혁신을 주도하고 있다고 해도 과언이 아닐 정도인, 매력적인 C#이 왜 지금까지 자바에게 밀리고 있었을까요? 이는 방금 전에 설명했던 자바의 철학에 미치지 못했기 때문입니다. 어디서든 동작하는 자바와, 독자적인 .NET 플랫폼에서 동작하는 C#(즉, 윈도우에서만 동작하는⋯)의 거대한 차이는 어쩔 수 없는 격차로 벌어지게 되었습니다.

여러 가지 소송 등으로 상처 받은 마이크로소프트가 폐쇄적인 정책을 펼친 것은 이해할 수 있었으나, 요즘 IT의 트렌드는 오픈소스이기 때문에 C#도 변화해야 하는 시기라고 생각할 때쯤, 마이크로소프트 호의 수장이 바뀝니다. 바로 인도 국적의 개발자 출신 CEO인 사티아 나델라Satya Narayana Nadella가 운영체제의 혁신을 선보이며, Windows는 물론 Linux 플랫폼에서도 돌아가는 .NET CORE를 개발하면서 C# 또한 어디서든지 동작하는 프로그램을 만드는 언어가 되었습니다. 그리고 C#을 개발하기 위해서는 꼭 사용할 수밖에 없었던 유료 개발 툴이던 Visual Studio가 무료 버전인 커뮤니티Community 버전을 출시함과 동시에, 오픈소스 시대에 맞춰 해당 개발 툴의 코드 일부를 개발자들에게 공개하며 점차 개발자들에게 친근하게 손을 뻗고 있는 추세입니다.

어려운 용어 등장! | 닷넷 프레임워크(.NET Framework)란?

C#을 이용하여 개발한 프로그램이 실행될 수 있도록 지원해주는 환경입니다. 조금 더 자세히 얘기하면 C#뿐만 아니라 마이크로소프트에서 발표한 언어(C#, VB, C++ 등등)가 닷넷 프레임워크에 의해 동작한다는 것을 의미합니다.

닷넷 프레임워크는 개발한 프로그램을 빌드도 해주고, 배포도 해주며, 공통적으로 사용되는 기능(나중에 배우게 될 예외 처리, 가비지 컬렉션 등)들에 대한 컴포넌트를 포함합니다. 한마디로 프로그램이 동작하기 위한 뼈대 역할을 해주는 것과 같습니다.

C#의 또 다른 매력은 위에서 언급했던, 개발 도구인 Visual Studio를 빼 놓을 수 없습니다. C#이 처음 발표되었을 당시 Visual Studio 2002가 함께 출시되었고, 현재는 2017 버전까지 빠르게 발전해 나가고 있습니다. 이 개발 도구는 간혹 "영리한 Visual Studio 때문에, 개발자가 바보가 될 수도 있겠다"라고 말할 정도로 개발자들의 개발 능력에 편안함과 안정감을 책임져주는 멋진 도구입니다. 편리함뿐만 아니라 어떤 것을 개발하든지 Visual Studio만 있으면 모든 것을 만들어 낼 수 있습니다(App Programming, Console Programming, Windows Programming, Class Library 등등…).

이 외에도 C#은 **객체지향 언어**입니다. 여기서 객체지향이란, 세월이 흐르면서 소프트웨어의 규모가 엄청나게 커지고 과거의 단순한 프로그래밍 방식으로는 커버하기가 힘들어 조립식 건축물 공법과 같은 새로운 개발 방법이 생겨났는데, 이를 바로 객체지향이라고 합니다. 여기서 여러분은 "C#은 객체지향 언어다." 라는 것만 먼저 기억하시고, 나중에 다른 챕터에서 이에 대해 심도있게 다루는 것을 보시면 될 것 같습니다.

마지막으로 방대한 클래스 라이브러리Class Library를 지원해주고 있습니다. 클래스 라이브러리란, 편의점 간편 음식과도 같습니다. 우리가 밥을 먹기 위해서는 각종 요리를 직접 해야 하는데, 이 과정이 만만치가 않습니다. 채소도 다듬어야 하고 육수도 끓여야 하고 밥도 새로 지어야 합니다. 하지만 편의점 간편 음식은, 이미 형태가 갖추어져 있기 때문에 쉽게 뜨거운 음식으로 만들 수 있습니다.

클래스 라이브러리도 마찬가지입니다. 개발자들이 데이터를 처리할 때, 이미 .NET Framework에 내장되어 있는 클래스 라이브러리를 사용하게 되면 10줄 이상의 코드를 단 1줄만에 해결할 수 있습니다. 그만큼 개발자들의 개발 속도에 날개를 달아줄 수가 있다는 것이죠.

어떠신가요? C# 한번 배워보고 싶은 마음 생기지 않나요?

Windows 환경에서는 그 어떤 언어보다 확실한 퍼포먼스(성능)를 자랑하는 C#이기도 하고, 개발자의 편의성과 일의 효율성을 극대화시킬 수 있는 개발 툴이 매력적인 마이크로소프트의 주력 제품을 만져보는 것은 초급자가 프로그래밍을 처음으로 배울 때 흥미를 느낄 수 있게 할 수 있을 것입니다.

1.4 Visual Studio 설치를 해봅시다

이제 매력적인 언어인 C#을 사용하기 위해서는 위에서 언급했던 개발 도구인, Visual Studio를 설치해야 합니다.

Visual Studio는 마이크로소프트 공식 사이트에서 무료로 다운 받을 수 있습니다. 사실 더 많은 기능을 제공해주는 유료 버전의 Visual Studio도 있지만, 여러분들은 무료 버전을 설치해도 프로그래밍 공부를 하는 데 지장은 없을 것입니다. 그리고 필자 개인적인 생각은, 너무 편의성만 찾다 보면 기본 원리에 대해 무심하게 지나칠 수도 있기 때문에 조금은 더 수고스럽게 공부하는 것을 추천합니다.

지금부터 아래의 그림을 확인하면서 개발 도구 설정을 해보도록 하겠습니다. 참고로 이 책에 구성된 화면은 Windows 10 환경에서의 Visual Studio 2017 다운로드의 화면이므로, 여러분과 다소 차이가 있을 수도 있습니다.

먼저, 마이크로소프트 Visual Studio 공식 사이트에 접속합니다. 해당 화면에서 Visual Studio IDE 〉 Windows용 다운로드(Community 2017)을 선택합니다.

[그림 1-1] Visual Studio 공식 사이트 화면

다운로드 후, 설치 파일을 실행해 주기만 하면 됩니다. 안정적인 설치를 고려하여 Windows 관리자 권한으로 설치하는 것을 권장합니다.

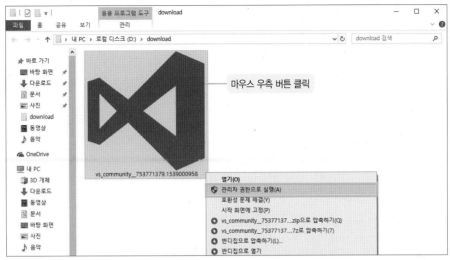

[그림 1-2] 다운로드 받은 파일을 관리자 권한으로 설치하기

다운로드한 파일을 실행하고 소프트웨어 사용 조건에 동의를 하기 위해 [계속] 버튼을 클릭하면, 알아서 인스톨러Installer가 개발 환경 구성에 필요한 부가 요소들을 다운로드 하고 설치를 완료합니다.

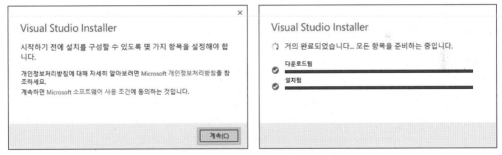

[그림 1-3] Visual Studio 구성요소 설치 화면

구성요소가 모두 설치가 되면, 본격적으로 Visual Studio를 설치해야 합니다. Visual Studio 하나만 있으면 정말 다양한 종류의 프로그램을 만들 수 있다고 필자가 언급했던 것처럼 초기 설정 화면은 정말 여러 가지의 선택 옵션이 나타납니다.

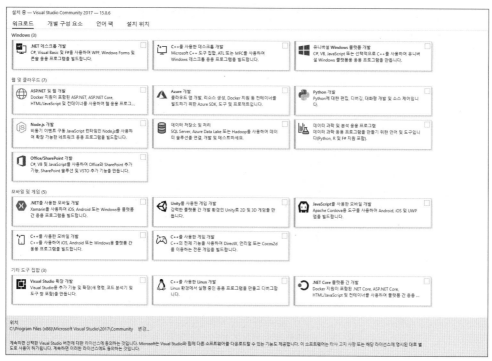

[그림 1-4] Visual Studio 설치 전, 선택 메뉴 화면

여러분은 C# 문법의 기초를 배우는 것을 목적으로 설치하는 것이기 때문에 간단하게 .NET 데스크톱 개발과, 더 나아가 C# 문법을 이용하여 브라우저 웹 페이지 화면을 만들어 보도록 할 것을 목표로 두기 위해 ASP.NET 및 웹 개발을 선택하도록 하겠습니다.

[그림 1-5] Visual Studio 개발 기능 선택 화면

여러분의 실습 PC와 이 책의 화면을 최대한 맞춰, 좀 더 쉽고 직관적으로 따라 할 수 있도록 언어 팩을 **한국어**로 맞추는 것을 권장합니다.

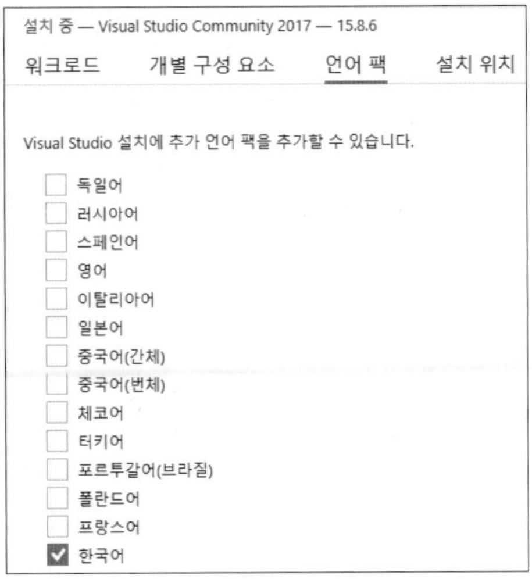

[그림 1-6] Visual Studio 언어 팩을 한국어로 맞추기

설정을 완료하고, 다시 워크로드 탭을 확인하면, 아래와 같이 설치 정보 리스트가 보일 것입니다. 설치 버튼을 클릭하여 설치를 진행하도록 합니다.

[그림 1-7] Visual Studio 설치 정보 리스트

설치가 진행됩니다.

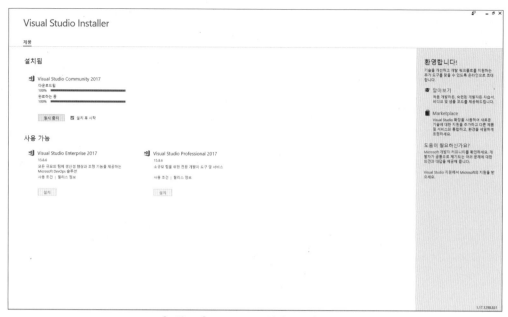

[그림 1-8] Visual Studio 설치 프로세스 화면

설치가 완료되면 실행 버튼을 클릭하여 Visual Studio를 여러분의 PC에 실행해보도록 하겠습니다.

[그림 1-9] Visual Studio 설치 완료 화면

처음에는 로그인 안내 화면이 나타날 것입니다. 현재는 팀 프로젝트 용도가 아닌 개인 스터디 목적이기 때문에 굳이 로그인을 할 필요는 없으므로 **나중에 로그인**을 클릭하도록 합니다(다양한 기능을 이용하기 위해서는 Microsoft 계정에 가입한 후, 로그인해서 사용할 것을 권장합니다).

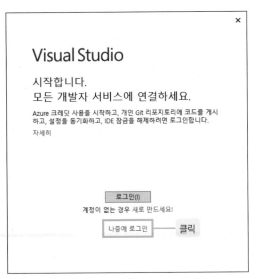

[그림 1-10] Visual Studio 로그인 화면

Visual Studio의 테마를 선택하는 화면이 나타납니다. 해당 부분은 여러분의 성향에 맡기도록 하겠습니다. 참고로 필자는 어두운 색상의 테마를 좋아하지만, 책에서 캡쳐 화면이 잘 나오게 하기위해서 밝은 색상의 기본(디폴트) 테마로 선택하도록 하겠습니다. 선택 후 Visual Studio 시작 버튼을 클릭합니다(어두운 색상을 사용할 경우 눈의 피로도가 좀 더 적게 생기는 것 같다는 개인적인 견해를 밝힙니다).

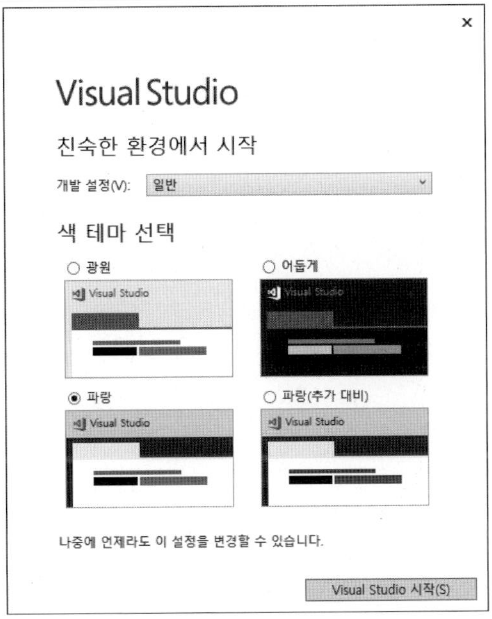

[그림 1-11] Visual Studio 테마 선택 화면

이제 여러분의 PC에 Visual Studio 설치가 모두 완료되었습니다.

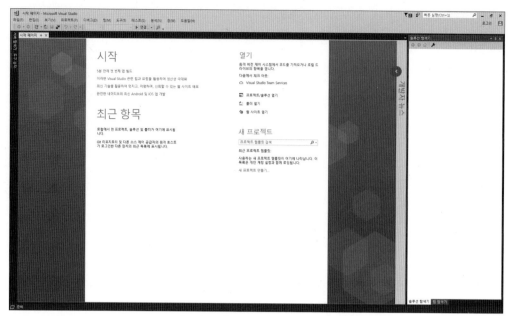

[그림 1-12] Visual Studio 메인 화면

1.5 내가 만드는 첫 번째 프로그램

Visual Studio 메인 화면 상단에 [파일] 〉 [새로 만들기] 〉 [프로젝트] 메뉴를 차례대로 선택합니다. 키보드 Ctrl + Shift + N의 조합을 누르면 손쉽게 프로젝트 생성화면으로 이동할 수 있습니다.

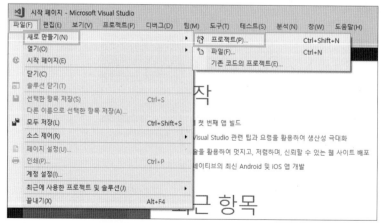

[그림 1-13] Visual Studio 프로젝트 메뉴 선택

메뉴를 선택하면 커다란 선택 창이 펼쳐집니다. 이곳에 보여지는 모든 선택 옵션이 바로 Visual Studio에서 직접 개발할 수 있는 프로그램의 종류입니다. 여러분은 앞으로 이 책을 보는 동안, 프로그램의 실행 결과를 확인하며 여러 가지 문법을 익히기 위해 가장 최적화한 콘솔 프로그램을 만들어볼 것입니다. 따라서 여러분은 콘솔앱(.NET Framework)을 선택하시고, 이름은 MyFirstApp으로 입력합니다. 프로젝트 저장 위치는 사실 아무곳이나 상관은 없지만 되도록이면 파일명에 공백이 없는 경로로 선택하길 권장합니다. 그리고 프레임워크 선택은 여러분 PC에 설치된 가장 최근 버전의 프레임워크로 개발을 진행하도록 하겠습니다(현재 이 책의 프레임워크 버전은 4.6.1 버전입니다).

[그림 1-14] 프로젝트 선택 창

확인 버튼을 클릭하면 자동으로 프로젝트 구조가 생성됩니다. 오른쪽과 같은 솔루션 탐색기가 보이지 않는다면 [보기] 〉 [솔루션 탐색기]를 선택합니다.

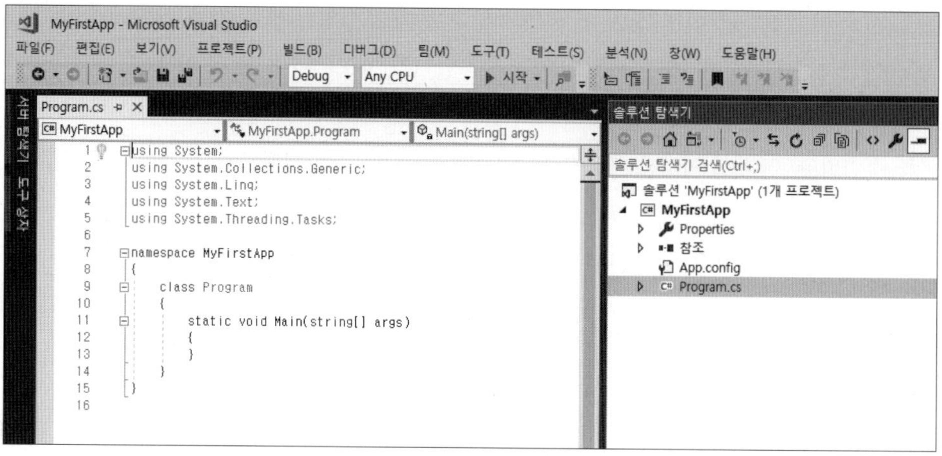

[그림 1-15] 프로젝트 생성 완료

처음 프로젝트를 만들면 솔루션이 만들어지고 그 밑에 프로젝트가 생성됩니다. 예를 들어, 쇼핑몰 시스템을 만들겠다는 목표가 정해졌을 때, 쇼핑몰은 솔루션이 되며 빌링 프로젝트, 상품 관리 프로젝트 등의 하위 프로젝트를 만들게 됩니다. 하나의 솔루션에 하나의 프로젝트만 있어도 됩니다. 우리 책에서는 MyFirstApp이라는 솔루션을 기반으로 하위 프로젝트들을 만들어갈 예정입니다.

처음 보는 화면이 매우 생소할 것 같습니다. 하지만 여러분이 과제 제출을 할 때 워드나 파워포인트 사용하듯이, 혹은 메모장을 이용하듯이 Visual Studio 텍스트 에디터 화면에 문자를 작성해 주시면 됩니다. 가장 쉬운 예제를 실행하기 위해 화면에 보이는 Program.cs 파일이 열려있는 탭 화면에서 static void Main(string[] args){ } 안에 아래와 같은 13행의 코드를 입력해보기 바랍니다.

[함께 해봐요] 내가 만드는 첫 번째 코드 　　　　　　　　　　　　　　　　Program.cs

```
01  using System;
02  using System.Collections.Generic;
03  using System.Linq;
04  using System.Text;
05  using System.Threading.Tasks;
06
07  namespace MyFirstApp
08  {
09      class Program
10      {
```

32

```
11          static void Main(string[] args)
12          {
13                  Console.WriteLine("Hello World");  ──── 여러분이 입력해야 할 코드
14          }
15      }
16  }
```

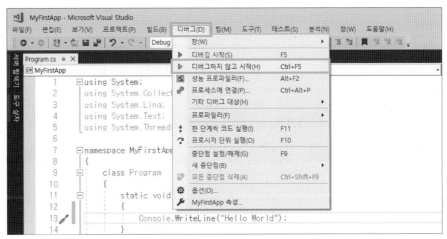

[그림 1-16] Visual Studio 화면에 보이는 나의 첫 프로그램 첫 줄

코드 작성이 완료가 되었다면, 다시 메인 화면 상단에, **디버그 > 디버그 하지 않고 시작** 메뉴를 클릭합니다. 키보드 Ctrl + F5의 조합을 누르면 손 쉽게 진행할 수 있습니다.

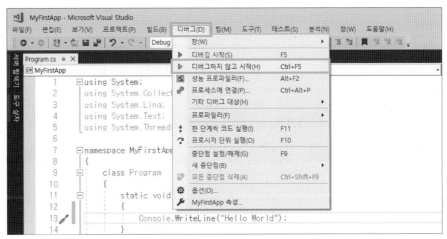

[그림 1-17] 프로그램 실행하기

메뉴를 선택하면 Visual Studio가 알아서 프로그램 빌드를 하게 되고 검은 콘솔 창을 띄우게 될 것입니다. 이것이 바로 여러분이 처음으로 실행한 프로그램입니다.

[그림 1-18] 내가 처음으로 만든 프로그램

어떤가요? 별로 한 것도 없는데 여러분의 프로그램이 만들어졌다는 것에 대해 신기하지 않나요? 방금 전에 여러분이 만든 마법의 코드를 설명하겠습니다. 여러분은 아래의 코드 한 줄을 집어 넣으셨을 것입니다.

```
Console.WriteLine("Hello World");
```

여기서 Console.WriteLine의 의미는 프로그램 화면에 내용을 출력하라는 뜻의 문법입니다. Console.WriteLine 괄호 안에 "Hello World"라는 문장을 입력하였으므로, 프로그램에는 해당 문장이 출력된 것입니다. 앞으로 여러분은 위와 같은 C#의 문법들을 공부하며, 프로그램이 더욱 더 스마트하게 발전해 나가는 과정을 배울 것입니다. 1장은 예비 프로그래머로서 워밍업을 한 단계로 생각을 하고 넘어가셨으면 좋겠습니다.

이제 프로그램이 정상적으로 동작하는 것을 확인하였으니, 여러분의 주변 사람들에게 자랑하고 싶을 것입니다. 그리고 더욱 더 큰 프로그램을 만들어서 세상에 보여주고 싶을 것입니다. 그러기 위해서는 여러분의 프로그램을 배포해야 합니다. 다음은 배포하는 방법에 대해 설명하도록 하겠습니다.

1.6 프로그램 배포하기

프로그램을 배포하기 위해서 메인 화면 상단에, [빌드] 〉 [일괄 빌드] 메뉴를 클릭합니다.

[그림 1-19] 프로그램 빌드 메뉴

일괄 빌드를 클릭하면 빌드 선택 창이 보입니다. 여기서 **솔루션 구성**이 Release|Any CPU로 되어 있는 부분에 체크를 하고 **빌드** 버튼을 클릭합니다. 참고로 빌드 선택 창에서 Debug | Any CPU를 선택해도 상관은 없습니다. Debug 배포의 경우는 현업에서 프로그램의 정상 동작 확인을 위한 '디버깅' 용도로 사용되는 것이기 때문에, 여러분은 현재 Release만 선택해서 배포하면 됩니다.

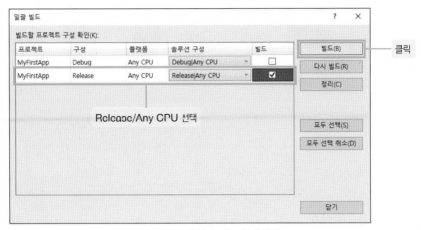

[그림 1-20] 일괄 빌드 선택 화면

빌드 버튼을 클릭하면, Visual Studio 화면 출력 하단에, 빌드 시도한 결과를 볼 수 있습니다. 아래와 같이 빌드: 성공 1, 실패: 0 의 메시지가 출력되면 배포할 프로그램 준비가 완료되었다는 것입니다.

[그림 1-21] 빌드 실행 화면

이제 여러분의 프로젝트 저장 경로에서, bin 폴더 아래에 Release 폴더에 접근하면 MyFirstApp. exe 라는 프로그램이 만들어진 것을 확인할 수 있습니다. 여러분이 만든 프로젝트 저장 경로가 어딘지 헷갈린다면, [그림 1-21]에서 나온 빌드 메시지를 살펴봅시다. 출력된 빌드 메시지를 보면

My FirstApp -> 경로

라는 문구가 보입니다. 여기서 보여지는 '경로'를 따라가면 여러분이 만든 exe 파일을 확인할 수 있습니다.

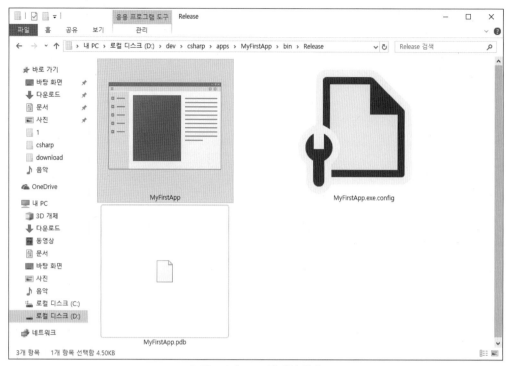

[그림 1-22] 프로그램 생성 화면

위의 디렉토리에서 exe 파일을 실행하면, 깜빡임과 동시에 프로그램이 종료될 것입니다. 놀랄 필요는 없습니다. 잘못된 것은 아니기 때문입니다. 보통 콘솔 프로그래밍으로 만들어진 exe 파일을 실행하기 위해서는 커맨드창에서 실행을 하는 경우가 많습니다. 커맨드창에서 실행하는 것은, 아래와 같이 명령 프롬프트(윈도우키 + r 입력 후, cmd 입력)에서 실행을 하는 경우를 말합니다.

[그림 1-23] 명령 프롬프트에서 실행 한 exe 파일

만약 디렉토리에서 실행하고자 한다면, 여러분이 만든 프로그램 코드 Console.WriteLine 밑에 아래의 명령을 추가하면 됩니다.

```
System.Console.WriteLine("계속 하시려면 아무 키나 누르세요.");
System.Console.ReadKey();
```

위의 코드를 추가한 후에 일괄 빌드를 다시 진행합니다.

어려운 용어 등장! | 빌드란?

방금 전 살펴 볼 때 빌드라는 단어를 접해 봤습니다. 빌드는 쉽게 말해서 집 짓는 것이라고 생각하면 됩니다. 아파트, 건물을 만들 때, 혹은 스타크래프트 게임에서 건물을 만들 때 영어로 "빌드build한다." 라고 합니다. 이처럼 프로그램을 만드는 깃도 집을 짓는 것처럼 뼈내부터 탄탄하고 꼼꼼하게 만들어야 하기 때문에, 프로그램도 빌드 한다라는 표현을 하는 것 같습니다.

어려운 용어 등장! | 릴리즈? 디버그?

방금 전 빌드를 할 때에도 생소한 단어가 여러 번 스쳐 지나갔습니다. 바로 "디버그 하지 않고 시작" 메뉴의 디버그, 그리고 일괄 빌드 할 때의 Release 솔루션 구성입니다. 디버그는 앞으로 여러분들이 많이 마주치게 될 프로그램 버그에 대해 어느 부분이 잘못되었는지 확인하는 것을 말합니다. 즉, 살충제가 숨어 있는 벌레를 찾아 제거하듯이 디버그를 통해 여러분의 프로그램 곳곳에 있는 버그(오류)를 잡는 것입니다.

그리고 Release란 영어 단어로 "놓아 주다" 라는 뜻을 가지고 있듯이, 프로그램을 놓아주는, 즉 배포하기 알맞은 환경으로 놓아주는 것을 말합니다.

1.7 C# 개발자의 원조 선생님, MSDN

지금까지 정말 간단한 메시지 출력 프로그램을 만들어 보았습니다. 느낌이 어떤가요?

재미있을 것 같다는 생각과 함께, 한편으로는 이 많은 기능들을 어떻게 다 외울지 걱정하는 분들도 있을 것 같습니다. 1장부터 마지막 장까지 나오는 모든 문법을 다 외우려는 분들께 조언을 드리고 싶습니다.

"프로그래밍은 수학입니다."

기계에게 더 효율적으로 더 빠르게 실행 명령을 내릴 수 있도록 여러분은 계속 고민을 하고, 새로운 알고리즘도 공부해야 하며, 코드의 간결함 및 성능 최적화에 대해 항상 머릿속에 깊게 생각을 하고 있어야 합니다. 효율적인 흐름을 만들기 위해서는 "수학 공식"이 프로그래밍 안에 녹아 들어갈 수밖에 없습니다.

여러분이 학창 시절에 배운 수학은 "암기 과목"이었나요?

수학은 원리와 이해, 증명을 강조하는 학문입니다. 이와 마찬가지로 프로그래밍도 원리와 이해를 바탕으로 내가 구현하고 있는 프로그램이 얼마나 더 효율적인지를 증명해 내는 것이 1순위입니다. 문법은 그때 그때 사용할 때 인터넷 검색이나 책을 찾아보면서 활용하면 됩니다. 그리고 이렇게 활용을 하다 보면 머리로 외우려고 노력하던 것이 이미 손에서 기억하여 코드를 구성하는 모습을 볼 수 있을 것입니다.

마이크로소프트는 개발자들을 위하여 자신들이 구성해 놓은 내장 라이브러리에 대한 정리를 해놓은 사이트를 만들었습니다. 그것이 바로 MSDN입니다. 인터넷 브라우저에 아래 URL을 입력하여 접속해보도록 합니다.

`URL` `https://docs.microsoft.com/ko-kr/dotnet/index`

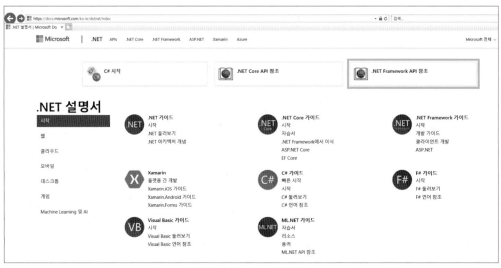

[그림 1-24] MSDN 메인 화면

먼저 위의 화면에서 .NET Framework API 참조 메뉴에 접근해보겠습니다. 해당 메뉴에서 검색 창에 방금 전 여러분이 입력했던 문법인 `Console.WriteLine`을 검색해보도록 합니다.

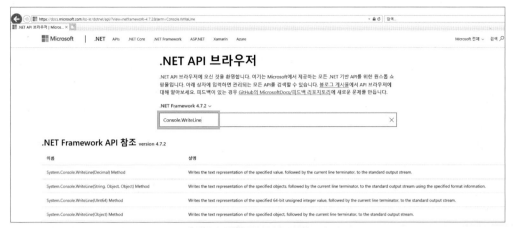

[그림 1-25] .NET API 검색해보기

위와 같이 Console.WriteLine에 대한 설명을 MSDN 내부에서 확인할 수 있습니다. MSDN은 이러한 검색뿐만 아니라 프로그래머들의 개발 가이드 문서도 정말 잘 되어 있기 때문에 많이 살펴보면 살펴볼수록 더욱 더 많은 정보를 배우고 사용할 수 있을 것입니다. [그림 1-24]에서 C# 시작 메뉴를 선택해 봅시다.

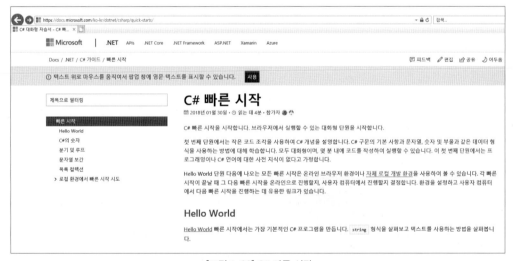

[그림 1-26] C# 빠른 시작

방금 전에 여러분이 이 책에서 Hello World를 출력했던 프로그램 만드는 법도 친절하게 설명되어 있습니다. 이 책을 열심히 공부하고 멋진 프로그래머가 되신 후, 실무에서 개발할 때, 책과 MSDN을 꼭 즐겨찾기 하셔서 더욱 더 스마트하게 업무를 할 수 있길 바랍니다.

1.8 이 책의 코드 구성

우리가 개발해야 할 예제 소스들은 이미 필자가 정리를 해서 GitHub이라는 사이트에 등록해 놓았습니다.

GitHub 사이트를 쉽게 소개하기 전에 GIT을 알아봐야 합니다. GIT을 쉽게 설명하자면 코드의 변경 이력을 관리하고 발전해 나가는 저장소 프로그램입니다. 그리고 이러한 GIT을 웹에서 사용할 수 있도록 지원해주는 코드 형상 관리 사이트를 GitHub라고 합니다.

우리는 쉴 새 없이 수많은 코드를 수정하고 추가하고 필요 없는 파일들은 삭제를 하게 될 것입니다. 만약 개발을 하고 있는데 갑작스런 개발 환경 운영체제의 오류나 더 최악의 상황에서는 포맷을 해야 하는 상황까지 오게 된다면, 여러분은 파일 백업을 진행하게 될 것이고, 재설치 후에 환경 구성을 다시 진행해야 할 것입니다.

자신의 로컬 PC에서 이러한 작업들을 하다 보면, 실수로 파일을 삭제할 때도 있고 수정 작업을 진행하다가 예전 코드 버전으로 돌아가고 싶을 때가 있을 것입니다. 백업은 습관이지만, 이것이 100% 제대로 정상 수행할 수는 없습니다. 그리고 개인 프로젝트가 아닌 팀 프로젝트를 하게 된다면 여러 가지 커뮤니케이션 속에서 각자가 구현하는 코드의 동기화가 원할하게 진행되기 위해서는 하나의 디스크 공간에 계속해서 코드를 공유해야 하는 순간이 생길 것입니다(하나의 PC를 가지고 다수의 개발자가 차례를 지켜가며 코드를 구성할 수는 없겠죠?) 이때 여러 대의 PC에서 하나의 디스크 공간에 공유해 줄 수 있도록 하는 것이 바로 GIT 저장소입니다.

우선 GitHub 페이지를 살펴 보겠습니다. 아래 URL을 브라우저에 입력 후 접속해보도록 합니다.

URL https://github.com/

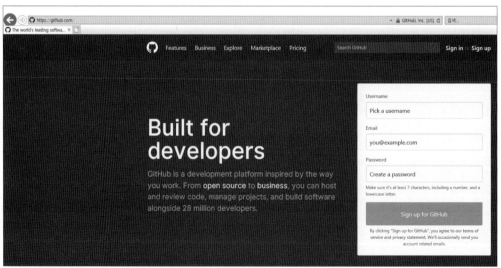

[그림 1-27] GitHub 메인 페이지

GitHub에 접속을 하면 위와 같은 메인 페이지를 볼 수 있습니다. Sign In을 이용하여 회원 가입을 진행 해보도록 합시다(회원 가입은 생략이 가능하나, 최근 IT 분야에서는 GitHub의 공개 코드를 통해 자신의 커리어나 실력을 증명하고 있어 C# 입문서를 기반으로 실력을 쌓은 다음, 회원 가입 후 GitHub에서 여러 가지 프로젝트를 진행해보는 것도 추천합니다).

이 책에서 소개 하는 예제 코드 저장소는 아래와 같습니다.

URL https://github.com/korcosin/BOOKS

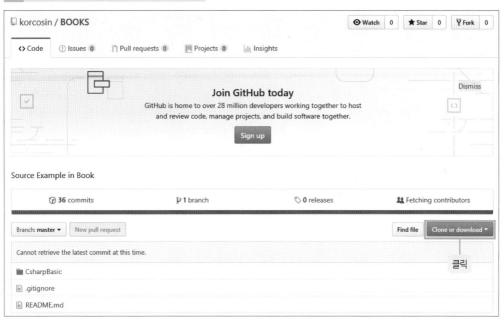

[그림 1-28] 이 책의 GitHub 저장소 화면

이곳으로 들어가면 CsharpBasic 폴더가 존재함을 확인할 수 있습니다. 해당 폴더에 접근하면 우리가 배워나가야 할 챕터(1장~14장)의 내용이 한눈에 보이도록 정리가 되어 있습니다. 여러분은 이 코드들을 보면서 프로그램 실행을 쉽게 코드 복사—붙여넣기를 할 수도 있으며, 전체 프로젝트를 zip 파일로 다운로드 받을 수 있습니다.

[그림 1-28]에서 Clone or download 버튼을 클릭하면 "Download ZIP"으로 되어 있는 세부 버튼이 있습니다. 해당 버튼을 클릭하면 여러분 PC에 프로젝트 파일을 다운로드 할 수 있습니다. 추가적으로 Visual Studio에 GitHub 도구를 설치하여 필자의 GIT 저장소에 있는 동일한 프로젝트로 구성할 수도 있습니다. 이 부분은 부록에서 다루도록 하겠습니다.

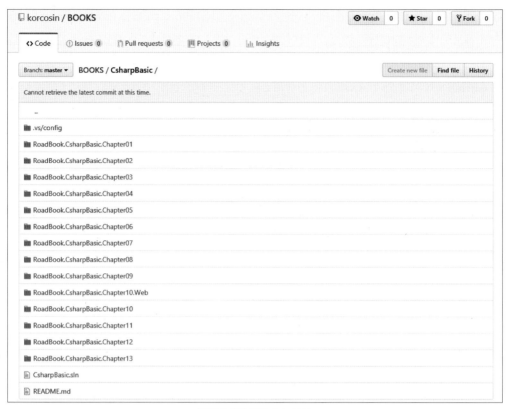

[그림 1-28] 예제 소스 구성

● 이번에 우리가 얻은 것

이번 장에서 여러분은 프로그래밍에 대해 알아보고, 대표적인 프로그래밍 언어도 살펴보았으며 우리가 배워야 할 C#에 대한 역사도 알아보았습니다. 그리고 왜 우리가 C#을 배워야 하는지, 타당한 이유를 알기 위해 C#의 매력에 대해서도 알아 보았고 그러한 두근거리는 마음가짐을 가지고 개발 환경 설정을 진행했으며, 정말 위대한 나의 첫번째 프로그램도 간난하시만 의미 있게 개발해 보았습니다.

● 이것만은 알고 갑시다.

1. 프로그래밍이란 인간과 기계가 의사소통을 할 수 있는 기술을 말합니다.

2. 기계와 의사소통을 하기 위한 프로그래밍 언어는 셀 수 없을 정도로 다양합니다. 하지만 어떤 언어든 한 가지만 잘 숙지하고 있으면 또 다른 언어를 사용하는 데에는 크게 문제가 되지 않습니다. 우선은 C# 입문서를 선택하신 만큼 C# 언어의 기본기를 탄탄히 할 수 있도록 합시다.

3. C#은 강력한 라이벌이자 세계를 바꾸어 나가고 있는 자바 언어를 모태로 발전을 했으나, 점차 자기만의 개성을 살려 무궁무진한 기능을 제공하는 거대 언어로 발전했습니다. 그리고 마이크로소프트의 IT시장에 대한 인식이 바뀜에 따라 개발자들과 소통하는 오픈지향적인 언어로 발전을 하며 성장 가능성을 더욱 더 높이고 있습니다.

4. C# 개발 도구로는 Visual Studio가 있는데, 이 도구 자체가 바로 C#의 장점이라 불릴 만큼, 개발자들의 편의성을 자랑하는 완성도 높은 도구입니다..

5. Visual Studio는 손쉽게 마이크로소프트 공식 사이트에서 무료 버전인 커뮤니티 버전으로 다운로드 받아 설치할 수 있습니다.

6. MSDN은 마이크로소프트에서 제공하는 개발 가이드 문서이며, 이곳에서 .NET Framework에서 제공해주는 함수와 C# 가이드 문서를 조회하고 확인할 수 있습니다. 이 MSDN은 여러분들이 개발자가 되면 가장 유용하게 사용할 동반자와도 같은 문서가 될 것입니다.

7. 이 책의 예제는 GitHub에서 제공됩니다. GIT은 개발 문서들의 변경과 삭제 내역을 기록하는 코드 형상 관리 툴이며, 이 툴을 이용하여 웹에서 확인할 수 있는 페이지를 GitHub이라고 합니다.

2장

변수 사용법, 바구니에 이름표 붙이기

2장에서 만나볼 내용은?

지금 여러분의 집 주방을 살펴봅시다. 그곳에는 깔끔하기로 소문난 어머니의 기운을 느낄 수 있습니다.

그리고 찬장을 살펴봅시다. 정리정돈이 잘 된 각종 양념 조미료와 반찬을 보관하는 통이 있습니다.

그리고 우리는 그곳에서 하나의 공통점을 찾을 수 있습니다.

각종 조미료, 반찬 통에는 하나 같이 어머니가 손수 적은 이름표가 붙어 있습니다(이것은 소금. 이것은 설탕)

프로그램도 마찬가지입니다.

프로그램에서 가장 많은 행동을 취하는 것이 데이터를 다루는 것입니다. 이 데이터를 다루기 위해서는 프로그램 안에 바구니와 같은 곳에 데이터를 저장해 놓아야 합니다. 그리고 이 바구니에도 이름표를 붙여야 합니다.

이 장에서는 데이터를 담는 바구니 역할을 하는 변수에 대해 알아볼 것입니다.

그리고 상황별 혹은 데이터의 특성별로 담는 변수 타입의 종류에 대해 살펴볼 것이며,

이를 이용하여 간단한 프로그램들을 만들어 볼 것입니다.

#핵심_키워드

#데이터 #변수 #타입 #형_변환 #이름_짓기 #본격적인_프로그램_제작

프로그램 동작에서 큰 비중을 차지하는 것이 바로 데이터의 흐름을 파악하고 제어하는 것입니다. 그러기 위해서는 데이터를 어떻게 효율적으로 관리하느냐가 바로 사용자들이 편하고 친근하게 사용할 수 있는 프로그램을 만드는 첫 번째 관건이 될 것입니다.

데이터 흐름을 파악하기 위해서는 여기 저기 흩어지지 않게 바구니에 담아 놓고 관리하는 것이 좋습니다. 여기서 바구니 역할을 하는 것을 변수variable라고 합니다. 변수는 사용자의 행위(action) 혹은 프로그램이 실행하는 동안의 행위를 기록하는 일을 합니다.

이 장에서는 변수를 효과적으로 사용하는 방법에 대해 살펴 볼 것입니다.

잠시만 생각해봅시다

사용자의 행위, 프로그램의 행위

변수의 역할을 사용자/프로그램의 행위를 기록하는 것이라고 설명했습니다. 그렇다면 도대체 어떤 행위들을 기록하는 것일까요?

자판기 앞에서의 상황을 묘사해보겠습니다.

- 자판기 앞에 어떤 사람이 동전을 넣는다 → 넣은 동전 가격에 맞는 음료수의 선택 버튼에 불이 켜진다.
- 음료를 선택한다. → 선택한 음료수가 자판기에서 나온다.

은행에서의 상황도 묘사해보겠습니다.

- 거래 카드를 ATM기에 집어넣는다. → 카드의 시리얼 넘버와 고유 정보를 읽는다.
- 거래자가 잔액 조회 버튼을 선택한다. → 비밀번호를 입력한다. → 잔액을 보여준다.

자판기에서 동전을 넣었을 때 자판기는 동전의 종류와 개수로 현재 얼마를 넣었는지 계산합니다. 이때 얼마의 잔액이 있는지 판단하기 위해 동전 바구니를 사용합니다. 그리고 음료수를 선택했을 때, 어떤 음료수를 선택했는지 주문서를 바구니에 담았고 음료수를 제공합니다.

그리고 은행에서도 거래 카드를 집어넣을 때 해당 사용자의 신원을 파악하기 위해 신원 정보 바구니를 사용해서 데이터를 정리합니다. 비밀번호를 입력했을 때도 마찬가지입니다. 신원 정보 바구니에서 꺼낸 비밀번호 정보와 사용자가 입력한 비밀번호가 일치되어야 다음 행동을 할 수 있도록 처리를 해주는 것입니다.

위의 예에서 자판기에 동전을 넣거나 거래 카드를 ATM기에 집어넣는 것을 사용자의 행위라고 합니다. 음료수의 선택 버튼에 불이 켜지게 하거나 카드의 고유 정보를 읽는 것은 프로그램이 실행하는 동안의 행위입니다.

2.1 변수: 데이터를 담아내는 바구니

데이터에는 여러 가지 성격이 있습니다. 캐릭터의 닉네임을 저장하는 데이터는 문자를 담을 것이고, 자판기의 동전을 읽어 들여 잔액을 저장하는 데이터는 숫자를 담을 것입니다. 더 나아가 "1은 홀수이다"라는 문장에 대한 증명 데이터는 참/거짓 데이터(실제로는 0과 1이라는 숫자 데이터)를 담을 것입니다.

이렇게 성격이 다른 데이터를 담을 때 C#은 물론 다른 프로그래밍 언어에서도 형태가 다른 바구니를 이용합니다. 여기서 데이터를 담는 바구니를 **변수**라고 부릅니다. 변수라는 뜻은 '변할 수 있는 수(Data)'입니다. 데이터는 언제든지 변할 수가 있기 때문입니다. 또한 '형태가 다른 바구니'는 라는 표현에서 형태는 **변수 타입**, 바구니는 **변수 명**을 의미합니다.

그렇다면 먼저 변수 타입은 무엇이고, 변수 명이 왜 중요한지 알아보겠습니다.

데이터는 크게 숫자 또는 문자로 구분됩니다. 더 나아가 참/거짓, 날짜 등등 더 세분화해서 구분할 수 있습니다. 우선 숫자 관련 데이터를 취급하는 변수 타입의 예제부터 살펴볼까요? 아래의 예제를 따라서 여러분의 Visual Studio에 타이핑해보도록 합시다.

예제 코드를 따라하는 방법

이 책의 예제를 Github에서 다운로드 하면 챕터 별로 프로젝트가 나뉘어 있는 것을 볼 수 있습니다. 그리고 해당 챕터 별 프로젝트 안에 예제 파일이 들어 있습니다.

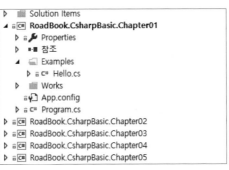

[그림 2-1] 프로젝트 구성

RoadBook.CsharpBasic.ChapterXX라는 이름으로(여기서 XX의 의미는 각 장을 의미합니다. 01, 02, 03 …) 프로젝트가 구성되어 있고, 폴더는 Examples, Works로 구분되어 있으며, Program.cs라는 파일이 존재합니다. Examples 폴더에는 앞으로 여러분이 따라하면서 습득할 예제 코드 파일이 들어 있을 것이고, Works 폴더에는 여러분이 각 챕터를 열심히 공부하고 혼자 스스로 풀어 볼 연습 문제에 대한 답이 들어 있을 것입니다.

여러분이 이 책의 GitHub 예제와는 별개로 프로젝트를 만드는 것부터 시작해서 처음부터 끝까지 자신의 힘으로 구성해 나가는 것이 초보자로서 개발 툴과 친해지는 것이기 때문에 차근차근 따라 해보는 것을 권장합니다(물론 부록에 들어 있는 GitHub 연동을 따라 한다면, 위의 프로젝트 구성이 바로 만들어질 것입니다).

먼저 1장에서 제일 처음 만들었던 솔루션을 이용하여 새 프로젝트를 만들어 봅니다. [그림 2-2]와 같이 **추가 〉 새 프로젝트**를 클릭합니다.

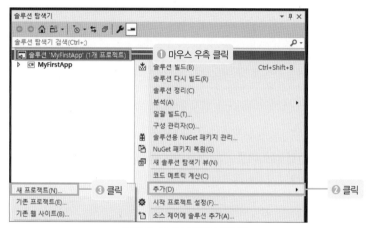

[그림 2-2] 새 프로젝트 만들기

콘솔 앱을 선택하고 이름을 이 책의 프로젝트 이름과 동일하게 RoadBook.CsharpBasic.Chapter01로 지정 후 **확인** 버튼을 클릭합니다.

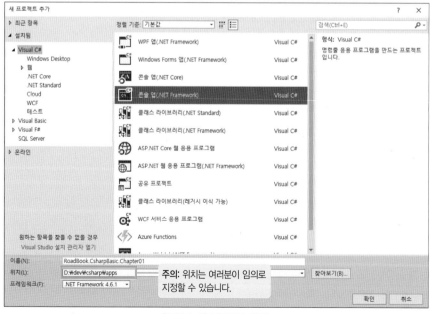

[그림 2-3] 프로젝트 생성

솔루션 탐색기에 작성한 프로젝트가 만들어져 있습니다. 이에 마우스 오른쪽 버튼을 클릭하여 시작 프로젝트로 설정을 선택합니다.

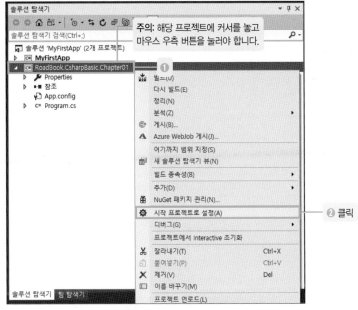

[그림 2-4] 시작 프로젝트로 설정

다시 오른쪽 마우스 클릭 후 **추가 〉 새 폴더**를 선택하여 Examples 폴더와 Works 폴더를 만듭니다.

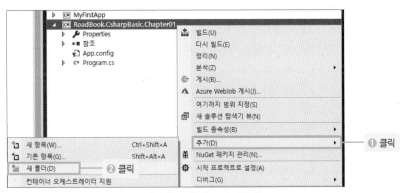

[그림 2-5] 새 폴더 만들기

이제 실제 예제 코드를 작성하기 위해 Examples 폴더에 오른쪽 마우스 클릭 후 **추가 〉 클래스**를 선택합니다.

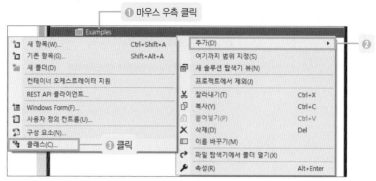

[그림 2-6] 새 클래스 만들기

1장의 Hello World 예제를 만들어 보기 위해 Hello.cs라는 이름으로 추가합니다.

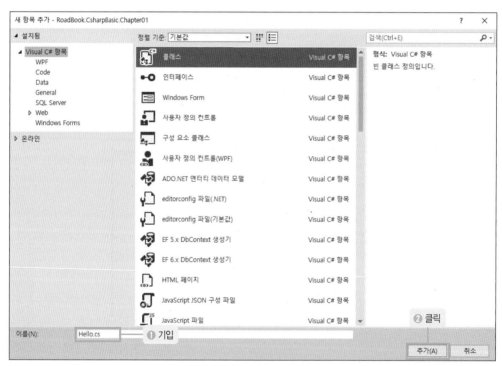

[그림 2-7] Hello.cs 파일 생성

```
01   using System;
02
03   namespace RoadBook.CsharpBasic.Chapter01.Examples
04   {
05       public class Hello
06       {
07           public void Run()
08           {
09               Console.WriteLine("Hello World");
10           }
11       }
12   }
```

위와 같이 Hello.cs 파일에 코드를 따라서 작성하고 Program.cs 파일을 열어 Main 함수 안에 다음과 같은 코드를 집어 넣습니다.

```
01   namespace RoadBook.CsharpBasic.Chapter01
02   {
03       class Program
04       {
05           static void Main(string[] args)
06           {
07               Examples.Hello hello = new Examples.Hello();
08               hello.Run();
09           }
10       }
11   }
```

코드 작성이 완료되면, 프로그램 실행을 해보도록 합니다(Ctrl + F5를 누르면 쉽게 프로그램이 빌드되고 실행됩니다). 실행된 프로그램에는 "Hello World"라는 문장이 출력되는 것을 확인할 수 있습니다.

이 프로그램 동작의 원리를 매우 간단하게 설명하겠습니다. 우선 Hello.cs에 만들어진 public class Hello는 하나의 클래스입니다. 여기서 클래스라는 용어는 '실행 리스트'라는 의미 정도로 이해하고 넘어가도록 하겠습니다. 클래스에 대해서는 다른 장에서 심도 있게 설명하겠습니다. 그리고 Program.cs에 만들어진 Program도 하나의 클래스이자, 해당 프로젝트를 총괄하는 첫 번째 실행 출발 주자입니다. 더 쉽게 표현하자면, 프로그램 실행 매니저입니다. 참고로 한 프로젝트마다 Program.cs가 만들어지며 이 Program.cs에서 프로젝트가 제어됩니다.

이 실행 매니저의 내부에서,

```
Examples.Hello hello = new Examples.Hello();
                    hello.Run()
```

의 의미는, 다음과 같습니다.

Examples 폴더 안에 Hello 클래스를 불러들여 Run 기능을 수행하라

그렇다면 만약 Hello가 아닌 Hi 클래스를 만들고 Program에서 해당 클래스를 동작하기 위해서는 어떻게 해야 할까요?

정답은,

```
Examples.Hi hi = new Examples.Hi();
                 hi.Run();
```

입니다. 어떤가요? 생각한 것과 정답이 일치한가요?

사실 이 프로그램 안에 네임 스페이스, 메소드의 개념도 등장하지만 우선은 위의 개념만 이해하고 예제를 따라하기 바랍니다.

2.2 숫자를 담는 변수 타입

먼저 MyfirstApp 솔루션에 RoadBook.CsharpBasic.Chapter02라는 프로젝트를 만들고 Examples 폴더에 Ex001이라는 클래스를 만들고 아래와 같이 입력해보기 바랍니다.

[함께 해봐요] 숫자를 담아내는 바구니	Ex001.cs

```
01   using System;
02
03   namespace RoadBook.CsharpBasic.Chapter02.Examples
04   {
05       public class Ex001
06       {
```

```
07          public void Run()
08          {
09              // 정수
10              sbyte shortByteNumber = 127;
11              byte byteNumber = 0;
12              short shortNumber = 32767;
13              int intNumber = 20000;
14              long longNumber = 50000;
15              // 실수
16              float floatNumber = 3.14f;
17              double doubleNumber = 1.5;
18              decimal decimalNumber = 5.5m;
19
20              Console.WriteLine("정수 : {0}, {1}, {2}, {3}, {4}",
21                  shortByteNumber,
22                  byteNumber,
23                  shortNumber,
24                  intNumber,
25                  longNumber
26              );
27
28              Console.WriteLine("실수 : {0}, {1}, {2}",
29                  floatNumber,
30                  doubleNumber,
31                  decimalNumber
32              );
33          }
34      }
35  }
```

Program.cs 파일을 열은 후에, Main 함수 안에 다음과 같은 코드를 집어 넣습니다. 앞에서 작성한 Hello 클래스의 실행 코드 2줄은 삭제하거나 주석 처리(위 코드의 09 라인처럼 코드 앞에 // 기호를 넣으면 실행되지 않는 주석이됩니다)하기 바랍니다. 이 부분은 자바와는 다르게 닷넷 프레임 워크에서는 프로젝트별로 프로그램의 진입점이 한군데로 통일되어야 합니다.

```
Examples.Ex001 ex001 = new Examples.Ex001();
ex001.Run();
```

이후부터는 클래스를 만들고 Main에서 실행하는 방법은 생략하도록 하겠습니다. 생각보다 첫 예제 부터 많은 코드 라인을 입력하였습니다. 하나씩 차근차근 집고 넘어가보도록 하겠습니다.

우선 코드 각 라인마다 여러분은 변수를 선언하는 작업을 진행하였습니다. 예제 코드를 보면서 따라한 패턴을 되새겨봅시다. 바로 아래와 같은 패턴으로 변수를 선언하였습니다.

(변수 타입) (변수 명) = (데이터);

변수 타입은 바구니의 종류를 결정하는 것입니다. 이번 예제에서는 단순한 정수를 담는 것인지, 그리고 이 정수의 범위에 따라 작은 정수 바구니를 사용할 것인지, 큰 정수 바구니를 사용할 것인지를 결정하였고 더 나아가 소수점까지 관리하는 실수를 담는 바구니를 사용할 것인지까지 표현을 한 것입니다.

정수를 담는 바구니의 종류는 아래와 같습니다.

변수 타입 (바구니 종류)	설명 (데이터는 어디까지 담을 수 있는지)
sbyte	−128부터 127까지 담을 수 있는 변수 타입('숏 바이트'라 불립니다.)
byte	0부터 255까지 담을 수 있는 변수 타입('바이트'라 불립니다.)
short	−32,768부터 32,767까지 담을 수 있는 변수 타입('숏'이라 불립니다.)
int	−2,147,483,648부터 2,147,483,647까지 담을 수 있는 변수 타입 ('인트'/'인티져'라 불립니다.)
long	−9,223,372,036,854,775,808부터 9,223,372,036,854,775,807까지 담을 수 있는 변수 타입('롱'이라 불립니다.)

[표 2-1] 정수를 담는 변수 타입 종류

그리고 실수를 담는 바구니의 종류는 아래와 같습니다.

변수 타입 (바구니 종류)	설명 (데이터는 어디까지 담을 수 있는지)
float	32bit 부동 소수점을 담을 수 있는 변수 타입. 초기 값을 넣기 위해서는 숫자 뒤에 'f'를 붙여서 float 타입이라는 것을 명시해야 합니다('플로트'라 불립니다).
double	64bit 부동 소수점을 담을 수 있는 변수 타입('더블'이라 불립니다.)
decimal	128bit 부동 소수점을 담을 수 있는 변수 타입 초기 값을 넣기 위해서는 숫자 뒤에 'm'을 붙여서 decimal 타입이라는 것을 명시해야 합니다('데시멀'이라 불립니다).

[표 2-2] 실수를 담는 변수 타입 종류

이 많은 변수 타입을 어떻게 외울까요?

당장 위의 표를 모두 외울 필요는 없습니다. 여러 가지 예제를 만들어 가면서 어떤 상황에서 어떤 타입을 써야 하는지 자연스레 익숙해지는 게 좋습니다. 가깝게는 이 책에 등장하는 예제에서 변수 타입을 어떻게 쓰는지 잘 살펴보는 게 좋습니다.

그리고 실제 회사에서도 상황에 맞게 변수 타입을 사용하고는 있지만, 자주 쓰이는 변수 타입은 정해져 있습니다. 예컨대 정수형에서는 int, long 위주로 많이 사용하고, 실수형 또한 double형을 많이 사용합니다.

과거에는 이러한 변수 타입을 얼마나 효율적으로 꽉 채워서 쓰느냐가 관건이었는데, 그 이유는 매우 적은 메모리를 가지고 프로그램을 구동해야 했기에 더욱 꼼꼼히 선언해야 했기 때문입니다. 하지만 요즘은 메모리도 정말 크고 성능도 빵빵한(?) 하드웨어가 뒷받침을 해주고 있기 때문에 넉넉하게 선언해서 쓰는 경향이 있습니다.

또한 프로그램이 동작하다 보면 특히 숫자의 경우 생각보다 매우 큰 숫자를 사용하는 경우도 많기 때문에 넉넉한 변수 타입인 int, long, double 같은 타입을 쓰는 것이 프로그램의 오류를 줄이는 데 도움이 될 것입니다.

변수명은 바구니의 이름을 결정하는 것입니다. 이번 예제에서 정수 타입을 가진 변수 명은 아래와 같이 선언하였음을 확인하실 수 있습니다.

sbyte 타입을 가진 바구니(변수)의 이름을 shortByteNumber로 지정해주었습니다.
byte 타입을 가진 바구니(변수)의 이름을 byteNumber로 지정해주었습니다.
short 타입을 가진 바구니(변수)의 이름을 shortNumber로 지정해주었습니다.
int 타입을 가진 바구니(변수)의 이름을 intNumber로 지정해주었습니다.
long 타입을 가진 바구니(변수)의 이름을 longNumber로 지정해주었습니다.

변수명을 선언할 때는 몇 가지 규칙이 있습니다.

변수명의 첫 단어는 문자 혹은 밑줄underbars로 시작할 수 있습니다. 즉 a, b, c 혹은 _(언더바)로 시작할 수 있으며, 1, 2, 3과 같은 숫자 혹은 &, *. %와 같은 특수문자로 시작할 수 없습니다. 그리고 C#에서 미리 지정되어 있는 키워드, 즉 변수 타입(int, double)과 같은 단어들은 변수명으로 사용할 수 없습니다. 마지막으로 변수명은 띄어쓰기가 금지되어 있습니다.

변수명을 선언할 때는 소문자로 시작하기를 권장합니다. 그리고 되도록이면 영어로 표현하기를 권장합니다. 이것은 여러분이 지키는 것이 좋지만 안 지킨다고 해서 프로그램이 동작하지 않는 것은 아닙니다. 하지만 여러분이 이 권장사항에 대해 지키지 않을 경우 코드의 가독성이 매우 떨어지는 것을 느낄 것이고, 권장 표기법을 다시 찾게 될 것입니다.

마지막으로 변수명은 특정 단어로 사용하는 것이 바람직한데, 다소 문장이 길어진다면(두 단어 이상의 조합이 필요하다면) camel case나 snake case와 같은 변수명 표기법 사용을 권장합니다.

달콤한 꿀 팁 ｜ camel case? snake case?

변수명을 표기하는 방법에 대한 종류입니다.

camel은 "낙타"라는 뜻입니다. 낙타의 가장 큰 특징은 무엇일까요? 대부분 등 위의 혹을 떠올릴 것입니다. 이처럼 낙타의 중간 중간에 솟구쳐 있는 혹처럼 문장의 조합 사이에는 대문자로 표기하는 방법을 camel 표기법이라 합니다. 예를 들면 아래와 같습니다. 바로 위의 예제에서 볼 수 있는 변수명들입니다.

- short byte 형태의 숫자: shortByteNumber
- int 형태의 숫자: intNumber

snake는 "뱀"이라는 뜻입니다. 뱀을 묘사할 때 어떻게 묘사하나요? 무엇인가 길~다란 움직임을 표현할 것 같습니다. 즉 뱀의 길다란 몸의 형상을 표현하는 것처럼 문장의 조합 사이에 밑줄로 이어지는 표기 방법을 말합니다. 예를 들어볼까요?

- short byte 형태의 숫자: short_byte_number
- int 형태의 숫자: int_number

이 외에도 여러 가지 변수 표기법이 있습니다. pascal 표기법도 있으며, 헝가리안 표기법도 있습니다. 이러한 내용들은 책에서 다루면 방대해지는 부분이기 때문에, 이 책에서 많이 사용하는 camel case를 잘 생각하면서 변수명을 잘 만들어 보길 바랍니다.

마지막으로 변수에 대한 기본 값은 바구니에 들어갈 초기 데이터를 설정하는 것입니다. 여기서 가장 중요한 것은 변수 타입에 맞는 데이터를 집어넣어야 한다는 것입니다. 예를 들어,

```
int number = "1";
```

과 같은 변수 표기는 오류가 날 것입니다. 왜냐면 int는 정수형 변수인데 "1" 이라는 데이터는 문자입니다. 숫자를 쌍따옴표로 묶으면 문자로 표현되기 때문입니다. 올바른 표현법은 다음과 같습니다.

```
int number = 1;
```

지금까지 설명한 변수의 규칙을 잘 기억하고, 아래의 변수 예제를 살펴보겠습니다.

```
1. int _number = 1
2. double 3.14 = 3.141592;
3. int int = 1;
4. byte number = 3.14;
5. int NUMBER = -5
```

변수명으로 선언 가능한 것이 어떤 것인지 다 찾으셨나요?

잠시만 생각해봅시다

위의 변수 선언 중 무엇이 가능할까요?

1번의 경우, 밑줄로 시작해서 문자 조합으로 잘 이루어져 있으며, int 형의 변수 타입에 걸맞게 정수를 초기값으로 설정하였습니다. 매우 바람직한 표기 방법이었네요.

2번의 변수 선언은, 변수명이 숫자로 이루어져 있기 때문에 잘못된 변수 사용법입니다.

3번의 변수 선언은, 변수명이 int 즉 C#에서 제공되고 있는 키워드를 변수명으로 사용했기 때문에 잘못된 변수 사용법입니다.

4번은 변수타입과 변수명을 모두 잘 만들었지만, 초기값이 정수가 아닌 실수형이기 때문에 잘못된 초기값 사용법입니다.

마지막으로 5번은, 표기 방법과 초기값 모두 잘 이루어져 있기 때문에 프로그램 실행에는 문제가 없겠지만, 변수명을 대문자로 만들었기 때문에 권장사항에는 못 미치는 아쉬운 변수 표기 방법이 되겠습니다.

따라서 정답은 1번과 5번(아쉬운 면이 있지만…)입니다.

마지막으로 변수 선언 후, 출력을 담당하는 Console.WriteLine() 기능에도 뭔가 변화가 생겼습니다.

```
Console.WriteLine("정수 : {0}, {1}, {2}, {3}, {4}", shortByteNumber, byteNumber,
shortNumber, intNumber, longNumber);
```

C#의 출력 기능을 담당하는 Console.WriteLine에는 단순 문자열 출력뿐만 아니라, 매개변수 Parameter를 참조하여 출력할 수 있는 기능도 제공해 줍니다. 다음과 같은 구조로 말이죠.

```
Console.WriteLine(문자열, 매개변수1, 매개변수2, …);
```

첫번째는 우리가 1장에서 입력했던 것과 같이 문자열을 집어넣습니다. 그런데 한 가지 다른 점이 있다면, 문자열에 {0}, {1}과 같은 규칙을 지정한 것입니다. 이것이 의미하는 것은 0번째 매개변수의 값, 1번째 매개변수의 값, …, n번째 매개변수의 값을 의미합니다. 즉, 위의 예제에서 {0}은 shortByteNumber 변수 값을 받을 것이고, {1}은 byteNumber 변수 값을 받을 것입니다. {2}, {3}, {4}도 마찬가지로 각각 shortNumber, intNumber, longNumber의 값을 받습니다. 출력은 다음과 같습니다.

```
정수 : 127, 0, 32767, 20000, 50000
실수 : 3.14, 1.5, 5.5
```

어려운 용어 등장! | 매개변수(Parameter)란?

매개변수란, 우리가 지금 배우고 있는 변수의 특별한 한 종류입니다. 프로그램이 동작할 때, 함수 등과 같은 기능이 동작할 때, 보조적으로 데이터를 전달하는 기능을 수행합니다. 여기서 함수란, 여러분이 계속 사용하고 있는 Console.WriteLine과 같은 문법들을 함수라고 합니다. 앞으로 우리는 '문법'이라고 하지 않고 프로그램 용어에 맞게 '함수'라고 부르도록 하겠습니다.

즉, 매개변수를 우리는

함수가 제대로 동작하기 위한 '전달 값'

이라고 이해하도록 하겠습니다.

매개변수는 함수의 기능에 따라 1개가 될 수도 있고, 2개가 될 수도 있고, n개가 될 수도 있습니다. 프로그램은 순서를 셀 때, 인간처럼 1, 2로 시작하는 것이 아닌, 0, 1, 2와 같이 시작합니다. 즉 우리가 첫번째라고 표현하는 것은 프로그램에서는 0번째를 의미합니다. 잘 기억해두세요.

달콤한 꿀 팁 | 매개변수를 사용하지 않고 출력할 수도 있다고?

우리의 예제는 대부분 위의 매개변수를 이용하여 출력하는 방식으로 구성될 것입니다. 하지만, 매개변수를 사용하지 않아도 출력할 수 있도록 기능을 구현할 수도 있습니다. 그것은 바로 문자열 조합입니다.

아래의 문장을 한번 생각해볼까요?

"안녕하세요. "+"C#을 공부하고 있어요"

이 문장은 여러분이라면 어떻게 읽을 수 있을까요? 그냥 자연스럽게 "안녕하세요. C#을 공부하고 있어요"라는 문장으로 읽을 것입니다. 플러스 기호(+)는 합치는 것이라는 의미를 알고 있기 때문이죠.

프로그램도 마찬가지로 문자열 조합을 이용하여 표현할 수 있습니다. 앞선 예제에서 '실수' 출력 부분을 저 위의 문장과 같이 변경해볼까요?

```
Console.WriteLine("실수 : " + floatNumber + ", " + doubleNumber + ", " +
                  decimalNumber);
```

위와 같이 변경하고 프로그램을 빌드해서 실행해도 똑 같은 결과를 출력해 낼 수 있습니다.

물론 위의 코드처럼 Console.WriteLine 안에서 "+" 기호로 문자열을 조합해도 상관은 없습니다. 하지만 문자열 조합 형태는 사실상 지양하는 것을 원칙으로 합니다. 문자열들을 합칠 때 재가공되는 메모리의 크기가 계속해서 갱신을 한다는 프로그램 최적화 원칙에 위배되기 때문입니다.

각 코드 줄마다 세미콜론(;)이 의미하는 것은 무엇일까요?

저자가 무조건 따라서 해보라고 해서 여러분들은 코드를 작성하셨을 텐데요, 계속 타이핑을 하면서 궁금했던 것이 있으셨을 것 같습니다. 바로 코드의 줄마다 세미콜론(;)으로 끝난다는 점입니다. 쉽게 설명해서 C# 코딩의 원칙입니다.

코드의 마지막은 세미콜론으로 끝내라

세미콜론의 의미는 프로그램에게 하나의 명령을 완료하겠다는 의미입니다.

```
Console.WriteLine("첫번째 명령 끝");
Console.WriteLine("두번째 명령 끝");
```

각각의 출력 명령을 진행하였습니다. 결국 프로그램에게 2개의 명령을 내린 것이죠. 그리고 만약 코드 명령이 길어질 것 같은 경우에는 세미콜론 없이 줄 바꿈을 진행하고 명령이 끝날 때 세미콜론을 입력해도 됩니다. 위의 변수 출력 예제처럼 말이죠.

```
Console.WriteLine("매개변수를 받아봅니다. 문장이 길어질 것 같으니 줄 바꿈 해봐요. 매개변수는 {0},
{1} 입니다",
    firstValue,
    secondValue
);
```

위의 코드 줄 수는 4개의 라인으로 구성되어 있지만, 한 개의 명령을 내리는 것과 같습니다.

단순히 숫자 데이터를 다루는 변수만 살펴보았을 뿐인데, 정말 많은 것을 배운 것 같습니다. 이해해야 하는 것도 많고 새로운 용어도 많이 등장해서 어려움을 겪었을 텐데, 위의 개념만 충분히 이해한다면 다음 예제들은 정말 쉽게 이해하고 넘어갈 수 있을 것이라 생각합니다.

2.3 문자를 담는 변수 타입

다음 예제는 메시지를 출력하기 위한 문자, 혹은 문자열을 담아내는 과정을 표현한 예제입니다.

[함께 해봐요] 문자를 담아내는 바구니   Ex002.cs

```
01  using System;
02
03  namespace RoadBook.CsharpBasic.Chapter02.Examples
04  {
05      public class Ex002
06      {
07          public void Run()
08          {
09              char ch = 'A';
10              string strMessage = "Hello World";
11
12              Console.WriteLine(ch);
13              Console.WriteLine(strMessage);
14          }
15      }
16  }
```

문자를 다룰 때는 char 변수 타입과 string 변수타입을 사용하면 됩니다.

둘의 차이는 데이터 크기입니다. char는 문자 하나만을 담을 수 있고 string은 문자 여러 개를 담을 수 있습니다. 예제를 보면 char 형태의 초기값은 문자 하나를 나타내는 따옴표(")로 값을 저장합니다. 그리고 string 형태의 초기 값은 문장을 나타내는 쌍따옴표("")로 값을 저장합니다. 위의 프로그램의 출력 결과는 다음과 같습니다.

```
A
Hello World
```

사실, string은 char 타입의 값을 모아 놓은 char 배열입니다. 여러분이 작성하고 있는 변수는 값을 하나만 담을 수 있습니다. 하지만 여러 개의 데이터를 하나의 바구니에서 보관하고 싶을 경우도 있을 것입니다. 이 때, 여러 개를 담을 수 있는 바구니를 배열이라고 합니다. string도 마찬가지입니다. 위의 "Hello World"도 잘 살펴보면

H	e	l	l	o		W	o	r	l	d

와 같이 char 집합을 묶어낸 것이라고 보면 됩니다.

배열에 대한 자세한 개념은 다른 챕터에서 주로 살펴보도록 하겠습니다.

2.4 참/거짓을 담는 변수 타입. 그리고 참/거짓을 판단하는 연산자

bool 타입은 "참/거짓"을 판명하고 담아내는 변수 타입입니다. 먼저 예제 코드를 따라서 타이핑해보고 살펴보겠습니다.

[함께 해봐요] **참/거짓을 담아내는 바구니**   Ex003.cs

```
01  using System;
02
03  namespace RoadBook.CsharpBasic.Chapter02.Examples
04  {
05      public class Ex003
06      {
07          public void Run()
08          {
09              bool bCalculate01 = (1 + 2 == 3);
```

```
10          bool bCalculate02 = ((12 > 8) && (8 < 20));
11          bool isContainsWord = "Hello Csharp".Contains("Hello");
12
13          Console.WriteLine("1 + 2 = 3 ? ({0})", bCalculate01);
14          Console.WriteLine("12는 8보다 크고 8은 20보다 작다 ? ({0})",
                              bCalculate02);
15          Console.WriteLine("Hello Csharp 문장에 Hello가 포함되어 있다 ? ({0})",
                              isContainsWord);
16      }
17  }
18 }
```

코드를 읽기에 앞서 참/거짓을 판명하는 방법에 대한 개념을 먼저 잡아보겠습니다. 다음의 문장에 대해 한번 참/거짓을 판명해봅시다.

1 + 1 = 3 (거짓)

사과는 과일이다 (참)

위의 문장을 보면 알 수 있듯이, 일상 생활에서 우리가 이야기하는 모든 내용에는 진실인 말이 있고, 거짓인 말이 있습니다. 이러한 행위들을 프로그램에서는 bool 변수 타입에서 담게 되는 것입니다.

그렇다면 bool 타입에 담을 때, "사과는 과일이다" 또는 "1+1 은 3이다" 라는 내용을 어떻게 전달하면서 담을까요?

다음과 같은 공식만 기억하면 됩니다.

사과는(==) 과일이다.

1 + 1은(==) 3이다.

나는(==) 학생이다. 그리고(&&) 내 나이는(==) 18살이다.

프로그래밍의 주 사용 언어는(==) C# 또는(||) 자바다.

지금 위의 공식에서 괄호 안에 이상한 기호가 나온 것을 확인할 수 있습니다. 위의 기호들을 "연산자" 라고 합니다.

자세히 표를 보면서 설명하겠습니다.

연산자	뜻	예제
==	같다	A == B; 뜻: A는 B와 같다.
&, &&	그리고	(A == B) && (A == C) 뜻: A는 B와 같고(그리고) A는 C와 같다.
|, ||	또는	(A == B) || (A == C) 뜻: A는 B와 같거나(또는) A는 C와 같다.
>, <, >=, <=	크다, 작다, 크거나 같다, 작거나 같다	A > B 뜻: A는 B보다 크다. A < B 뜻: A는 B보다 작다. A >= B 뜻: A는 B보다 크거나 같다. A <= B 뜻: A는 B보다 작거나 같다.

[표 2-3] 비교 연산자의 종류

잠시만 생각해봅시다

AND 연산자와 OR 연산자의 사용법

위의 표에서 예리한 독자분들은 두 가지 궁금한 점을 발견했을 것 같습니다.

"&랑 && 둘다 똑 같은 의미인데? 차라리 편하게 하나만 쓰는 게 좋지 않아요?"

"/랑 //도 둘 다 똑 같은 의미인데? 차라리 편하게 하나만 쓰는 게 좋지 않아요?"

둘의 차이는 성능적으로 큰 차이가 생길 수 있습니다.

& 혹은 | 연산자를 하나만 쓸 경우, 여러 가지 조건을 모두 "다" 검사를 하겠다는 뜻입니다. 만약 두 개를 쓴다면 조건 중에 하나라도 참 혹은 거짓이 있다면 바로 다음 로직으로 넘어간다는 뜻입니다. 두가지 상황의 예를 들어볼까요?

$$(1 + 2 == 1) \& (1 + 2 == -1)$$

첫 번째 "&" 연산자를 하나 쓴 경우,

1 + 2는 1이 거짓임에도 불구하고, 1 + 2는 −1에 대한 참/거짓을 검사한 후에 로직으로 넘어갑니다.

$$(1 + 2 == 1) \&\& (1 + 2 == -1)$$

두 번째 "&&" 연산자를 두 개 쓴 경우,

1 + 2는 1이 거짓이기 때문에 그 다음 전제 조건이 아무리 참 이어도 거짓임이 드러났으므로 다음 로직으로 빠르게 넘어 갑니다.

가끔씩 여러분들이 비주얼 스튜디오라는 훌륭한 IDE 툴 없이 메모장으로 개발을 하게 되는 경우

"~보다 크거나 같다" 혹은 "~보다 작거나 같다"

의 연산자에 대해 무엇을 먼저 써야 할지 고민이 될 경우(예를 들어, '>'를 먼저 써야 할지, '='를 먼저 써야 할지에 대한 고민) 그냥 "국어책 읽듯이" 기준으로 작성해주면 됩니다.

크거나(>) 같다(=) 즉, ">="

작거나(<) 같다(=) 즉, "<="

와 같이 써야 하는 겁니다.

이제 연산자에 대한 정의도 숙지를 하였기 때문에, 연산자를 이용한 참/거짓 변수 예제를 살펴보겠습니다.

첫 번째 변수(bCalculate01)는 기본으로 배운 "==" 연산자에 대한 bool 값 대입입니다.

그리고 두 번째 변수(bCalculate02)는 그리고(&&)에 대한 연산자를 나타내는 변수 예제입니다.

세 번째 변수(isContainsWord)에서는 뭔가 새로운 문법이 나왔습니다. 문자열에 Contains("X")라는 함수를 사용했는데, 이는 문자열 함수의 확장된 기능이며 다음과 같은 작업을 수행합니다.

"Hello Csharp".Contains("Hello") = 문자열("Hello Csharp") 안에 찾으려는 문자("Hello")가 포함되어 있는가?

"Hello Csharp"에 대한 문자열 변수에 "Hello"라는 단어가 포함되어 있으므로 '참(true)' 값을 돌려주게 되고, isContainsWord 변수에 "참(true)"이 담기게 됩니다. 위의 프로그램의 출력 결과는 다음과 같습니다.

```
1 + 2 = 3 ? (True)
12는 8보다 크고 8은 20보다 작다 ? (True)
Hello Csharp 문장에 Hello가 포함되어 있다 ? (True)
```

2.5 예측이 불가능한 데이터를 담을 때 유용한 변수 타입

지금까지는 데이터가 어떤 것이 들어올 것인지 완전히 약속된 경우에 대해, 정수형 변수타입/실수형 변수타입/문자형 변수타입/참과 거짓 변수 타입을 지정해서 사용했습니다. 그런데 만약 어떤 데이터가 들어올지 모를 경우는 어떻게 해야 할까요? 예를 들어 int형 변수인데 문자가 들어갈 경우 프로그램이 동작하지 않을 것이기 때문입니다. 이번 변수 타입은 무엇이든 담을 수 있는 변수타입에 대해 설명하겠습니다.

[함께 해봐요] **무엇이든 담을 수 있는 만능 바구니**   Ex004.cs

```
01  using System;
02
03  namespace RoadBook.CsharpBasic.Chapter02.Examples
04  {
05      public class Ex004
06      {
07          public void Run()
08          {
09              object objValue = 1;
10              var vValue = "var";
11              dynamic dValue = true;
12
13              Console.WriteLine("object 변수 값은 {0}", objValue);
14              Console.WriteLine("var 변수 값은 {0}", vValue);
15              Console.WriteLine("dynamic 변수 값은 {0}", dValue);
16          }
17      }
18  }
```

세 가지 변수 타입이 소개되었습니다. 결론부터 얘기하면 object, var, dynamic 변수 타입은 모든 데이터 타입을 담을 수 있습니다. 그리고 출력할 때도 문제없이 자신이 담고 있는 데이터를 표현할 수 있습니다. 이 프로그램의 출력 결과는 다음과 같습니다.

```
object 변수 값은 1
var 변수 값은 var
dynamic 변수 값은 True
```

위 세개의 변수 타입은 똑 같은 기능을 수행하는 듯 하지만 내부 구조를 보면 매우 다른 결과를 보여줍니다. 아래의 예제를 통해 위 세가지 변수 타입에 대한 차이점을 몸으로 느껴보겠습니다.

```csharp
01  using System;
02
03  namespace RoadBook.CsharpBasic.Chapter02.Examples
04  {
05      public class Ex005
06      {
07          public void Run()
08          {
09              object objHello = "Hello World";
10              var vHello = "Hello World";
11              dynamic dHello = "Hello World";
12
13              bool isContainsWord01 = objHello.ToString().Contains("Hello");
14              bool isContainsWord02 = vHello.ToString().Contains("Hello");
15              bool isContainsWord03 = dHello.ToString().Contains("Hello");
16
17              Console.WriteLine("object 변수에 Hello가 포함되어 있다 ? {0}",
                                  isContainsWord01);
18              Console.WriteLine("var 변수에 Hello가 포함되어 있다 ? {0}",
                                  isContainsWord02);
19              Console.WriteLine("dynamic 변수에 Hello가 포함되어 있다 ? {0}",
                                  isContainsWord03);
20          }
21      }
22  }
```

위의 코드 로직을 보면 지금까지 했던 것과는 다를 것 없이 다음과 같이 해석됩니다.

objHello, vHello, dHello 변수에 똑 같은 문자열 값을 집어넣고,
해당 문자열에 "Hello"라는 단어가 포함되어 있는지 bool 변수에 각각 집어넣고 출력을 하는 예제

그런데 여기서 한 가지 정말 큰 차이점이 있습니다.

바로 object 타입의 변수는 ToString()이라는 확장된 기능을 사용한 후, Contains 기능을 사용했다는 점입니다. 여기서 ToString()의 기능은 해당 변수 값을 string형으로 변환하겠다는 의미입니다. 즉, object는 데이터에 관계없이 저장은 할 수 있지만, 이 데이터가 정확히 무슨 타입인지 모르는 것입니다(순수한 문자열 함수의 기능을 사용할 수 없다는 것이죠).

반면 var과 dynamic은 데이터에 관계없이 저장도 할 수 있고, 이 데이터가 무슨 타입인지 판단할 수 있습니다. 바로 이러한 차이 때문에 object의 활용도보다는 var과 dynamic의 활용도가 더 높습니다. 그렇다면 var과 dynamic은 똑같은 능력을 갖추었는데 무슨 차이점이 있을까요?

가장 큰 차이점은 두 가지입니다. 우선 var은 한번 데이터가 할당되면 다른 타입으로 변경이 불가능 합니다. 아래와 같이 말이죠.

```
var vValue = "나는 문자열을 담습니다.";
vValue = 10;
```

처음에 초기 값이 string으로 저장되었는데 다음 라인에서 int로 데이터를 바꾸다 보면 오류가 납니다. 반면 dynamic의 경우 아래의 코드도 잘 동작합니다.

```
dynamic dValue = "나는 문자열을 담습니다.";
dValue = 10;
```

왜 이런 차이가 나는 것일까요? 그 이유는 var은 프로그램이 컴파일될 때 변수 타입을 인식하고, dynamic은 프로그램이 런타임될 때 변수 타입을 인식합니다.

어려운
용어 등장! | **컴파일? 런타임?**

C#은 컴파일 언어입니다. 컴파일이란 쉽게 말해 한국사람에게 영어를 통역해주는 것처럼 기계에게 자신들만의 기계어로(컴퓨터는 0과 1로 표현이 됩니다)로 번역을 해주는 것입니다.

위의 예제에서 var은 기계어로 번역되는 동안 해당 변수의 타입이 무엇인지 판단되는 것입니다.

그리고 런타임이란, 프로그램이 실행하는 동안을 말하는 것입니다. 즉, 여러분이 코드 작성을 완료하고 검은색 콘솔창에서의 프로그램 동작 시간을 말합니다.

위의 예제에서 dynamic은 프로그램이 실행하면서 자신의 동작 차례가 되었을 때 해당 변수의 타입이 무엇인지 판단합니다.

정리하자면 위 세 타입의 히스토리는 다음과 같습니다.

만능 변수 타입인 object의 단점을 보완해서(데이터는 아무거나 담을 수 있지만, 똑똑하게 타입을 구별 못한다는 단점) var 타입이 나타났습니다. 이 시기가 바로 .NET Framework 2.0부터 쭉 사용하던 object를 .NET Framework 3.5 버전에 var 타입으로 새로운 기능을 제공하게 된 것입니다. 그리고 3.5 버전 초기에 var을 사용하면서 많은 개발자들이 편리함을 느꼈지만, 딱 하나 걸림돌이 바로 한번 데이터를 지정하면 다른 데이터 타입으로 변경이 불가능하다는 것을 아쉬운 점으로 생각하면서 한번 더 마이크로소프트가 심기 일전하여 .NET Framework 4.0 때 dynamic이라는 만능 타입을 만들어 낸 것입니다. C#은 컴파일 언어라서 불가능하다 생각했던 dynamic 타입이 만들어진 것은 정말 혁신과도 같았습니다.

다음 예제는 여러분이 지금까지 만들어봤던 예제를 하나로 합친 예제입니다.

[함께 해봐요] **변수 사용법에 대한 복습**　　　　　　　　　　　　　　　　Ex006.cs

```csharp
01  using System;
02
03  namespace RoadBook.CsharpBasic.Chapter02.Examples
04  {
05      public class Ex006
06      {
07          public void Run()
08          {
09              #region >> 정수형 변수
10              sbyte shortByteNumber = 127;
11              byte byteNumber = 0;
12              short shortNumber = 32767;
13              int intNumber = 20000;
14              long longNumber = 50000;
15              #endregion
16
17              #region >> 실수형 변수
18              float floatNumber = 3.14f;
19              double doubleNumber = 1.5;
20              decimal decimalNumber = 5.5m;
21              #endregion
22
23              Console.WriteLine("정수 : {0}, {1}, {2}, {3}, {4}", shortByteNumber,
                              byteNumber, shortNumber, intNumber, longNumber);
```

```
24      Console.WriteLine("실수 : {0}, {1}, {2}", floatNumber, doubleNumber,
                            decimalNumber);
25
26      #region >> 문자열 변수
27      char ch = 'A';
28      string strMessage = "Hello Csharp";
29      #endregion
30
31      Console.WriteLine(ch);
32      Console.WriteLine("{0}{1}{2}{3}{4}", strMessage[0], strMessage[1],
                            strMessage[2], strMessage[3], strMessage[4]);
33      Console.WriteLine(strMessage);
34
35      #region >> 참/거짓 변수
36      bool bCalculate = (1 + 2 == 3);
37      bool bCalculate2 = ((12 > 8) && (8 < 20));
38      bool isContainsWord = "Hello Csharp".Contains("Hello");
39      #endregion
40
41      Console.WriteLine("1 + 2 = 3 ? ({0})", bCalculate);
42      Console.WriteLine("(12는 8보다 크고 8은 20보다 작다 ? ({0})", bCalculate2);
43      Console.WriteLine("Hello Csharp 문장에 Hello가 포함되어 있다 ? ({0})",
                            isContainsWord);
44
45      #region >> 만능 변수
46      object objValue = 1;
47      var vValue = "var";
48      dynamic dValue = true;
49      #endregion
50
51      Console.WriteLine("object 변수 값은 {0}", objValue);
52      Console.WriteLine("var 변수 값은 {0}", vValue);
53      Console.WriteLine("dynamic 변수 값은 {0}", dValue);
54          }
55      }
56  }
```

전체 코드 설명은 이미 앞에서 살펴보았기 때문에 어느 정도 사용법에 익숙해졌을 것이라 생각합니다.

그런데 이번 예제에서 또 하나의 키워드가 등장했습니다. 바로 "#region ~ #endregion" 구문입니다. 이것은 코딩의 흐름에도, 컴파일에도 영향을 미치지 않는 키워드입니다. 해당 기능은 Visual Studio 내부에서 코드 정리를 할 때 사용하는 키워드로써 #region과 #endregion 안의 코딩 문장들이 하나의 "묶음"이 되어 영역을 열고 닫을 수 있습니다. 바로 아래와 같이 코드가 정리가 됩니다.

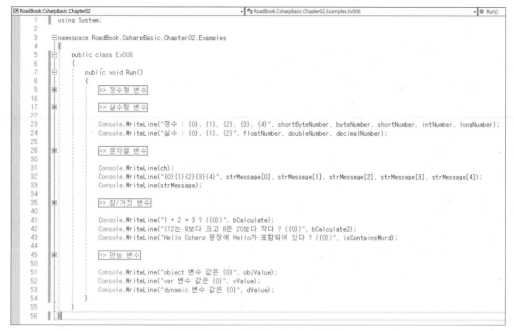

[그림 2-8] #region과 #endregion의 조합

어떤가요? 사소한 기능이긴 하지만, 저렇게 묶어주니 코드가 한눈에 보이지 않나요?

또한 지금까지 여러분들이 코드를 작성하면서 궁금한 키워드가 여러 개 보였을 것입니다. 바로 public, class, namespace와 같은 공통적으로 코드에 들어가는 키워드들이 바로 그 예가 될 것 같은데요. 이 부분 또한 이번 챕터에서 설명하면 매우 길어지고 복잡해지기 때문에 다른 챕터에서 자세히 설명하도록 하겠습니다. 지금은 '필수적으로 명시해야 한다'라는 정도만 알고 있으면 좋을 것 같습니다.

2.6 바구니의 활용도를 바꾸는 변수 '형 변환'

데이터를 처리하다 보면, 위의 예제와 같이 object 타입 형태를 특정 함수 기능을 사용하기 위해 ToString()을 이용하여 string이라는 타입으로 인식되도록 object => string으로 형 변환을 한 경우가 있습니다. 또한 상황에 따라 변수를 잠깐 변환시켜서 작업 후에 다시 원상복구 해야 하는 경우도 있습니다.

어떠한 상황을 예를 들어, 프로그램으로 만들어 봅시다. 여러분이 직접 해보고, 아래의 답을 살펴보며 어떤 것이 다른지 비교해봅시다.

스스로 해결해보세요

학생의 총 점수와 평균 점수를 계산하는 프로그램

한 학생의 시험 성적표가 나왔습니다.

국어 100점, 영어 100점, 수학 98점, 체육 97점

매우 월등한 성적을 받았네요. 이제 여러분이 풀어야 할 문제입니다.

이 학생의 시험 총 점수를 계산해보고, 평균을 계산하는 프로그램을 구현해보세요.

힌트!

우리가 참/거짓 변수 타입을 공부할 때, 비교연산자에 대해 배운 기억이 있을 것입니다. 참고로 연산자는 비교하는 연산자뿐만 아니라 계산하는 연산자도 사용할 수 있습니다.

예를 들어,

- 더하기는 '+'
- 빼기는 '−'
- 곱하기는 '*'
- 나누기는 '/'
- 나눈 값의 나머지는 '%'

로 표현할 수 있습니다.

```
int sum = 1 + 5;
int minus = 10 - 7;
int multiple = 2 * 5;
int divide = 10 / 2;
int remain = 10 % 3;
```

문제를 풀어 보셨나요? 이제 여러분이 직접 짠 코드와 비교하면서 다음 코드를 살펴보도록 합시다.

[함께 해봐요] **학생의 총 점수와 평균 점수를 계산하는 프로그램**　　　　Ex007.cs

```
01   using System;
02
03   namespace RoadBook.CsharpBasic.Chapter02.Examples
04   {
05       public class Ex007
06       {
07           public void Run()
08           {
09               int korean = 100;
10               int english = 100;
11               int math = 98;
12               int sports = 97;
13
14               int totalScore = korean + english + math + sports;
15
16               Console.WriteLine("성적 총점 {0}", totalScore);
17               Console.WriteLine("평균 {0}", totalScore / 4);
18           }
19       }
20   }
```

총점이야 모든 과목의 점수를 더하면 그만이지만, 평균을 낼 때는 나누어서 떨어지지 않는 경우도
있습니다. 특히나 위의 프로그램에서는 총점이 395점이기 때문에 4로 나누면 소수점으로 평균이
나오게 됩니다. 하지만 출력문을 확인했을 때는, 소수점이 제거된 int 타입으로 출력되는 것을 확
인할 수 있습니다.

```
성적 총점  395
평균  98
```

왜 그럴까요? 이유는 간단합니다. 정수와 정수를 나누게 되면 프로그램에서 정수로 인식하기 때문입니다. 이럴 때 바로 우리는 '형 변환'이 필요합니다(int를 잠시 double로 바꾼다면 '실수'로 인식하여 나눈 값 또한 '실수'로 인식을 할 것입니다).

[함께 해봐요] **학생의 총 점수와 평균 점수를 계산하는 프로그램 확장**　　　　　Ex008.cs

```
01  using System;
02
03  namespace RoadBook.CsharpBasic.Chapter02.Examples
04  {
05      public class Ex008
06      {
07          public void Run()
08          {
09              int korean = 100;
10              int english = 100;
11              int math = 98;
12              int sports = 97;
13
14              int totalScore = korean + english + math + sports;
15
16              Console.WriteLine("성적 총점 {0}", totalScore);
17              Console.WriteLine("평균 {0}", (double)totalScore / 4);
18          }
19      }
20  }
```

확장된 코드에는 딱 하나만 추가하면 됩니다. totalScore 변수를 int 타입에서 double 타입으로 바꾸는 작업입니다.

(double)totalScore

형 변환을 하는 가장 간단한 방법은 변수 앞에 괄호로 바꿀 변수 타입을 선언하면 됩니다. 이 프로그램의 평균 점수를 계산하는 로직은 '395.0/4'로 계산되어 결과값이 '정수'가 아닌 '실수'로 반환됩니다.

```
성적 총점 395
평균 98.75
```

| **'형 변환'에는 '암시적인 형 변환'과 '명시적인 형 변환'이 있습니다.**

방금 전에 우리는 int 데이터를 더 큰 범위의 double 데이터로 변환했습니다. 사실 '형 변환'을 표기하지 않고 아래와 같이 double 형태의 변수로 할당해도 됩니다.

```
double totalScore = korean + english + math + sports;
```

korean, english, math, sports가 모두 정수 타입이더라도 이 데이터를 double 변수에 할당한다면 값은 double 형으로 인식됩니다. 이처럼 특별한 구문 작업 없이도 자동으로 컴파일러가 알아서 변환해주는 것을 바로 '암시적인 형변환Implicit Type Casting'이라고 부릅니다.

하지만 여기서 주의해야 할 점은, 반대의 경우인 다운 캐스팅(Down Casting, 더 작은 데이터를 표현할 수 있는 변수 타입으로 바꾸려 할 경우)을 하기 위해서 '암시적인 형 변환'을 하게 된다면 컴파일 에러가 납니다. 바로 아래와 같은 경우가 해당됩니다.

```
double number = 10;
int casting_number = number;
```

따라서 큰 범위의 데이터를 작은 범위의 변수 타입으로 '형 변환' 하기 위해서는 성적 평균 프로그램에서 구현했던 것처럼 괄호안에 특정 타입을 명시적으로 선언해야 합니다. 이처럼 컴파일러에게 '형 변환'을 하겠다고 지정해주는 것을 '명시적인 형 변환Explicit Type Casting이라고 부릅니다. 아래의 예제를 한번 구현해볼까요?

```
01  using System;
02
03  namespace RoadBook.CsharpBasic.Chapter02.Examples
04  {
05      public class Ex009
06      {
07          public void Run()
08          {
09              int number01 = 10;
10              double number02 = number01;
11              int number03 = (int)number02;
12
13              Console.WriteLine("number01 변수의 타입은 {0}",
                                    number01.GetType());
14              Console.WriteLine("number02 변수의 타입은 {0}",
                                    number02.GetType());
15              Console.WriteLine("number03 변수의 타입은 {0}",
                                    number03.GetType());
16          }
17      }
18  }
```

위의 프로그램 결과는 다음과 같습니다.

```
number01 변수의 타입은 System.Int32
number02 변수의 타입은 System.Double
number03 변수의 타입은 System.Int32
```

변수 타입이 지금까지 배운 타입과는 뭔가 좀 다르지만, 첫번째는 int 두번째는 double 세번째는 int 타입임을 밝혀드립니다. 그리고 위의 결과로 출력된 타입에 대해서는 잠시 후 설명하겠습니다.

다음으로는 문자 타입으로 구성된 숫자 타입을 '형 변환'을 해보도록 하겠습니다. 지금까지 배웠던 지식으로 구현을 한다면 다음과 같은 코드가 되지만, 이는 컴파일 에러를 보여주게 됩니다.

```
string strNumber = "10";
int intNumber = (int)strNumber;
```

string형은 int로 '명시적인 형 변환'을 할 수 없기 때문입니다. 우리는 string과 같은 숫자 형태의 변수 타입이 아닌 것들을 숫자 타입으로 변환하기 위해서는 Convert 기능 또는 Parse()와 같은 함수를 사용해야 합니다. 아래 예제를 살펴보겠습니다.

[함께 해봐요] **문자로 구성된 숫자를 형 변환 하는 방법**   Ex010.cs

```
01  using System;
02
03  namespace RoadBook.CsharpBasic.Chapter02.Examples
04  {
05      public class Ex010
06      {
07          public void Run()
08          {
09              string strNumber = "10";
10
11              int convertNumber = Convert.ToInt32(strNumber);
12              int parseNumber = Int32.Parse(strNumber);
13
14              Console.WriteLine("{0} + {1} = {2}", convertNumber, parseNumber,
                                    convertNumber + parseNumber);
15          }
16      }
17  }
```

Convert를 이용한 방법과 Parse를 이용한 방법 모두 .NET Framework에서 제공하는 기본 데이터 타입을 변환하기 위한 방식입니다. 기본 타입으로는 Boolean, Char, Byte, Int, Double 등 여러 가지 변환을 할 수 있습니다. 다음과 같이 말이죠

```
Convert.ToDouble("10");
Double.Parse("10");
```

이 두 가지 기능의 가장 큰 차이는 NULL 값을 어떻게 처리하느냐의 차이입니다.

Parse는 문자열 값이 NULL인 경우 프로그램에서 에러가 납니다. 반면 Convert의 경우 문자열 값이 NULL인 경우, 0을 반환해 줍니다.

이려운 용어 등장! **NULL**

NULL은 변수에 값이 할당되어 있지 않은 상태를 말합니다. 즉, 껍데기로 싸여 있을 뿐 속에는 아무것도 없는 상태를 말합니다.

2.7 지역변수, 전역변수, 그리고 상수

지금까지 우리는 코드를 만들면서 public void Run()이라는 기능 안에 변수 선언을 했습니다. 이 안에서 선언된 변수는 해당 코드 블록('{' 과 '}') 안에서 사용할 수 있습니다.

여러분들은 나중에 이러한 각각의 기능을 관리하는 함수들을 여러 가지로 쪼개서 작업을 하는 경우가 많을 것입니다. 이럴 경우에는 각각의 함수에서 선언된 변수를 내부에서만 사용할 수도, 여러 함수에서 데이터를 공유하며 사용할 수도 있습니다. 이 때 공유할 수 있는 변수를 '전역변수'라 하고, 함수 내부에서만 사용할 수 있는 변수를 '지역변수'라 합니다.

[함께 해봐요] **지역변수와 전역변수**   Ex011.cs

```
01  using System;
02
03  namespace RoadBook.CsharpBasic.Chapter02.Examples
04  {
05      public class Ex011
06      {
07          int globalValue = 20;
08
09          public void Run()
10          {
11              int localValue = 10;
12
13              Sum();
14              Multiple();
```

```
15
16              Console.WriteLine("local : {0} / global : {1}", localValue,
                                    globalValue);
17      }
18
19      private void Sum()
20      {
21          globalValue = globalValue + 10;
22      }
23
24      private void Multiple()
25      {
26          globalValue = globalValue * 2;
27      }
28    }
29 }
```

예제가 다소 복잡해졌습니다. Program에서 Run() 함수를 호출하는 것은 여전히 똑같습니다. 그런데 Run()에서 Sum() 함수와 Multiple() 함수를 호출하였습니다. 로직을 살펴볼까요?

우선 각 함수 선언의 바깥 쪽에 globalValue 이름의 int형 변수가 있습니다. 그리고 Run() 함수에는 localValue 이름의 int형 변수가 있습니다. 결론부터 얘기하면, 함수 선언의 바깥 쪽에 빠져 있는 globalValue를 '전역변수'라 합니다. 모든 함수에서도 이 변수는 같이 공유할 수 있다는 것입니다.

Run() 함수에서 Sum() 함수를 호출하였습니다. Sum() 기능은 globalValue 값에 10을 더하는 것입니다. 그리고 Multiple() 함수를 호출하였습니다. Multiple() 기능은 globalValue 값에 2를 곱하는 것입니다. 다음으로 결과 값을 출력합니다. 프로그램의 결과는 다음과 같습니다.

```
local : 10 / global : 60
```

만약 위의 코드에서 localValue를 Sum()이나 Multiple()에서 사용한다면 컴파일 에러로 프로그램 빌드가 실패할 것입니다. 전역변수와 지역변수의 차이는 아래 한 문장만 숙지하면 됩니다.

여러 함수들 바깥에 명시된 변수는 '전역변수', 하나의 함수 안에 명시된 변수는 '지역변수'

마지막으로 소개할 개념은 '상수'입니다. '변수'는 '변할 수 있는 수'인데, 상수는 절대로 변하지 않는 수입니다. 상수는 언제 쓰일까요? 보통 '수학적으로 증명된 계산 식' 혹은 '고유한 코드'에 대해서 상수를 사용합니다. 변수 선언하는 앞에 'const' 키워드를 사용하면 이 변수는 상수로 인식됩니다.

```
01   using System;
02
03   namespace RoadBook.CsharpBasic.Chapter02.Examples
04   {
05       public class Ex012
06       {
07           const float _PIE_VALUE = 3.14f;
08
09           public void Run()
10           {
11               Console.WriteLine("파이는 {0}", _PIE_VALUE);
12           }
13       }
14   }
```

보통 상수의 쓰임은 변하지 않는 수이기 때문에, 여러 함수에 공유를 해서 사용합니다. 따라서 지역변수보다는 전역변수로 많이 사용됩니다.

2.8 .NET Framework에서 제공되는 변수 타입

Ex009.cs에서 만들어보았던 프로그램에서 여러분이 예상했던 것과는 다른 변수타입을 확인하였습니다.

　System.Int32, System.Double

사실 의미는 같습니다만, 우리가 지금 배운 변수 타입은 'C# Data Type'이고, 프로그램에서 인식하고 있는 변수 타입은 '.NET Data Type'입니다. C#은 .NET Framework 안에 내재되어 있는 언어입니다. 즉, .NET Framework가 C#을 감싸고 있는 구조인 셈입니다. .NET Framework에는 C#뿐만 아니라 F#, C++ 등 마이크로소프트의 언어는 모두 총괄하기 때문에 공통적인 모듈을 만들게 된 것입니다. 다음 표는 데이터 타입 별 문법 표현을 나타낸 표입니다.

C# Data Type	.NET Data Type
bool	System.Boolean
byte	System.Byte
sbyte	System.SByte
short	System.Int16
int	System.Int32
long	System.Int64
float	System.Single
double	System.Double
decimal	System.Decimal
char	System.Char
string	System.String
object	System.Object

[표 2-4] 데이터 타입 비교

사실 별 차이는 없습니다. 어떤 것을 사용해도 무방합니다. C# Data Type이 존재하는 이유는 변수를 사용할 때 System이라는 네임스페이스를 불러와서 호출을 해야 하는 번거로움을 줄이기 위해 '별칭(Alias)' 개념으로 편하게 사용하는 것입니다.

과거 C#을 접했던 선배 개발자들의 이야기를 들어보면, 어떤 표현 방법이 좋은지, 성능상으로 유리한 것은 어떤 것인지 의견이 대립된 적이 있었다고 합니다. 결국엔 각 언어별로 예전부터 타입에 대해 표현해 오던 방식이 있었으며, 좀더 간략히 표현을 할 뿐 성능상의 차이는 없는 것으로 결론이 난 해프닝도 있었다고 합니다.

여러분은 편의성과 가독성을 고려한 코딩 방식에 익숙해지는 것이 더 좋을 것이기 때문에 별칭으로 인식하는 C# Data Type으로 예제를 구성해 나갈 것입니다. 또한 해당 프로그램 방식이 실무에서도 많이 사용되는 방식이기 때문에, 여러분은 C# Data Type 위주로 공부하고 숙지하면 됩니다.

프로그램의 모든 시작은 '변수 선언'부터입니다. 그리고 변수 선언을 할 때 가장 중요하게 생각해야 할 것은 변수 이름을 짓는 것입니다.

우스갯소리로 개발자들 사이에서

"개발을 하다 보면 가장 힘든 일이 무엇인가?"

라는 질문을 받았을 때, '웹 프로그램', '소켓 프로그램'이라고 말을 하는 사람보다는,

"변수 이름 만드는 것이 제일 어려워요"

하는 개발자들이 정말 많습니다.

"변수명이 뭐가 어려워요?"라고 이야기하는 독자분들이 많을 겁니다. 시작하는 단계에서 변수명은 많이 중요하지 않지만, 프로그래밍은 혼자 하는 것이 아닙니다. 많은 사람들과 같이 코드 리뷰Code Review를 할 때도 있고, 다른 사람이 여러분의 코드를 보는 순간도 많이 나옵니다.

대충 만든 변수명의 예를 살펴보겠습니다.

```
string number01 = "Csharp";
string number02 = "Java";
```

분명 프로그래밍 언어 이름을 담은 두개의 변수인데 number라는 변수 이름으로 만들었습니다.

이러한 변수 이름을 보고 한눈에

"언어 이름을 담은 변수다!"

라고 생각을 하는 사람은 정말 없겠죠?

만약에 여러분들 중에

"내 코드는 나만 보는 것이니까 내 맘대로 만들거야!"

라는 위험한 생각을 하게 된다면, 1인 기업을 하거나 혼자서 취미로 개발을 할 수밖에 없습니다.

여러분들은 지금부터 C#을 본격적으로 배우고 있고, 이 놀라운 개발 기술을 습득하여 많은 동료들과 함께 '협업'이라는 것을 할 수밖에 없습니다. 다른 사람들이 여러분들의 아름다운 코드를 보면서, 기능 파악은 시간이 걸리더라도, 변수 정도는

"아~ 어떤 데이터를 담는 변수구나!"

라는 메시지를 준다면 훨씬 더 신뢰감이 있는 '협업'을 할 수 있겠죠?

앞으로 이 책을 읽는 독자 분들의 올바른 코딩 습관을 가질 수 있도록 변수명을 의미 있게 짓는 습관을 들이길 바랍니다.

프로그램의 기본이 되는 변수에 대해 이해가 잘 되셨나요?

이번 장도 수고 많으셨습니다.

정리해봅시다

● 이번에 우리가 얻은 것

이번 장에서는 여러분은 변수 선언하는 방법에 대해 알아보았고, 수많은 변수 타입에 대해 알아보았습니다. 그리고 데이터 구조가 불가피하게 변경되어야 할 때 사용하는 방법인 '형 변환'에 대해서도 알아보았습니다. 마지막으로 데이터가 변하지 않는 '상수'와 어느 함수에서도 사용할 수 있는 '전역 변수'와 단독 공간에서만 사용할 수 있는 '지역 변수'에 대해서도 알아보고, 몇가지 의미 있는 프로그램도 개발해보았습니다.

● 이것만은 알고 갑시다.

1. 변수의 선언 방법은

변수타입 변수명 = 초기값;

입니다.

2. 숫자를 다루는 주요 변수 타입은 정말 다양하지만 실무에서는 int, long, double 정도를 가지고 많이 사용합니다.

3. 문자를 다루는 변수 타입은 char와 string이 있습니다. char는 한 글자만 담을 수 있고, string은 문장을 담을 수 있습니다.

4. 참/거짓을 다루는 변수 타입은 bool입니다. 그리고 참/거짓을 판별하기 위해서는 '비교 연산자'를 사용합니다.

5. 데이터 타입에 상관없이 모든 데이터를 담을 수 있는 변수 타입은 object와 var과 dynamic이 있습니다. 편의성을 위해서는 object보다는 var과 dynamic을 사용하는 것이 바람직합니다.

6. 데이터의 형태를 바꾸는 것을 '형 변환'이라고 합니다. 보통 작은 값을 큰 변수 타입으로 바꿀 때는 '암시적인 형 변환' 방법을 사용하면 되고, 큰 값을 작은 변수 타입으로 바꿀 때는 '명시적인 형 변환' 방법을 사용합니다. 또한 문자열과 같은 데이터 타입을 형 변환하기 위해서는 Convert 혹은 Parse 형태의 함수를 사용해야 합니다.

7. 여러 개의 함수에서 공통적으로 데이터를 공유하는 변수를 '전역 변수'라 하고, 특정 함수에서만 데이터를 사용하는 변수를 '지역 변수'라 합니다.

8. 상수는 절대 변하지 않는 변수이며, const 타입을 붙여주면 됩니다.

9. 변수 타입에는 C# Data Type과 .NET Data Type이 있는데, 편의성을 위해 C# Data Type을 사용하도록 합니다.

1. 사용자에게 두개의 수를 입력 받아, 처음 입력한 값이 두번째 입력한 값보다 클 경우 True 를 출력하는 프로그램을 만들어보세요.

   프로그램을 만들기 위해서는 다음과 같은 지식이 필요해요

   - 변수 선언 방법
   - 비교 연산자 사용 방법
   - 형 변환 방법

   힌트!
   사용자에게 직접 입력 받는 함수는 Console.ReadLine()이에요! 입력 받은 데이터는 string으로 저 장됩니다.

   ```
   Console.WriteLine("숫자를 입력해 보세요!");
   string str = Console.ReadLine();
   Console.WriteLine("당신이 입력 한 값은 {0}", str);
   ```

2. 사용자에게 두개의 수를 입력 받아, 사칙연산의 결과를 알려주는 프로그램을 만들어보세요.

   프로그램을 만들기 위해서는 다음과 같은 지식이 필요해요

   - 변수 선언 방법
   - 사칙 연산자 사용 방법
   - 형 변환 방법

3장

조건문:
상황에 따른 프로그램의 변화

장 폴 사르트르(Jean Paul Satrte)의 유명한 명언이 있습니다.
"인생은 B(Birth)와 D(Death) 사이의 C(Choice)이다"
사람은 올바른 삶을 살아가기 위해 태어나서 죽을 때까지 수많은 선택을 하며 지냅니다.
좋은 선택에 따른 좋은 결과를 실천하는 사람들에게는 박수를,
나쁜 선택에 따른 사회 해악의 행위를 하는 사람에게는 손가락질과 비난을 보냅니다.
우리가 만드는 프로그램도 여러분의 손에 의해 태어나게 되고, 모든 실행이 끝나면 소멸하게 됩니다.
이러한 프로그램이 실행하는 동안에는 사용자의 선택에 따라 그 행위들도 달라집니다.
마치 자판기에서 나오는 음료수의 종류와 같이...
이 장에서는 프로그램의 행동을 상황에 따라 다르게 동작하도록 하는 '조건문'에 대해 살펴볼 것입니다.
그리고 '조건문'을 만들기 위하여 2장에서 배웠던 '비교연산자'를 실전처럼 사용해서 몸에 익숙해지도록 할 것
입니다.

#핵심_키워드

#조건문 #3항연산자 #if #else #switch

프로그램을 구현하다 보면 특정 상황에 따라 다르게 행동하도록 명령을 내리는 경우가 많이 있습니다. 여기서 특정 상황이란 것은 어떤 것을 말할까요? 이번에도 쉽게 예를 들어보겠습니다.

1. 은행 ATM기에서,
   - 사용자가 입금 버튼을 누르면 돈이 계좌에 입금된다.
   - 사용자가 출금 버튼을 누르면 계좌에 있던 현금이 나온다.
   - 사용자가 가진 돈보다 더 많은 돈을 출금할 경우 '잔액부족'이라는 정보를 알려준다.

2. 자판기에서
   - 사용자가 돈을 투입하면 잔액이 늘어난다.
   - 음료수를 뽑으면 해당 음료수가 나오고 잔액이 줄어든다.
   - 잔액 레버를 돌리면 남은 금액을 돌려준다.
   - 음료 수량이 없는 음료버튼을 눌렀을 경우 아무 동작이 일어나지 않는다.

3. 티켓 예매 시스템에서
   - 통신사와 같은 할인을 받을 경우, 실제 금액에서 할인된 금액으로 결제가 가능하다.
   - 오픈일이 아닌 경우, 결제를 못하도록 한다.

위와 같이 은행 ATM기, 자판기, 티켓 예매 시스템 등등 여러 프로그램에서는 사용자가 선택하는 행동에 따라서 다르게 동작하도록 설계되어 있습니다. 즉, '조건'에 따라 '행동'을 할 수 있도록 명령하는 것이죠. 이러한 선택의 기로에 섰을 때 사용할 수 있는 명령문을 '조건문'이라고 합니다.

여러분도 위와 같은 프로그램처럼 사용자의 행동에 따라 다르게 동작할 수 있도록 차근차근 구현해보도록 하겠습니다.

3.1 if문: "만약에 ~라면 ~이다"

먼저 "만약에 ~라면 ~이다" 라는 문장을 몇 가지 만들어 볼까요?

1. 만약에 윈도우 시스템 종료 버튼을 누른다면, 윈도우가 종료될 것이다.
2. 만약에 핸드폰 카메라 버튼을 누른다면, 카메라가 찍힐 것이다.
3. 만약에 도서를 5권 이상 구매한다면, 10% 할인이 될 것이다.

'만약'이라는 단어를 영어로 표현한다면 'if'라는 단어를 사용합니다. 프로그래밍에서의 '조건문'을 사용하기 위해서도 'if'라는 단어를 사용해서 조건을 따지게 됩니다. 프로그래밍에서 if를 쓰는 방법은 아래와 같습니다.

```
if ('참(true)' 인가?)
    '참'이면 이 명령을 실행하라;
```

조건문을 명시하는 'if' 괄호 안에는 '참'인지 '거짓'인지를 판별하는 bool 값 계산 수식이 들어갑니다.

예를 들어 "나는 개발자인가?"라는 bool 계산식을 구현한다면 다음과 같이 조건문을 표현합니다.

```
if(내 직업 == 개발자)
```

if 조건이 '참'인 경우 프로그램에 명령 하달을 할 수 있습니다.

우리가 2장에서 배웠던 비교 연산자를 기억하나요? 우리가 배웠던 'A와 B는 같은가?' 라는 비교 연산자였던 '==' 연산자가 if문의 조건에서 사용되었습니다.

"내가 개발자인가? 그렇다면 키보드를 잡는다"라는 최종 문장을 조건문으로 표현해볼까요?

```
if(내 직업 == 개발자)
    키보드를 잡는다;
```

마지막으로 더 많은 일을 시켜볼까요? "내가 개발자인가? 그렇다면 키보드를 잡고, 마우스도 잡고, Visual Studio도 실행한다"라는 최종 문장을 조건문으로 표현해볼까요?

```
if(내 직업 == 개발자)
{
    키보드를 잡는다;
    마우스를 잡는다;
    Visual Studio를 실행한다;
}
```

조건문에 따른 단일 명령과 복수 명령에 대해서 한 가지 차이점이 있습니다. 그것은 바로 '{'과 '}'에 대한 사용 여부입니다. 앞으로 우리는 '{'과 '}' 사이에 감싸져 있는 것을 '코드블록(Code Block)' 이라고 부르겠습니다. 이 코드블록은 하나의 묶음입니다. 즉, 동일한 그룹 내 실행 가능한 명령들입니다.

위의 조건문의 코드블록을 확인해봅시다.

if(내 직업 == 개발자) { ⋯ }

코드블록 안에 있는 명령들이 바로 조건문 그룹 안에서 실행하는 것들입니다. 물론, 최초 단일 명령을 내렸을 때의 코드도 다음과 같이 수행할 수 있습니다.

```
if(내 직업 == 개발자)
{
    키보드를 잡는다;
}
```

만약에, 복수 명령의 문법에서 코드블록을 사용하지 않는다면 어떻게 될까요?

```
if(내 직업 == 개발자)
    키보드를 잡는다;
    마우스를 잡는다;
    Visual Studio를 실행한다;
```

위의 경우 내 직업이 개발자가 아니더라도, 마우스를 잡고 Visual Studio를 실행하는 행위는 하게 됩니다. 한번 직접 예제를 만들어보겠습니다. 참, 새로운 챕터이기 때문에 2장에서처럼 MyFirstApp 솔루션에 새로운 프로젝트를 만들고 따라하기 바랍니다. 4장 이후에는 더이상 언급하지 않아도 새로운 프로젝트를 만드세요. 그리고 chapter03 프로젝트를 반드시 시작 프로젝트로 설정해야 합니다.

[함께 해봐요] **조건문의 사용과 코드블록의 흐름**   Ex001.cs

```
01  using System;
02
03  namespace RoadBook.CsharpBasic.Chapter03.Examples
04  {
05      public class Ex001
06      {
07          public void Run()
08          {
09              const int zero = 0;
10
11              if (zero == 0)
12                  Console.WriteLine("첫번째 if문입니다.");
13
```

```
14              if (zero == 0)
15              {
16                  Console.WriteLine("두번째 if문입니다.");
17                  Console.WriteLine("zero는 0이기 때문에 출력을 합니다.");
18              }
19
20              if (zero == 1)
21                  Console.WriteLine("세번째 if문입니다.");
22                  Console.WriteLine("zero는 1이 아니기 때문에 출력에서 제외됩니다.");
23          }
24      }
25  }
```

세 가지의 다양한 조건문 코드블록 사용법이 나왔습니다.

1. 먼저 zero라는 상수형 변수에 0의 값을 초기값으로 지정을 했습니다.
2. 그리고 첫 번째 조건문에서는 'zero가 0일 경우', '첫번째 if문입니다.'라는 문장이 콘솔에 출력됩니다.
3. 두 번째 조건문에서는 'zero가 0일 경우', '두번째 if문입니다.'라는 문장과 'zero는 0이기 때문에 출력을 합니다.'라는 문장이 콘솔에 출력됩니다.
4. 마지막으로 세 번째 조건문에서는, 사실 의도상으로는 'zero가 1일 경우', 이 조건은 성립되지 않기 때문에 '세번째 if문입니다'와 'zero는 1이 아니기 때문에 출력에서 제외됩니다.'라는 두개의 콘솔 출력 명령을 제외시키는 것이 목적이었지만 두 번째 출력문은 의도와는 다르게 출력됩니다.

위의 프로그램 실행 결과는 다음과 같습니다.

```
첫번째 if문입니다.
두번째 if문입니다.
zero는 0이기 때문에 출력을 합니다.
zero는 1이 아니기 때문에 출력에서 제외됩니다.
```

세 번째 조건문이 의도와는 상관없이 실행된 원인은 바로 코드블록에 있습니다. if문 그룹에 속해 있어야 할 두 번째 출력 명령이 코드블록이 없는 관계로 개인 그룹으로 빠져 나왔기 때문입니다. 위의 예제를 의도한 대로 수행하기 위해서는 다음과 같이 변경되어야 합니다.

```
01   using System;
02
03   namespace RoadBook.CsharpBasic.Chapter03.Examples
04   {
05       public class Ex002
06       {
07           public void Run()
08           {
09               const int zero = 0;
10
11               if (zero == 0)
12                   Console.WriteLine("첫번째 if문입니다.");
13
14               if (zero == 0)
15               {
16                   Console.WriteLine("두번째 if문입니다.");
17                   Console.WriteLine("zero는 0이기 때문에 출력을 합니다.");
18               }
19
20               if (zero == 1)
21               {
22                   Console.WriteLine("세번째 if문입니다.");
23                   Console.WriteLine("zero는 1이 아니기 때문에 출력에서 제외됩니다.");
24               }
25           }
26       }
27   }
```

이처럼 코드블록은 매우 중요한 역할을 합니다. 사실 조건문에 대한 단일 명령을 수행하더라도 코드블록을 표기해주는 것이 초보 프로그래머가 오류를 줄이는 중요한 개발 습관입니다. 앞으로의 예제에서도 단일 명령이더라도 코드블록을 표기하는 코드 스타일로 표현할 것입니다.

'만약 ~하면 ~해라'라는 if 조건문에서, '조건에 해당하지 않을 경우에는 이것을 해라'를 명령하기 위해서는 else 키워드를 사용하면 됩니다. 조건의 참-거짓에 대한 명령은 아래와 같은 구조가 됩니다.

```
if('참(true)' 인가?)
{
    … 중략 …
    '참'이면 이 명령을 실행하라;
    … 중략 …
}
else
{
    … 중략 …
    조건문이 일치하지 않으면(거짓이면) 이 명령을 실행하라;
    … 중략 …
}
```

else 키워드는 '조건문의 조건이 부합하지 않을 경우' 실행하는 키워드로 기억하면 됩니다. 위의 조건문을 확장하여 다음 예제를 살펴보도록 하겠습니다.

```csharp
01  using System;
02
03  namespace RoadBook.CsharpBasic.Chapter03.Examples
04  {
05      public class Ex003
06      {
07          public void Run()
08          {
09              const int zero = 0;
10
11              if (zero == 0)
12              {
13                  Console.WriteLine("첫번째 if문입니다.");
14                  Console.WriteLine("zero는 0이기 때문에 출력을 합니다.");
15              }
16              else
17              {
18                  Console.WriteLine("첫번째 else문입니다.");
19                  Console.WriteLine("조건절에 해당하기 때문에 출력에서 제외됩니다.");
20              }
21
```

```
22              if (zero == 1)
23              {
24                  Console.WriteLine("두번째 if문입니다.");
25                  Console.WriteLine("zero는 1이 아니기 때문에 출력에서 제외됩니다.");
26              }
27              else
28              {
29                  Console.WriteLine("두번째 else문입니다.");
30                  Console.WriteLine("조건절에 해당하지 않기 때문에 출력을 합니다.");
31              }
32          }
33      }
34  }
```

위의 예제에서도 두 가지의 조건문이 실행되었습니다.

1. 먼저 zero라는 상수형 변수에 0의 값을 초기값으로 지정했습니다.
2. 첫 번째 조건문에서는 'zero가 0일 경우', if 조건절에 해당하는 문장을 수행합니다.
3. 두 번째 조건문에서는 'zero가 1일 경우', 이 조건은 성립하지 않기 때문에 else 구문에 해당하는 문장을 수행합니다.

위의 프로그램 실행 결과는 다음과 같습니다.

```
첫번째 if문입니다.
zero는 0이기 때문에 출력을 합니다.
두번째 else문입니다.
조건절에 해당하지 않기 때문에 출력을 합니다.
```

이처럼 if 조건에 해당하지 않을 경우 else 구문을 사용합니다만, 조건이 정 반대인 if문을 두 개 사용해도 무방합니다. 아래와 같이 말이죠.

```
if (zero == 0)
{
    … 중략 …
}
if (zero != 0)
{
    … 중략 …
}
```

위와 같이 zero가 0일 경우(==)와는 반대의 개념인 zero가 0이 아닐 경우(!=)의 조건을 함께 표현하면 두개의 조건문 중 하나는 무조건 실행됩니다. 여기서 '!'의 의미는 'NOT 연산'을 의미하며 '~이 아니다'라는 부정의 의미를 가지고 있습니다. else문을 사용하지 않고 Ex003의 기능을 구현하기 위해서는 다음과 같습니다.

[함께 해봐요] else 키워드를 대체한 not 코드　　　　　　　　　　　　　　Ex004.cs

```
01  using System;
02
03  namespace RoadBook.CsharpBasic.Chapter03.Examples
04  {
05      public class Ex004
06      {
07          public void Run()
08          {
09              const int zero = 0;
10
11              if (zero == 0)
12              {
13                  Console.WriteLine("첫번째 if문입니다.");
14                  Console.WriteLine("zero는 0이기 때문에 출력을 합니다.");
15              }
16              if (zero != 0)
17              {
18                  Console.WriteLine("첫번째 else문입니다.");
19                  Console.WriteLine("조건절에 해당하기 때문에 출력에서 제외됩니다..");
20              }
21
22              if (zero == 1)
23              {
24                  Console.WriteLine("두번째 if문입니다.");
25                  Console.WriteLine("zero는 1이 아니기 때문에 출력에서 제외됩니다.");
26              }
27              if (zero != 1)
28              {
29                  Console.WriteLine("두번째 else문입니다.");
30                  Console.WriteLine("조건절에 해당하지 않기 때문에 출력을 합니다.");
31              }
32          }
33      }
34  }
```

위의 코드로도 충분히 Ex003 예제를 커버할 수는 있습니다만, 사실 위 예제는 모순이 있습니다. 만약 zero 변수에 3이라는 초기값이 들어가 있었다면 어떻게 되었을까요? 'zero가 1이 아닐 경우'의 조건에 해당될 것입니다. 따라서 거짓 데이터임에도 불구하고 출력되는 현상이 나타나게 됩니다.

따라서 조건문을 사용할 때에는 여러 가지의 조건을 잘 설계해서 표현해야 합니다. '모 아니면 도'와 같은 단순 조건일 경우 if문을 두개를 사용하든 if-else문을 사용하든 상관이 없습니다만, 여러 가지의 케이스(n개 이상의 조건을 가지고 있을 때)의 조건에서는 else if라는 키워드도 사용해야 합니다. else if의 뜻은 '위의 조건이 아니면, 이 조건에는 해당하는가?' 의 뜻입니다.

[함께 해봐요] if-else if-else의 조건문 조합　　　　　　　　　　Ex005.cs

```
01  using System;
02
03  namespace RoadBook.CsharpBasic.Chapter03.Examples
04  {
05      public class Ex005
06      {
07          public void Run()
08          {
09              const int number = 0;
10
11              if (number > 0)
12              {
13                  Console.WriteLine("{0}은 양수입니다.", number);
14              }
15              else if(number < 0)
16              {
17                  Console.WriteLine("{0}은 음수입니다.", number);
18              }
19              else
20              {
21                  Console.WriteLine("{0}은 zero입니다.", number);
22              }
23          }
24      }
25  }
```

위의 프로그램의 로직은 다음과 같습니다.

1. 먼저 zero라는 상수형 변수에 0의 값을 초기값으로 지정했습니다.
2. '만약 zero가 0 보다 크면', 양수라는 설명이 담긴 문장을 출력할 것이지만 조건에 해당하지 않으므로 건너뜁니다.
3. '만약 zero가 0 보다 작으면', 음수라는 설명이 담긴 문장을 출력할 것이지만 조건에 해당하지 않으므로 건너뜁니다.
4. '만약 위의 조건에 모두 해당하지 않으면', zero라는 설명이 담긴 문장을 출력할 것입니다. 이 때 맞는 조건문이 해당하지 않기 때문에 해당 코드블록에서 문장이 실행될 것입니다.

위 프로그램의 실행 결과는 다음과 같습니다.

```
0은 zero입니다.
```

위의 (if)-(else if)-(else)의 조합이 이번 챕터의 if문 완전체 구조입니다. 그렇다면 위의 예제를 잘 이해했다면 아래와 같은 프로그램을 한번 스스로 구현해보도록 합시다.

스스로 해결해보세요

사용자에게 입력 받은 숫자의 특성을 알려주는 프로그램

사용자에게 프로그램에서 숫자를 입력 받도록 합니다.

입력 받은 숫자가, 양수인지/음수인지/아니면 0인지 설명을 합니다.

더 나아가 짝수인지/홀수인지 추가 설명을 합니다.

힌트!

숫자를 입력 받는 함수는 Console.ReadLine을 이용합니다.

짝수인지 홀수인지를 알기 위해서는 짝수는 2로 나누었을 때 나머지가 0입니다. 그리고 홀수는 2로 나누었을 때 나머지가 1입니다.

그리고 프로그램 계산식에서 나머지를 구하는 연산자는 '%'입니다.

문제를 풀어 보셨나요? 이제 여러분이 직접 짠 코드와 비교하면서 다음 코드를 살펴보도록 합시다.

```csharp
01  using System;
02
03  namespace RoadBook.CsharpBasic.Chapter03.Examples
04  {
05      public class Ex006
06      {
07          public void Run()
08          {
09              Console.WriteLine("숫자를 입력하세요");
10              int number = Convert.ToInt32(Console.ReadLine());
11
12              if (number > 0)
13              {
14                  Console.WriteLine("{0}은 양수입니다.", number);
15              }
16              else if (number < 0)
17              {
18                  Console.WriteLine("{0}은 음수입니다.", number);
19              }
20              else
21              {
22                  Console.WriteLine("{0}은 zero입니다.", number);
23              }
24
25              if (number % 2 == 0)
26              {
27                  Console.WriteLine("{0}은 짝수입니다.", number);
28              }
29              else
30              {
31                  Console.WriteLine("{0}은 홀수입니다.", number);
32              }
33          }
34      }
35  }
```

어떤가요? 여러분이 직접 만들어 보았던 프로그램과 비슷하게 구성되었나요? 로직은 간단합니다. 우선 Console.ReadLine을 이용하여 사용자에게 숫자를 받았으며, 해당 숫자를 가지고 0보다 클 경우 양수, 0보다 작을 경우 음수, 그리고 아무 조건에도 맞지 않을 경우 0임을 표현했으며 해당 숫자를 2로 나누었을 때 나머지가 0일 경우 짝수, 그렇지 않을 경우 홀수임을 표현한 로직이었습니다.

위의 예제는 서로 다른 조건문을 사용했는데, 하나의 조건문에서 중첩하여 '조건문 안에 조건문' 형태로 구현할 수도 있습니다. 이를 '중첩 조건문'이라고 합니다.

```csharp
01  using System;
02
03  namespace RoadBook.CsharpBasic.Chapter03.Examples
04  {
05      public class Ex007
06      {
07          public void Run()
08          {
09              Console.WriteLine("숫자를 입력하세요");
10              int number = Convert.ToInt32(Console.ReadLine());
11
12              if (number > 0)
13              {
14                  Console.WriteLine("{0}은 양수입니다.", number);
15
16                  if (number % 2 == 0)
17                  {
18                      Console.WriteLine("{0}은 짝수입니다.", number);
19                  }
20                  else
21                  {
22                      Console.WriteLine("{0}은 홀수입니다.", number);
23                  }
24              }
25              else if (number < 0)
26              {
27                  Console.WriteLine("{0}은 음수입니다.", number);
28
29                  if (number % 2 == 0)
30                  {
31                      Console.WriteLine("{0}은 짝수입니다.", number);
32                  }
33                  else
34                  {
35                      Console.WriteLine("{0}은 홀수입니다.", number);
36                  }
```

```
37                }
38            else
39            {
40                Console.WriteLine("{0}은 zero입니다.", number);
41                Console.WriteLine("{0}은 짝수입니다.", number);
42            }
43        }
44    }
45 }
```

사실 이 코드는 조건문 안의 조건문 예제의 형태를 보여주기 위해 만든 예제일 뿐, 효율성이 있는 코드는 아닙니다. 왜냐면 똑같은 기능을 여러 번 사용했기 때문입니다. 이를 효율적으로 구현하기 위해서는 나중에 배울 메소드를 이용한 코드 조립입니다. 우선 우리는 이 코드에 대해 분석만 하고 넘어가도록 하겠습니다.

먼저 양수/음수/0의 조건을 비교한 후에, 해당 조건문 코드블록에서 한번 더 짝수/홀수 체크를 하는 로직입니다. 위와 같이 조건문 안에서 또 다른 조건이 생기는 경우는 흔히 일어나는 형식입니다. 하지만 조건 속의 조건을 표현하다 보면 코드의 가독성이 너무 떨어지기 때문에 되도록이면 하나의 조건문에서 '&&' 연산자 혹은 '||' 연산자를 잘 조합해서 1depth~2depth(코드블록이 한번 중첩되면 1depth, 두번 중첩되면 2depth라 표현합니다)를 넘어가지 않는 조건문으로 개발하는 것을 권장합니다.

3.2 3항연산자: if-else문의 축소판

하나의 if와 else문으로 이루어진 조건문의 특징은 참/거짓으로 명확하게 나누어지는 것입니다. if문의 조건이 참이면 해당 조건문 코드블록에 있는 명령들이 실행되는 것이고, if문의 조건이 거짓이면 else 코드블록에 있는 명령들이 실행됩니다. 이러한 참/거짓 관계로 명확히 이분법적으로 나뉜 조건에 대해서는 if-else문을 사용하지 않고 1줄만으로 조건에 대한 답을 표현할 수 있습니다. 이를 '3항연산자'라 합니다.

```csharp
01  using System;
02
03  namespace RoadBook.CsharpBasic.Chapter03.Examples
04  {
05      public class Ex008
06      {
07          public void Run()
08          {
09              Console.WriteLine("숫자를 입력하세요");
10              int number = Convert.ToInt32(Console.ReadLine());
11
12              bool isOddNumber = ((number % 2 == 1) ? true : false);
13
14              if (number > 0 && isOddNumber)
15              {
16                  Console.WriteLine("{0}은 양의 홀수입니다.", number);
17              }
18              else if (number > 0 && !isOddNumber)
19              {
20                  Console.WriteLine("{0}은 양의 짝수입니다.", number);
21              }
22              else if (number < 0 && isOddNumber)
23              {
24                  Console.WriteLine("{0}은 음의 홀수입니다.", number);
25              }
26              else if (number < 0 && !isOddNumber)
27              {
28                  Console.WriteLine("{0}은 음의 짝수입니다.", number);
29              }
30              else
31              {
32                  Console.WriteLine("{0}은 zero입니다.", number);
33              }
34          }
35      }
36  }
```

생소한 변수가 나왔습니다. isOddNumber라는 bool 형태의 변수이고, 변수명으로 유추해봤을 때 '홀수인가?'에 대한 값을 가지고 있는 변수로 예측됩니다(변수명의 중요성을 볼 수 있는 대목이죠).

'(number % 2 == 1) ? true : false'에 대한 구문은 이번 예제에서 가장 중요하게 살펴보게 될 '3항 연산자'입니다. 3항 연산자는 if-else의 축소판으로 보면 됩니다.

```
(조건) ? '참일 경우 값' : '거짓일 경우 값'
```

사용자로부터 받은 number 변수값을 체크합니다. 'number를 2로 나누었을 때 나머지가 1인가?'에 대한 조건을 토대로 참일 경우 isOddNumber에는 true라는 값이 세팅되고, 거짓일 경우 isOddNumber에는 false라는 값이 세팅됩니다. 그리고 나머지 조건문 구조는 우리가 지금까지 살펴 보았던 조건과 비슷합니다. 단지 '&&' 연산자를 이용해서 조건을 더 엄격하게 구분했을 뿐입니다.

달콤한 꿀 팁 | if문과 3항연산자... 어느 상황 때 어느 것을 쓰는 것이 좋을까?

우리가 지금까지 배운 if문과 3항연산자, 그리고 이 다음부터 배우게 될 switch문까지 3개의 조건문 중 실무 활용도가 가장 높은 것은 단연 if문입니다. 왜냐하면 if문의 특징은 개발자가 생각하는 대로 즉시 프로그래밍을 하기에 편하기 때문입니다. 개발자의 프로그래밍 시나리오를 쓴다면 마치 이렇게 나오는 것과 같습니다.

만약 사용자가 쿠폰을 사용한다면 쿠폰의 할인율을 확인해서 가격을 책정하면 되겠군
만약 쿠폰을 사용한다? = if(use_coupon) { price 할인; }

자신이 생각하는 대로 프로그래밍을 하고자 한다면 if만큼 쉬운 게 없습니다. 하지만 if문이 계속해서 한 프로그램 안에 섞여 있다면 아무리 좋은 프로그램이라 하더라도 나중에 고치기 힘든 수준으로 바뀔 수 있습니다. 따라서 필자는 변수 값을 제어할 때 참/거짓으로 나뉜 경우라면 3항연산자를 사용하는 것이 때로는 좋을 수 있다고 말하고 싶습니다.

위의 '쿠폰 사용'에 대한 케이스를 3항연산자로 표현하게 된다면 다음과 같이 표현됩니다.

```
int price = ((use_coupon) ? original_price * (discount_percentage / 100) :
original_price);
```

단순 변수에 값을 집어넣는 경우라면 굳이 if-else를 사용해서 코드 라인을 기하급수적으로 늘릴 필요는 없습니다. 반면 조건문 안에 수행되어야 할 행동들이 많을 경우에는 if문을 사용하는 것이 더욱 더 바람직합니다.

지금까지 if문과 3항연산자를 이용한 조건문에 대해 공부해봤습니다. 여기서 한 가지 걱정되는 부분이 있습니다. 조건이 많아지면 많아질수록 if-else if-else의 내용이 길어질 것이고 코드를 읽는 것이 어려워질 것 같다는 점입니다. 비슷한 패턴의 조건이라면 조금 더 효율적으로 명확하게 사용하고 싶은 것이 바로 프로그래머의 마음입니다. 이럴 때는 switch문을 사용해보는 것이 어떨까요?

3.3 시험지의 답안을 보는 것처럼 명확하게 조건이 나뉘는 switch문

switch문은 if문과 같은 기능을 가지고 있으나, 구조에서 차이점이 있습니다. 조금 더 쉽게 설명하면, 조건의 케이스(Case)가 더 명확하게 나뉜다는 점입니다.

```
switch(비교대상)
{
    case 조건값1 :
        조건값1이 참일 경우 실행;
        break;
    case 조건값2 :
        조건값2가 참일 경우 실행;
        break;
    default :
        그 외의 경우 실행;
        break;
}
```

switch문의 괄호 안에는 조건을 따져야 할 변수가 들어갑니다. 앞선 예제에서는 '양수/음수/0'에 대한 조건을 비교했던 number 변수가 되겠습니다. case문은 if-else if-else if와 같이 조건 값을 지정합니다. case에서 '참'인 조건이 성립된다면, 해당 case 안의 명령문이 실행됩니다. 마지막으로 default문은 if문에서 그 외의 경우를 의미하는 else와 같은 기능을 가지고 있습니다.

각 case문에 해당하는 명령 하달 이후에 break라는 키워드를 사용했는데, 이 키워드는 나중에 배우게 될 반복문에서 자주 사용하는 키워드가 될 것입니다. break의 용도는 "내가 지금 위치해 있는 코드 블록에서 빠져나가겠다"라는 의미를 담고 있습니다. 만약에 아래와 같은 상황이라면 어떤 결과 값이 나올까요?

```
switch(비교대상)
{
    case 참:
            첫번째 명령문 실행;
    case  거짓:
            두번째 명령문 실행;
    default :
            세번째 명령문 실행;
}
```

몇몇의 프로그래밍 언어에서는 컴파일도 문제 없고 아래와 같이 모든 명령문이 실행됩니다.

첫번째 명령문 실행

두번째 명령문 실행

세번째 명령문 실행

하지만 C#에서는 컴파일 에러가 나타납니다. 그 이유는 C#에서 switch문 사용 규칙인, 하나의 case 조건에 대한 명령문을 수행하고, 다른 case 조건에 대한 명령문을 연속적으로 수행할 수 없기 때문입니다. 즉 위의 설명에서 case가 '참'인 경우에는 '참' 영역의 명령문만 실행할 수 있고, case 가 '거짓'인 경우에는 '거짓' 영역의 명령문만 실행할 수 있다는 것입니다. 이 규칙을 만족시킬 수 있는 키워드가 바로 'break' 입니다. switch문에서의 break는, 마치 if문에서 코드블록의 닫힘 의미를 내포하는 것입니다.

타 프로그래밍 언어에서는 break가 없는 경우 아래의 case까지 조건을 판단하여 참인 경우 해당 case 영역까지 실행을 하게 됩니다. 반면 C#에서의 switch문의 사용 의도는 "무조건 case에 대한 명령 후에는, break를 지정하라는 의미"입니다.

그렇다면 굳이 if문이 있음에도 불구하고 switch문을 사용하는 이유는 무엇일까요? 한번 아래의 문제를 if문을 이용해서 구현해볼까요?

스스로 해결해보세요

영화 평점에 대한 피드백을 해주는 프로그램

사용자에게 프로그램에서 두 가지 입력을 받도록 합니다.

- 첫 번째는 '영화제목'을 입력 받습니다.
- 두 번째는 '영화'에 대한 평점을 1~5까지 입력 받도록 합니다.

입력 받은 두 가지 정보를 가지고 아래와 같이 출력합니다.

- 1점일 경우, '### 영화는 환불을 받고 싶을 정도로 최악의 영화군요'
- 2점일 경우, '### 영화는 지루한 영화군요'
- 3점일 경우, '### 영화는 시간 때우기 좋은 그 이상 그 이하도 아닌 영화군요'
- 4점일 경우, '### 영화는 흥미를 유발할 만한 완성도 높은 영화군요'
- 5점일 경우, '### 영화는 당신의 최고의 영화 하나로 기억되겠군요'
- 그 외의 점수를 입력했을 경우, '평점 계산에 실패하였습니다'

힌트!

if 조건문에 대해 열심히 공부하셨으면 충분히 풀 수 있을 것 같아요!

문제를 풀어 보셨나요? 이제 여러분이 직접 짠 코드와 비교하면서 다음 코드를 살펴보도록 합시다.

[함께 해봐요] 영화 평점 피드백 프로그램　　　　　　　　　　　　　Ex009.cs

```csharp
01  using System;
02
03  namespace RoadBook.CsharpBasic.Chapter03.Examples
04  {
05      public class Ex009
06      {
07          public void Run()
08          {
09              Console.WriteLine("최근 본 영화 제목을 입력하세요");
10              string movieTitle = Console.ReadLine();
11              Console.WriteLine("{0}의 관람 평점을 입력하세요(1점~5점사이)", movieTitle);
12              int rating = Convert.ToInt32(Console.ReadLine());
13
14              if (rating == 1)
15              {
16                  Console.WriteLine("{0} 영화는 환불을 받고 싶을 정도로 최악의 영화군요",
                                      movieTitle);
17              }
18              else if (rating == 2)
19              {
20                  Console.WriteLine("{0} 영화는 지루한 영화군요", movieTitle);
21              }
22              else if (rating == 3)
23              {
```

```
24              Console.WriteLine("{0} 영화는 시간 때우기 좋은 그 이상 그 이하도 아닌 영화군요",
                            movieTitle);
25          }
26          else if (rating == 4)
27          {
28              Console.WriteLine("{0} 영화는 흥미를 유발할 만한 완성도 높은 영화군요",
                            movieTitle);
29          }
30          else if (rating == 5)
31          {
32              Console.WriteLine("{0} 영화는 당신의 최고의 영화 하나로 기억되겠군요",
                            movieTitle);
33          }
34          else
35          {
36              Console.WriteLine("평점 계산에 실패하였습니다.");
37          }
38      }
39  }
40 }
```

movieTitle 변수에 영화 제목을 입력 받고, rating 변수에 영화 평점을 입력 받습니다. 그리고 rating 변수의 값을 비교하여 조건에 맞는 조건문을 실행하는 예제입니다. 사실 실무에서도 조건문을 사용할 때 if문의 비율이 높습니다만, 위와 같이 '조건 판단의 기준이 되는 식이 일반 상수 비교'라면 switch문을 사용하는 경우가 더 편리합니다. if문의 경우 '여러 가지의 조건의 조합'과 '수에 대한 크기 비교' 등 복잡한 구조일수록 더 효율적입니다. 위의 예제에서도 단순히 rating 변수에 대한 값 비교이기 때문에 1~5까지의 case를 입력하는 것이 코드 가독성 면에서 더 좋습니다. 그렇다면 위의 예제를 switch문으로 변경해보도록 하겠습니다.

[함께 해봐요] switch문을 이요한 영화 평점 피드백 프로그램   Ex010.cs

```
01  using System;
02
03  namespace RoadBook.CsharpBasic.Chapter03.Examples
04  {
05      public class Ex010
06      {
07          public void Run()
08          {
```

```
09              Console.WriteLine("최근 본 영화 제목을 입력하세요");
10              string movieTitle = Console.ReadLine();
11              Console.WriteLine("{0}의 관람 평점을 입력하세요(1점~5점사이)", movieTitle);
12              int rating = Convert.ToInt32(Console.ReadLine());
13
14              switch (rating)
15              {
16                  case 1:
17                      Console.WriteLine("{0} 영화는 환불을 받고 싶을 정도로 최악의 영화군요",
                                         movieTitle);
18                      break;
19                  case 2:
20                      Console.WriteLine("{0} 영화는 지루한 영화군요", movieTitle);
21                      break;
22                  case 3:
23                      Console.WriteLine(
                        "{0} 영화는 시간 때우기 좋은 그 이상 그 이하도 아닌 영화군요", movieTitle);
24                      break;
25                  case 4:
26                      Console.WriteLine("{0} 영화는 흥미를 유발할 만한 완성도 높은 영화군요",
                                         movieTitle);
27                      break;
28                  case 5:
29                      Console.WriteLine("{0} 영화는 당신의 최고의 영화 하나로 기억되겠군요",
                                         movieTitle);
30                      break;
31                  default:
32                      Console.WriteLine("평점 계산에 실패하였습니다.");
33                      break;
34              }
35          }
36      }
37  }
```

어떤가요? 훨씬 더 코드가 안정적으로 보이지 않나요? 물론 'if문을 사용하거나 switch문을 사용하거나'에 대한 판단은 여러분의 코드 성향에 따라 모두 존중되어야 하는 판단의 기준입니다. 과거에는 여러 가지 많은 조건문을 비교할 필요가 있을 때 switch문을 사용해야 수행 능력이 더 우수하다고는 했지만, 필자가 강조하고 싶은 것은 과거는 과거일 뿐, 현재의 컴퓨터는 if/switch에 따라 성능이 좌우되지는 않는다는 점입니다. 더 간결하고 더 명확하게 표현하고 남들이 봤을 때 바로 판단할 수 있는 조건문을 입력하는 것이 더 올바른 프로그래밍의 방향입니다.

정리해봅시다

● **이번에 우리가 얻은 것**

이번 장에서 여러분은 프로그램을 제어하는 방법에 대해 알아보았습니다. 프로그램을 제어하는 것은 '조건문'을 이용하는 방법이 있고, 이 '조건문'의 종류에는 가장 흔히 사용되는 'if 문', 그리고 if-else의 축소판인 '3항연산자', 명확한 조건을 비교할 때 사용되는 'switch문'이 있다는 것도 알아보았고, 몇가지 의미 있는 프로그램을 만들어 보았습니다.

● **이것만은 알고 갑시다.**

1. 'if문'은 프로그래밍을 할 때 가장 흔히 사용되는 조건문이고 아래와 같은 구조로 구현이 가능합니다.

if(조건문) {…}

else if(조건문) {…}

else {…}

2. '3항연산자'는 if-else문의 축소판이며, 조건의 '참-거짓'에 따라 변수에 값을 집어넣을 때 효율적입니다.

3. 'switch문'은 데이터의 값에 대한 equal(==) 조건이 많을 경우 효율적으로 사용되는 조건문입니다.

4. 조건문의 종류는 다양하지만, 결국 가장 중요한 것은 상대방이 보았을 때 혹은 시간이 지나서 내 자신이 코드를 다시 살펴 보았을 때 바로 이해가 되도록 깔끔하게 구현해 놓은 조건문이 최고입니다.

1. 주어진 1~100까지의 두개의 숫자(Random한 숫자)에 대한 더하기 문제를 제공하여, 사용자가 문제를 풀게 한 후 정답인지 오답인지 평가하는 프로그램을 만들어보세요.

프로그램 만들기 위해서는 다음과 같은 지식이 필요해요

- 변수 선언 방법
- 조건문 사용 방법

힌트!

랜덤 값을 변수에 담기 위해서는 Random 함수를 이용해야 해요! 사용법은,

```
Random rand = new Random();
int number = rand.Next(1,100);
```

위와 같이 코드 두줄을 입력하면, number 변수에 1~99 중 하나의 숫자가 초기값으로 설정될 거에요.

2. 사용자에게 중간고사 점수와 기말고사 점수를 입력 받아, 평균 점수를 계산한 후에 90점이상/80~90점 사이/70~80점 사이/70점 이하에 따라 A학점/B학점/C학점/F학점을 계산 해주는 프로그램을 만들어보세요.

프로그램 만들기 위해서는 다음과 같은 지식이 필요해요

- 변수 선언 방법
- 비교 연산자 사용 방법
- 형 변환 방법
- if-else if-else문의 사용 방법

힌트!

평균 점수는 소수점으로 나뉠 수 있어요. 변수 타입에 주의하여 구현해보세요.

수백 번 봄을 한번 만들어봄만 하랴!

百見不如一打

백견불여일타

C# 입문

4장

반복문:
반복된 상황의 프로그램 제어

4장에서 만나볼 내용은?

프로그램의 발전은 '단순 작업의 자동화에 대한 열망'이 있었기에 가능했습니다. 최근에는 인공지능으로 인간의 창의적인 작업까지 도전 받고 있기는 하지만, 프로그램의 발전으로 우리는 많은 혜택을 누리며 살고 있다는 것은 부인할 수 없는 사실입니다.

이 장에서는 이러한 자동화를 가능하게 해주는 핵심 기능인 '반복문'을 배워볼 것입니다.

그리고 '반복문' 안에서도 특정 상황에 대한 '조건'을 가지고 심화적으로 프로그램의 동작을 제어해보도록 하겠습니다.

이러한 내용을 토대로 '반복문' 프로그래밍을 직접 해보도록 하겠습니다.

#핵심_키워드

#반복문 #for #while #do_while #break #continue

아직 책 내용이 끝나려면 멀었지만 여러분은 3장까지 정말 많은 것을 배웠습니다. Visual Studio 도 성공적으로 설치했고, 입출력문을 자유롭게 사용할 수 있으며 조건문을 이용하여 프로그램을 제어하는 방법까지 많은 것을 배웠습니다. 그렇다면 아래의 문제를 한번 풀어볼까요? 이제는 정말 쉬운 문제입니다.

스스로 해결해보세요

구구단 2단 만들기

구구단 2단을 출력하는 프로그램을 만드세요.

• •

너무나도 쉬운 문제입니다. 이 문제에 대한 해답은 안 알려줘도 될 만큼 단순 출력만 잘 하면 되겠네요. 아마도 3장까지 배운 지식으로 문제를 풀었다면 아래와 같은 형태의 프로그램 코드가 구현되어 있겠네요.

첫 번째 케이스,

```
Console.WriteLine("2 * 1 = 2");
Console.WriteLine("2 * 2 = 4");
...
Console.WriteLine("2 * 9 = 18");
```

두 번째 조금 더 스마트한 케이스,

```
int number = 2;
Console.WriteLine("{0} * {1} = {2}", number, 1, number * 1);
Console.WriteLine("{0} * {1} = {2}", number, 2, number * 2);
...
Console.WriteLine("{0} * {1} = {2}", number, 9, number * 9);
```

사람은 누구나 실수를 할 수 있습니다. 아무리 계산을 잘한다고 해도 '계산 실수' 혹은 '오타'가 있을 수 있습니다. 그래서 두 번째가 좀 더 스마트한 케이스라 할 수 있습니다. '수의 계산식을' 기계에게 위임했기 때문입니다.

그런데, 이러한 구구단 프로그램이 2단에서 멈춰서 다행이지 만약 9단까지 출력하는 프로그램이었다면 어땠을까요? 엄청난 `Console.WriteLine` 출력문으로 도배가 된 코드가 되었을 것입니다. 너무나도 피곤한 단순 노동의 코드가 되겠죠? 더 나은 삶을 만들어 나가는 프로그래머의 일과는 너무 어울리지 않는 것 같습니다.

4.1 반복 작업의 기초이자 가장 많이 사용되는 for문

위의 문제를 좀더 심플하게 만들기 위해서는 '자동화' 코드가 필요합니다. '자동화'는 사람이 직접 계산하지 않아도(직접 일하지 않아도) 프로그램이 반복적인 작업을 통해 자동적으로 일을 수행할 수 있는 것을 말합니다. 그리고 이러한 '자동화' 코드의 기본은 바로 '반복문'입니다.

반복문의 종류에는 'for', 'while', 'do-while' 이 있습니다. 먼저 배울 반복문은 실제 프로그램에서 가장 많이 사용되면서 기본인 'for'문입니다. for문의 기본 문법은 아래와 같습니다.

```
for(초기값 선언;  반복이 되는 조건;  반복문 실행 후 수행)
{
    명령 실행;
    … 중략 …;
    명령 실행;
}
```

for문의 각각의 문장 사이(초기값 선언/반복이 되는 조건/반복문 실행 후 수행)에는 세미콜론(;)을 적어 주어야 합니다. 기본적인 for문은 두개의 세미콜론이 소괄호 안에 있는 것이 정석입니다.

먼저 위의 세 가지 수식 조건이 처음에는 헷갈릴 수도 있으니 하나씩 짚어가면서 코드를 완성해 나가도록 합시다.

for(;;)

for문에 세미콜론(;)을 위와 같이 지정하면 '무한반복'이 되는 반복문이 완성됩니다. 여기서 '무한반복'은 프로그램의 세계에서는 '무한루프Infinity Loop'라 표현합니다. 이 부분은 '함께 해봐요'에서 다루지 않겠습니다(프로그램이 멈추질 않으니까요^^). 혹시 호기심에 무한루프 프로그램을 만들고 싶다면 여러분의 프로젝트 코드에,

for(;;) { }

위의 문장만 집어넣고 실행해보세요(무한루프에서 벗어나고 싶다면 Ctrl+c 키로 멈출 수 있습니다).

이 무한루프로 이루어진 for문을 멈추기 위해서는 하나의 키워드가 존재합니다. 바로 자동차나 자전거의 속도를 제어할 수 있는 '브레이크'와 같이 C#에도 'break'라는 키워드가 있습니다. for문 코드 블록 안에 break를 추가하면 반복문 실행이 종료됩니다. 그렇다면 break문을 이용해서 for문을 제어해보도록 합시다. 방금 전 예제였던 '구구단 2단'을 출력하는 문제를 재활용해서 '2 * 1 = 2' 를 출력해보도록 해보겠습니다.

[함께 해봐요] **반복문의 흐름 파악해보기 첫번째**　　　　　　　　　　　　　　　　Ex001.cs

```csharp
01  using System;
02
03  namespace RoadBook.CsharpBasic.Chapter04.Examples
04  {
05      public class Ex001
06      {
07          public void Run()
08          {
09              const int number = 2;
10              int index = 1;
11
12              for (;;)
13              {
14                  Console.WriteLine("{0} * {1} = {2}", number, index,
                                        number * index);
15
16                  break;
17              }
18          }
19      }
20  }
```

우선 정수 2로 고정된 number 변수가 있고, 정수 1을 초기값으로 가지고 있는 index 변수가 있습니다. 그리고 무한루프에 빠진 for문 구조에서 '2 * 1 = 2'를 출력하고 break문으로 인해 반복문에서 빠져나오고 프로그램을 종료하게 됩니다.

위의 for문 구조에서 첫 번째로 명시되었던 '초기화 선언'이란, 반복문이 실행될 때 초기값으로 설정되는 변수의 값을 지정합니다. 즉, 구구단 2단을 출력할 때 '2 * 1 = 2'에 해당하는 index 초기값이 1이므로,

int index = 1

이라는 초기값 선언문이 for문에 들어 갈 것입니다.

그렇다면 for문에서 초기값을 1로 선언을 하여 9번 반복할 수 있도록 위의 구구단 코드를 변경해 보도록 하겠습니다. 한번 다같이 생각해보면서 풀어볼까요?

스스로 해결해보세요

무한 for문에서 구구단 2단 완성해보기

for문을 이용하여 구구단 2단의 결과를 출력해봅시다.

힌트!

변수 초기값에서 반복문이 수행하는 동안 '+1'씩 초기값을 더해주세요.

for문 안에서 if문을 이용해서 변수 값이 9까지 도달했을 경우 break문을 사용해서 반복문을 빠져 나오세요.

....

문제를 풀어 보셨나요? 이제 여러분이 직접 짠 코드와 비교하면서 다음 코드를 살펴보도록 합시다.

[함께 해봐요] 반복문의 흐름 파악해보기 두번째　　　　　　　　　　　Ex002.cs

```
01  using System;
02
03  namespace RoadBook.CsharpBasic.Chapter04.Examples
04  {
05      public class Ex002
06      {
07          public void Run()
08          {
09              const int number = 2;
10
11              for (int index = 1;;)
12              {
13                  Console.WriteLine("{0} * {1} = {2}", number, index,
                                        number * index);
14
15                  if (index == 9)
16                  {
```

```
17                      break;
18                  }
19
20              index = index + 1;
21          }
22      }
23  }
24 }
```

for문 구조의 '초기화 선언'을 이용하여, 초기값 1을 담고 있는 index 변수를 선언하였습니다. 그리고 반복문 안에서 상수형인 number와 index를 곱한 값을 출력문으로 나타냈습니다. 출력문 수행 후, index 값이 9인지 조건을 검사해서 참이면 반복문을 벗어나고, 아닐 경우 다음 명령문에 도달합니다. 다음 명령문으로는 index 변수 값에 +1을 더한 값을 index 변수에 다시 담게됩니다. 위의 for문에서는 변수의 흐름을 그림으로 표현하면 아래와 같습니다.

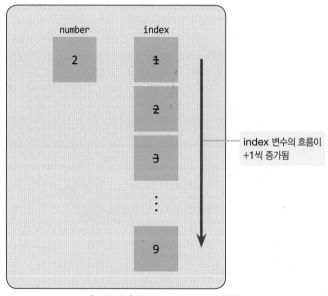

[그림 4-1] Ex002.cs의 변수 값 흐름

index의 값이 9가 될 때까지 계속 1을 합할 것이고, 9가 되는 순간 for문에서 벗어나는 구조입니다.

for문 구조에서 두 번째 '반복이 되는 조건'이란, if문과 같이 bool로 된 결과값을 검사합니다. 이 때 bool의 값이 '참'이면 반복 행위를 하게 되고, '거짓'이면 for문이 종료됩니다. 방금 전 예제에서 if(index == 9)인 경우 반복문이 종료되기 때문에 9가 아닌 경우의 조건, 좀더 정확히 말하자면 index가 9보다 크거나 작은 경우가 반복문의 조건이 되겠습니다.

세 번째 '반복문 실행 후 수행'이란, 반복 행위가 끝난 후에 수행되는 명령을 말합니다. 방금 전 예제에서는 반복문의 역할은 Console.WriteLine이고, 이 출력문이 수행 후에 index의 값을 1 증가시키는 것이 '반복문 실행 후 수행'의 영역이 될 것입니다. 그렇다면 위의 세 가지 for문 공식을 이용해서 구구단 2단을 더 깔끔하게 완성시켜볼까요?

[함께 해봐요] 반복문의 흐름 파악해보기 세번째   Ex003.cs

```
01  using System;
02
03  namespace RoadBook.CsharpBasic.Chapter04.Examples
04  {
05      public class Ex003
06      {
07          public void Run()
08          {
09              const int number = 2;
10
11              for (int index = 1; index < 10; index++)
12              {
13                  Console.WriteLine("{0} * {1} = {2}", number, index,
                                        number * index);
14              }
15          }
16      }
17  }
```

어떤가요? 조금 감이 오나요? 조금 헷갈린다면 Ex001, Ex002와 비교하면서 로직을 해석해보도록 하겠습니다.

- for문의 첫번째, index 변수를 1값으로 초기화했습니다.
- for문의 두번째, 'index<10'의 의미는 'index값이 10보다 작은가? 그렇다면 계속해서 반복하세요'입니다.
- for문의 세번째, for문 코드블록에 속해 있는 명령문이 다 실행한 후에 'index 값을 +1 더 증가하겠다'의 의미입니다.

여기서 한 가지 짚고 넘어가야 할 부분은 '++'입니다. 이는 'index = index + 1' 명령을 축소시킨 명령입니다. 만약 index의 값을 1 빼고 싶다면 어떻게 해야 할까요? 바로 'index--'와 같이 수행하면 됩니다.

C#의 산술식

index의 값에 대해 산술 연산을 할 때에는 기본적으로 우리가 2장에서 배웠던

```
index = index + 5;
index = index - 3;
```

이 있습니다. 이를 조금 더 간단하게 사용하기 위해서는 '+=' 조합으로 변형할 수 있습니다.

```
index += 5;
index -= 3;
```

그리고 단순 1 증감에 대한 연산은 위의 예제에서 표현했던 ++, -- 연산을 사용하면 코드가 좀더 간결화합니다.

```
index++;
index--
```

++, --의 위치에 따라 변수 값의 흐름은 달라져요

방금 전 살펴보았던 ++, --는 변수명의 앞에 사용할 수도, 뒤에 사용할 수도 있습니다.

```
++index;
index++;
--index;
index--
```

앞에서 쓰는 것과 뒤에서 쓰는 것의 차이는 꼭 기억하고 가는 것이 좋습니다. 앞에서 쓰는 경우는 '먼저 연산하겠습니다!'의 의미입니다. 그리고 뒤에서 쓰는 경우는 '명령 후에 연산하겠습니다!'의 의미입니다. 아래 코드를 한번 실행해볼까요?

```
01   using System;
02
03   namespace RoadBook.CsharpBasic.Chapter04.Examples
04   {
05       public class Ex004
06       {
07           public void Run()
08           {
09               int number = 10;
10
11               Console.WriteLine(number++);
12               Console.WriteLine(++number);
13           }
14       }
15   }
```

위의 실행 결과는

```
10
12
```

입니다. 방금 설명했듯이, 첫 번째 변수 뒤에 ++를 붙인 경우 Console.WriteLine문이 먼저 수행됩니다. 따라서 아직까지는 number의 값이 10이기 때문에 출력문에는 10이 출력되고 그 후에 +1이 되어 number 변수는 11이 됩니다. 두 번째로 변수 앞에 ++를 붙인 경우 Console.WriteLine문이 수행되기 전에 먼저 +1이 되어 number 변수가 11에서 12로 증가된 후에 출력되는 구조입니다.

필자는 변수 뒤에 수행하도록 구현하는 것을 추천합니다. 굳이, 명령 실행 전에 증감을 하고자 한다면

number++;
Console.WriteLine(number);

와 같이 조금 더 직관적으로 표현하는 것이 코드 흐름을 파악하는 데 더 좋다고 생각하기 때문입니다.

for문의 사용법에 좀 더 숙달되기 위해 한 가지 문제를 더 풀어보도록 하겠습니다.

스스로 해결해보세요

5!(5팩토리얼) 계산하기

5팩토리얼 계산을 수행하세요.

문제를 풀어 보셨나요? 이제 여러분이 직접 짠 코드와 비교하면서 다음 코드를 살펴보도록 합시다.

[함께 해봐요] 5팩토리얼 계산　　　　　　　　　　　　　　　　　　Ex005.cs

```
01  using System;
02
03  namespace RoadBook.CsharpBasic.Chapter04.Examples
04  {
05      public class Ex005
06      {
07          public void Run()
08          {
09              int fact_result = 1;
10
11              for (int index = 5; index > 0; index--)
12              {
13                  fact_result *= index;
14              }
15
16              Console.WriteLine("5!은 {0}입니다.", fact_result);
17          }
18      }
19  }
```

얼추 비슷하게 구현되었나요? 아마도 다른 점은 초기값과 후 처리에 대한 로직으로 예상이 됩니다.

지금까지의 for문과는 다르게 초기 값이 5로 시작되고, 초기 변수의 값을 증가가 아닌 감소 처리하도록 했습니다. 결국 fact_result 값은 5 * 4 * 3 * 2 * 1의 결과값이 차례대로 쌓이게 됩니다.

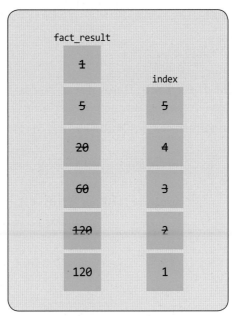

[그림 4-2] Ex005의 데이터 흐름

조건문에서도 '중첩 조건문'이 있듯이, 반복문도 '중첩 반복문'이 존재합니다. 중첩 반복문의 구조는 아래와 같습니다.

```
첫번째 for문
{
    두번째 for문
    {
        … 중략 …
    }
}
```

중첩 for문의 흐름은 제일 안쪽에 들어 있는 for문이 모두 수행되고, 빠져나오는 for문이 반복되어 수행되는 구조입니다. 아래의 예제를 통해 중첩 for문의 흐름에 대해 살펴보도록 하겠습니다.

[함께 해봐요] 3번의 중첩 반복문   Ex006.cs

```
01  using System;
02
03  namespace RoadBook.CsharpBasic.Chapter04.Examples
04  {
```

```
05      public class Ex006
06      {
07          public void Run()
08          {
09              for (int index_i = 0; index_i < 2; index_i++)
10              {
11                  for (int index_j = 0; index_j < 3; index_j++)
12                  {
13                      for (int index_k = 0; index_k < 4; index_k++)
14                      {
15                          Console.WriteLine("i:{0} / j:{1} / k:{2}", index_i,
                                                  index_j, index_k);
16                      }
17                  }
18              }
19          }
20      }
21  }
```

코드가 정말 복잡합니다. 위의 코드는 사실 권장하지 않는 반복문입니다. 반복문이든 조건문이든 들어가는 깊이(뎁스depth라고부릅니다)가 깊어지면 깊어질수록 코드 가독성을 해치기 때문입니다. 따라서 필자는 중첩문을 구현할 때는 최대 2 뎁스(depth)까지는 빠지지 말도록 코드 구성하기를 권장합니다. 우선 코드를 분석해보도록 하겠습니다.

1. 첫번째 for문에 진입했습니다. index_i 변수는 0의 값을 가지고 있습니다.

2. 두번째 for문에 진입했습니다. index_j의 변수는 0의 값을 가지고 있습니다.

3. 세번째 for문에 진입했습니다. index_k의 변수는 0의 값을 가지고 있습니다.

4. 더 이상의 for문은 없습니다. index_k가 4보다 작은 값을 가지는 동안 반복하여 출력문을 수행합니다.

5. 세번째 for문이 종료되고, 두번째 for문에서 index_j의 값을 검사합니다. index_j의 값이 증가해서 1이 되었고, 3보다 작기 때문에 다시 한번 더 세번째 for문을 호출합니다.

6. index_j의 값이 3보다 작은 값을 가지는 동안 3번~5번의 반복이 계속 진행됩니다.

7. 두번째 for문이 종료되고, 첫번째 for문에서 index_i의 값을 검사합니다. index_i의 값이 증가해서 1이 되었고, 2보다 작기 때문에 다시 한번 더 두번째 for문을 호출합니다.

8. index_i의 값이 2보다 작은 값을 가지는 동안 2번~7번의 반복이 계속 진행됩니다.

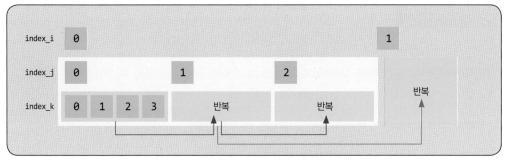

[그림 4-3] Ex006 데이터 흐름

위의 프로그램 실행 결과는 아래와 같습니다.

```
i:0 / j:0 / k:0
i:0 / j:0 / k:1
i:0 / j:0 / k:2
i:0 / j:0 / k:3
i:0 / j:1 / k:0
i:0 / j:1 / k:1
i:0 / j:1 / k:2
i:0 / j:1 / k:3
i:0 / j:2 / k:0
i:0 / j:2 / k:1
i:0 / j:2 / k:2
i:0 / j:2 / k:3
i:1 / j:0 / k:0
i:1 / j:0 / k:1
i:1 / j:0 / k:2
i:1 / j:0 / k:3
i:1 / j:1 / k:0
i:1 / j:1 / k:1
i:1 / j:1 / k:2
i:1 / j:1 / k:3
i:1 / j:2 / k:0
i:1 / j:2 / k:1
i:1 / j:2 / k:2
i:1 / j:2 / k:3
```

직접 프로그램을 실행하면서, 한번 더 로직의 흐름을 이해해 보시기 바랍니다.

중첩 반복문을 이용한 구구단 출력

중첩 for문의 흐름은 가장 깊은 곳에 들어 있는 반복문이 모두 수행된 후, 해당 반복문을 감싸고 있는 반복문이 실행된다고 설명한 바 있습니다.

그렇다면 구구단을 출력하기 위해서는 어떻게 해야 할까요?

구구단은 2단, 3단, 4단, ..., 9단으로 이루어져 있습니다. 그리고 각 단마다 1~9까지의 곱의 결과를 반환합니다.

즉 2단부터 9단까지 반복을 수행하면서, 1~9까지의 곱을 출력하는 반복문을 감싸면 될 것 같습니다.

위의 로직을 자세히 파악한 후에 중첩 for문을 이용한 구구단 예제를 구현해보도록 하겠습니다.

[함께 해봐요] 구구단 예제　　　　　　　　　　　　　　　　　Ex007.cs

```
01  using System;
02
03  namespace RoadBook.CsharpBasic.Chapter04.Examples
04  {
05      public class Ex007
06      {
07          public void Run()
08          {
09              for (int index_i = 2; index_i < 10; index_i++)
10              {
11                  Console.WriteLine("{0}단 시작!", index_i);
12                  for (int index_j = 1; index_j < 10; index_j++)
13                  {
14                      Console.WriteLine("{0} * {1} = {2}", index_i, index_j,
                                          index_i * index_j);
15                  }
16              }
17          }
18      }
19  }
```

첫번째 for문은 2단부터 9단까지 실행하기 위한 반복문입니다. 2~9까지(index가 10보다 작은 경우 반복) 반복하는 동안,

2단 시작!

3단 시작!

·

·

9단 시작!

의 문장이 출력됩니다.

두번째 중첩된 for문은 각 단의 1~9까지의 곱을 계산하기 위한 반복문입니다. 1~9까지(index가 10보다 작은 경우 반복) 반복하는 동안,

2 * 1 = 2

2 * 2 = 4

·

·

9 * 8 = 72

9 * 9 = 81

의 문장이 출력됩니다.

4.2 while문: '~하는 동안 ~을 반복하라'

for문이 프로그래밍을 할 때 가장 많이 쓰는 반복문이긴 하지만, 이 밖에도 다른 문법으로 반복적인 작업을 진행할 수 있습니다. 그 중 많이 사용되는 반복문으로 'while'문이 있습니다.

두 개의 반복문 모두 성능 차이는 없습니다. 무엇이 뛰어나고 무엇이 부족하다는 것 없이 모두 좋은 성능을 자랑하는 반복문입니다. 굳이 사용하는 케이스에 따라서 무엇이 더 효율적인 코딩인지는 판단할 수 있습니다. for문의 경우 앞서 살펴봤듯이, '어디서부터 어디까지'에 대한 반복 행위가 명확히 정해질 때 명시적으로 지정하여 반복할 수 있는 간편함을 갖추고 있습니다. 이에 반해 while문의 경우 반복 행위가 언제까지 끝날지 예측이 안 될 경우 효율적으로 사용할 수 있도록 설계되어 있습니다.

while문의 기본 문법은 다음과 같습니다.

```
while(~하는 동안)
{
    ... 반복하라 ...
    ... 반복하라 ...
}
```

마치 우리가 3장에서 살펴보았던 if문과 비슷한 문법으로 보입니다. 여기서 '~하는 동안'이란, '참'인 동안 계속 실행하라는 의미입니다. 예제를 보면서 while문의 장점에 대해 몸으로 느껴보도록 하겠습니다.

[함께 해봐요] while문을 이용한 랜덤 숫자 찾기 게임   Ex007.cs

```
01  using System;
02
03  namespace RoadBook.CsharpBasic.Chapter04.Examples
04  {
05      public class Ex008
06      {
07          public void Run()
08          {
09              Random rand = new Random();
10              int target_number = rand.Next(1, 10);
11
12              Console.WriteLine("제가 생각하고 있는 1 ~ 10 사이의 숫자를 맞춰보세요");
13
14              int count = 0;
15              while (Convert.ToInt32(Console.ReadLine()) != target_number)
16              {
17                  Console.WriteLine("틀렸어요!");
18                  count++;
19              }
20
21              Console.WriteLine("정답입니다. 맞추기까지 {0}번 소요되었습니다", count);
22          }
23      }
24  }
```

지난 3장 연습문제 때 활용되었던 Random 함수가 등장합니다. 이 Random 함수를 이용하여, target_number는 1~10 사이의 숫자로 할당됩니다. 그리고 사용자가 target_number를 맞추기 위해 프로그램에 입력을 합니다.

여기서 while문의 조건은

'입력한 숫자가 target_number와 일치하지 않는 동안' 계속 반복하라

의 의미로 작동을 합니다. 조건이 **true**인 동안 반복문에서는 '틀렸어요!'라는 문자 출력과 함께, count 변수의 값이 1씩 증가합니다. 그리고 조건이 **false**가 된 경우(드디어 프로그램이 생각하고 있던 숫자를 맞춘 경우!) 반복문에서 벗어나고 최종 문장을 출력합니다. 위 프로그램의 실행 결과는 다음과 같습니다(target_number가 5로 할당된 경우의 예로 결과를 출력합니다).

제가 생각하고 있는 1~10 사이의 숫자를 맞춰보세요

```
1 (입력)
틀렸어요!
2 (입력)
틀렸어요!
5 (입력)
정답입니다. 맞추기까지 2번 소요되었습니다
```

while문의 용도에 대해 감이 오나요? 언제 반복문이 종료될지 미리 정해지지 않은 경우 while문을 사용하면 좀 더 깔끔하게 반복을 할 수 있습니다. 위의 예제에서도 사용자가 한번에 정답을 맞출 수도 있고 10번만에 맞출 수도 있기 때문에 반복문의 횟수를 예측할 수 없는 상황에서 while문을 사용한 예제입니다.

for문의 흐름을 배울 때, break문의 용도를 기억하나요? 반복문의 행위를 강제로 멈추는 역할을 하는 키워드였습니다. 이와는 반대로 반복문은 실행을 하지만, 반복문 안에서 이루어지는 행위를 강제로 한번 건너뛸 수 있는 역할을 하는 키워드가 있습니다. 바로 '계속 하라'는 의미의 'continue' 입니다. continue의 용도를 몸으로 익히기 위해 위의 랜덤 숫자 찾기 게임을 조금 더 심화해보도록 하겠습니다. 사용자에게 힌트를 줄 수 있는 '찬스 아이템'을 사용할 수 있도록 해볼까요?

```csharp
01  using System;
02
03  namespace RoadBook.CsharpBasic.Chapter04.Examples
04  {
05      public class Ex009
06      {
07          public void Run()
08          {
09              Random rand = new Random();
10              int target_number = rand.Next(1, 10);
11
12              Console.WriteLine("제가 생각하고 있는 1 ~ 10 사이의 숫자를 맞춰보세요
                                    (0 입력시 힌트를 드립니다)");
13
14              int count = 0;
15              int answer = 0;
16              while ((answer = Convert.ToInt32(Console.ReadLine()))
                                != target_number)
17              {
18                  if (answer == 0)
19                  {
20                      Console.WriteLine("힌트: 제가 생각하고 있는 숫자는 2로 나누었을 때
                                          나머지가 {0}입니다.", target_number % 2);
21                      continue;
22                  }
23                  Console.WriteLine("틀렸어요!");
24                  count++;
25              }
26
27              Console.WriteLine("정답입니다. 맞추기까지 {0}번 소요되었습니다", count);
28          }
29      }
30  }
```

로직은 방금 전 프로그램과 다를 것 없습니다. 다만 한 가지 다른 점은 while문 안의 조건문에서
answer 변수에 사용자 입력 값을 저장하고 target_number와 비교를 합니다. 이렇게 answer 변수에
값을 담는 이유는 반복문 안에서 사용자의 입력 숫자에 대해 알고 있어야 하기 때문입니다.

128

answer의 값이 0인 경우(사용자가 0을 입력한 경우), 힌트를 제공합니다. 그리고 continue의 키워드가 등장했습니다. 이와 같은 경우에는 continue 안에 있던 반복문 로직('틀렸어요!' 출력과, count 값 증가하는 로직)이 실행되지 않고 다시 한번 반복문 조건으로 진입하게 됩니다. 프로그램이 위와 같이 설계된 이유는, 사용자가 힌트를 알고 싶어서 입력한 '0'은 오답 개수에서 제외하도록 하기 위함입니다.

즉, 프로그램의 반복문에서 continue를 만난 경우, 그 아래에 있던 로직이 스킵(Skip)되고 다시 반복을 하는 의미입니다. 위의 프로그램의 실행 결과는 다음과 같습니다(target_number가 5로 할당된 경우의 예로 결과를 출력합니다).

```
제가 생각하고 있는  1 ~ 10 시이의 숫자를 맞춰보세요(0 입력시 힌트를 드립니다)
0 (입력)
힌트: 제가 생각하고 있는 숫자는 2로 나누었을 때 나머지가 1입니다.
1 (입력)
틀렸어요!
3 (입력)
틀렸어요!
5 (입력)
정답입니다.  맞추기까지  2번 소요되었습니다
```

4.3 1번 이상의 반복문 do-while문, 0번 이상의 반복문 while문

반복되는 상황이 예측되지 않을 경우, while문 이 외에도 do-while문을 사용해도 됩니다.

do-while문의 기본 문법은 다음과 같습니다.

```
do
{
    ... 반복하라 ...
} while(~하는 동안)
```

while문과 무엇이 차이일까요?

while문의 경우, 상황에 따라 한 번도 시행되지 않을 수도 있습니다. 위의 랜덤 숫자 찾기 게임에서 사용자가 한번에 숫자를 맞추게 된다면 반복문 안에 있던 명령들이 실행을 하지 않습니다. 반면, do-while문은 최소 한 번은 반복문이 실행된다는 점에서 차이가 있습니다. 즉, while문은 '선조건 후 실행'/do-while문은 '선 실행 후 조건' 입니다.

위의 랜덤 숫자 찾기 게임을 do-while로 변형해보겠습니다.

[함께 해봐요] do-while문을 이용한 숫자 찾기 게임   Ex010.cs

```csharp
01  using System;
02
03  namespace RoadBook.CsharpBasic.Chapter04.Examples
04  {
05      public class Ex010
06      {
07          public void Run()
08          {
09              Random rand = new Random();
10              int target_number = rand.Next(1, 10);
11
12              Console.WriteLine("제가 생각하고 있는 1 ~ 10 사이의 숫자를 맞춰보세요");
13
14              int count = 0;
15              bool isMatched = false;
16              do
17              {
18                  if (Convert.ToInt32(Console.ReadLine()) == target_number)
19                  {
20                      isMatched = true;
21                      Console.WriteLine("정답입니다. 맞추기까지 {0}번 소요되었습니다",
                                          count);
22                  }
23                  else
24                  {
25                      Console.WriteLine("틀렸어요!");
26                      count++;
27                  }
```

```
28                  } while (isMatched == false);
29
30
31          }
32      }
33  }
```

변수 선언 부분은 앞의 로직과 똑같습니다. 다만 isMatched라는 bool 변수가 false로 초기값이 설정되어 있습니다. do-while은 적어도 한번 반복문이 실행되는 구조라고 소개했습니다. 위의 예제에서 반복문 안에 입력하는 명령이 있고, target_number와 일치할 경우 isMatched가 true로 변화합니다. 만약 target_number가 일치하지 않을 경우 '틀렸어요!' 메시지와 함께 count를 증가시킵니다. 그리고 isMatched의 참/거짓에 따라 반복문을 계속 실행할지, 종료할지를 결정하게 됩니다.

지금까지 3개의 반복문에 대해 알아보았습니다. 각 반복문의 순서 흐름도를 보면 다음과 같이 정리가 됩니다. 아래의 그림을 꼭 잘 기억하도록 합시다.

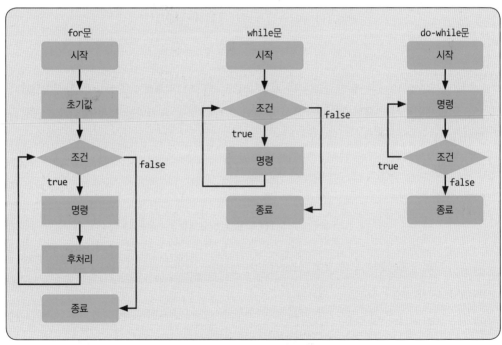

[그림 4-4] 반복문의 흐름도

사실 반복문은 어떤 것을 사용하든지 상관없습니다. 유지보수가 쉽고 간결하게 처리하면 퍼포먼스 걱정없이 잘 동작할 것입니다.

1~10까지의 반복과 같은 '범위형 반복문'은

for문의 경우

```
for (int index=1; index<=10; index++) { … }
```

while문의 경우

```
while (index<=10) { index++ }
```

do-while문의 경우

```
do { index++ } while (index<=10)
```

과 같이 사용할 수 있습니다.

그리고 종료 예측이 불가능한 반복문의 경우 while, do-while문의 경우 true를 강제적으로 조건식에 대입하여 사용합니다. for문의 경우도 초기값/조건/후처리를 모두 제외하고 사용합니다.

예를 들면,

for문의 경우

```
for(;;) { if(조건식) break; }
```

와 같이 무한루프에 빠지도록 강제로 for문을 완성하고, 특정 조건식이 나타날 때 강제 종료(break)하도록 프로그램을 구현합니다.

while문, do-while문의 경우도 마찬가지로

```
while(true) { if(조건식) break; }
do { if(조건식) break; } while(true)
```

와 같이 무한루프에 빠지도록 강제로 반복 조건에 true문을 완성하고, 반복문 안에서 특정 조건식이 나타날 때 강제로 종료(break)하도록 프로그램을 구현합니다.

3장에서 배운 조건문이나, 이번 장에서 배운 반복문은 앞으로의 프로그램 실습을 하는 데 정말 중요한 개념입니다. 물론 2장에서 배운 변수까지 합해서 프로그래밍의 기본 중의 기본이기 때문에 조금 이해가 안 된다 생각이 들면, 다음 장으로 넘어가는 것보다 한번 더 시간을 내어 복습하는 것을 필자는 추천합니다. 앞으로의 예제가 지금까지 배운 지식을 기본으로 하기 때문입니다. 그리고 만약 이번 장까지 만족스러울 정도로 학습이 되었다면 자신 있게 다음 장으로 넘어가도 좋을 것 같습니다. 앞으로 더 재미난 프로그램을 만들어 볼 것이니까요.

이번 장도 정말 수고 많으셨습니다.

● 이번에 우리가 얻은 것

이번 장에서는 여러분은 프로그램이 반복 작업을 수행하도록 하는 방법에 대해 알아보았습니다. 프로그램을 빠르고 간결하게 동일한 작업을 반복해서 수행하도록 하는 것을 '반복문'이라고 합니다. 그리고 이 '반복문'의 종류에는 가장 흔히 사용되는 'for문'과, 반복의 종료가 예측이 불가능할 때 자주 사용되는 'while문' 그리고 'do-while'문에 대해서도 알아보았고, 몇 가지 의미 있는 프로그램을 만들어 보았습니다.

● 이것만은 알고 갑시다.

1. 'for문'은 프로그래밍을 할 때 가장 흔히 사용되는 반복문이고 아래와 같은 구조로 구현이 가능합니다.

for(초기값 선언; 반복이 되는 조건; 반복문 실행후 수행) {···명령···}

2. 종료 예측이 불가능할 때 자주 사용되는 반복문으로는 'while'문과 'do-while'문이 있습니다. 구조는 아래와 같이 구현 가능합니다.

while(조건이 '참'인 동안) {···명령···}
do {···명령···} while(조건이 '참'인 동안)

3. while문과 do-while문의 차이는 '선 조건 후 실행'과 '선 실행 후 조건'의 로직 차이입니다.

4. 반복문을 강제로 종료하고자 할 때는 'break'문을 사용합니다.

5. 반복문이 진행되는 동안, 한 번 명령을 스킵(SKIP)하고 싶을 때에는, 'continue'문을 사용합니다.

1. 사용자에게 특정 숫자를 입력 받아, 해당 숫자의 팩토리얼을 계산하는 프로그램을 만드세요.

   ex) 사용자가 3을 입력한 경우, 3*2*1의 값을 출력합니다.
   ex) 사용자가 10을 입력한 경우, 10*9*8*7*6*5*4*3*2*1의 값을 출력합니다.

   프로그램 만들기 위해서는 다음과 같은 지식이 필요해요
   - 변수 선언 방법
   - 반복문 사용 방법

   힌트!
   for문에서 배웠던 5! 프로그램을 다시 한번 참고해보세요.

2. 1~50까지의 숫자 중, 하나의 숫자를 랜덤하게 지정하고 사용자가 정답을 맞히는 프로그램을 만드세요. 단, 사용자가 틀렸을 경우 입력한 숫자가 랜덤한 숫자보다 큰지(UP), 작은지(DOWN)를 알려줍니다.

   ex) 프로그램에서 지정된 랜덤 숫자가 30인 경우,

   사용자: 20 (입력)
   "틀렸습니다. UP!"
   사용자: 40 (입력)
   "틀렸습니다. DOWN!"
   사용자: 30 (입력)
   "정답입니다!"

프로그램 만들기 위해서는 다음과 같은 지식이 필요해요

- 랜덤 함수 사용 방법
- 숫자의 비교연산 사용 방법
- 반복문 사용 방법

힌트!

while문과 do-while문에서 배웠던 랜덤 숫자 게임과 비슷하죠?!

3. 은행 ATM기 프로그램을 만들어보세요.

프로그램에서 출력 안내문은 다음과 같습니다.

```
************* 안녕하세요 Road Bank입니다 **************
1: 잔액 조회
2: 입금
3: 출금
0: 종료
**************************************************
```

프로그램의 시뮬레이션은 다음과 같습니다.

```
사용자: 2 (입력)
입금할 금액을 입력하세요
사용자: 20000 (입력)
입금되었습니다.
사용자: 1 (입력)
잔액은 '20000'원입니다.
사용자: 3 (입력)
```

프로그램 만들기 위해서는 다음과 같은 지식이 필요해요

- 반복문 사용 방법
- 조건문 사용 방법
- 산술 연산

힌트!

우선 사용자가 종료하고 싶을 때까지 프로그램이 동작해야 합니다.

그리고 각 케이스별로 은행 프로그램이 동작해야 하기 때문에, switch문을 사용하는 것이 조건문 구현할 때 더 깔끔한 코드가 될 것 같습니다.

프로그램의 출력문에서 줄을 바꾸고 싶다면 "₩r₩n"을 추가해보세요! (Console.WriteLine은 명령이 실행된 후 강제로 줄바꿈이 한번 더 이루어집니다. 반면 Console.Write는 명령이 실행된 후 강제 줄 바꿈이 이루어지지 않습니다.)

```
Console.WriteLine("안녕하세요!\r\n두번째줄입니다.\r\n출력문이 완료되고 줄 바꿈이 한번
더 생깁니다.");
Console.Write("안녕하세요!\r\n두번째줄입니다.\r\n출력문이 완료되고 줄 바꿈이 진행되지
않습니다.");
```

만약 이 문제가 시시하다면?

지금 우리가 구현하는 ATM 프로그램의 계좌는, 마이너스 통장이 아닙니다!
잔액보다 출금하는 금액이 큰 경우, 출금을 못하도록 추가 설계해보세요!

5장

프로그래밍의 꽃 객체지향:
간단히 코드를 조립하자

5장에서 만나볼 내용은?

아파트와 같은 큰 건물을 지을 때 건설업체가 가장 먼저 하는 것은 무엇일까요?

우선 설계도를 만드는 일을 합니다.

보다 더 안전하고 튼튼해야 아무 걱정 없이 살 수 있는 아파트가 태어나기 때문입니다.

그리고 설계도를 참고하여 튼튼한 골격 위에 차근차근 조립을 해 나갑니다.

프로그램을 만들 때도 적절한 설계도를 기반으로 개발을 해 나가야 합니다.

올바른 설계도는 프로그램 완성 후에 유지보수를 쉽게 하고 안정적으로 오류 없이 동작하게 해줍니다.

또한 아파트 건설과 마찬가지로 프로그램 또한 하나의 골격(기반)을 이용하여 여러 개의 물체를 조립해 나갑니다.

이러한 골격을 이용하여 같은 성질의 물체를 만들어내는 것을 객체지향 프로그래밍이라고 합니다.

이 장에서는 객체지향 프로그래밍이란 무엇이며, 특징으로는 무엇이 있는지 알아볼 것입니다.

그리고 객체지향 프로그램을 만들어 나가는 데 가장 필요한 '클래스'와,

이러한 '클래스'의 특성을 고려하여 비슷한 그룹으로 묶어낼 '네임스페이스도 살펴볼 것이며,'

공통적인 행위 부분을 조립하는 '메소드'에 대해서 기본적으로 살펴볼 것입니다.

이러한 내용을 토대로 '객체지향적인' 프로그래밍을 직접 해보도록 하겠습니다.

#핵심_키워드

#객체지향 #클래스 #캡슐화 #다형성 #상속 #네임스페이스 #메소드

2장에서 여러분은 변수에 대해 배운 적이 있습니다. 그리고 이러한 변수를 이용해서 조건에 따라 데이터를 변경해봤고 반복적으로 데이터를 빠르게 다루기도 해보았습니다. 그런데 여기서 한 가지 궁금증이 생길 것입니다.

"만약 자판기 프로그램을 만들어야 한다면 어떻게 해야 할까요?
string 변수로 자판기를 만들어야 할까요?
그렇다면 자판기의 행위들은 어떻게 다루어야 할까요?"

충분히 고민이 될 주제입니다. 왜냐면 자판기는 '자판기' 그 자신에 대한 형태가 있는 것이지 string/int/bool 등 일반 변수를 이용해서는 만들어질 수 없는 존재이기 때문입니다. 똑 같은 예로 '게임 캐릭터', '사람', '자동차' 등등 각각의 형태, 행동이 있는 것들은 기본 변수를 이용해서 만드는 것은 한계가 있을 것입니다.

결론부터 얘기하면 우리는 변수로 만드는 데 한계가 있는 것들은 '클래스'란 개념을 가지고 만들어야 합니다. '클래스'는 마치 '아파트'와 같습니다.

30층으로 구성되어 있는 아파트에 살고 있는 각 세대를 보면, 똑 같은 집 구조로 이루어져 있지만(예를 들면, '방이 3개로 구성되어 있고 화장실이 2개로 구성되어 있다.') 어떤 세대는 벽지가 심플하고 깨끗한 화이트 톤으로 된 방으로 꾸며져 있을 수도 있고, 어떤 세대는 어린 아이들의 취향을 고려하여 '뽀로로'가 그려진 벽지로 구성된 방으로 꾸며져 있을 수도 있습니다.

'클래스'도 마찬가지입니다. 어떠한 공통적인 '속성'(아파트의 골격과 같은)이 있지만, 활용에 따라 '특징'은 달라질 수 있습니다(아파트 각 세대의 벽지 스타일 같이).

C#은 이러한 '클래스'를 설계해서 차근차근 조립해 나가는 '객체지향 프로그래밍 언어'입니다. 지금부터 '객체지향'은 무엇이며, '클래스'는 무엇인지 그리고 좀 더 단단하고 효율적인 프로그램을 만들기 위해 코드를 어떻게 조립하는지 살펴보겠습니다.

코드를 조립하자'의 내용은 매우 방대하기 때문에 이번 장에서는 '객체지향'의 기본적인 특성에 부합하는 내용 위주로 설명합니다. 해당 챕터를 배우고 조금 더 객체지향 프로그래밍에 익숙해질 때쯤 되면, '프로젝트' 챕터에서 더 자세하게 설계하는 연습을 하도록 하겠습니다.

5.1 객체지향이란? 클래스의 활용법은?

1장 C#의 특징을 소개하는 부분부터 '객체지향'이라는 단어를 언급한 적이 있습니다. 처음부터 궁금했지만 필자가 알려주기를 계속 미뤘던 '객체지향'이 무엇인지 설명하겠습니다.

우리 주변을 둘러보면, 도로에는 형형색색의 경차, 세단, SUV 자동차도 있고 명동 거리에서 걸어 다니는 인파 속에는 한국인도 있고 일본인도 있고 중국인도 있습니다. 이 밖에도 여러 가지의 사물들이 우리 생활에는 존재합니다.

> *'어느 한 물체에 생명을 불어넣어주는 것'*

이런 것들을 '객체'라 합니다.

'자동차'를 프로그램에서 표현할 때, 어떤 자동차는 빨간색의 세단이 만들어질 수도 있고, 회색의 SUV가 만들어질 수도 있습니다. 여기서 '색깔'이나 '크기'는 다르겠지만,

> *'시동을 건다'*
> *'전진/후진을 한다'*
> *'트렁크를 연다'* 등등 …

자동차가 갖추어야 할 '행동'은 같습니다.

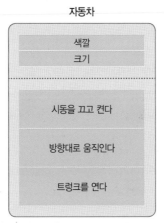

[그림 5-1] 자동차의 형태와 행동

즉, 객체는 '형태 또는 상태'와 '행동'을 가지고 있습니다.

그렇다면 프로그램을 통해 '자동차'의 특징을 '클래스'로 설계해보고 설계된 '클래스'를 이용하여 객체를 여러 개 만들어보도록 하겠습니다.

```csharp
01  using System;
02
03  namespace RoadBook.CsharpBasic.Chapter05.Examples
04  {
05      public class Ex001
06      {
07          public void Run()
08          {
09              Car001 car = new Car001();
10              car.setSize("세단");
11              car.setColor("하얀");
12
13              Console.WriteLine("고객님의 차, {0} {1}이...", car.getColor(),
                                    car.getSize());
14              car.Engine_on();
15              car.Go();
16              car.Back();
17              car.Left();
18              car.Right();
19              car.Engine_off();
20          }
21      }
22
23      class Car001
24      {
25          #region 형태
26          private string size;
27          private string color;
28
29          public void setSize(string size)
30          {
31              this.size = size;
32          }
33          public string getSize()
34          {
35              return size;
36          }
37
38          public void setColor(string color)
39          {
```

```csharp
40              this.color = color;
41          }
42          public string getColor()
43          {
44              return color;
45          }
46          #endregion
47
48          #region 행동
49          public void Engine_on()
50          {
51              Console.WriteLine("시동을 켭니다.");
52          }
53
54          public void Engine_off()
55          {
56              Console.WriteLine("시동을 끕니다.");
57          }
58
59          public void Go()
60          {
61              Console.WriteLine("전진합니다.");
62          }
63
64          public void Back()
65          {
66              Console.WriteLine("후진합니다.");
67          }
68
69          public void Left()
70          {
71              Console.WriteLine("좌회전합니다.");
72          }
73
74          public void Right()
75          {
76              Console.WriteLine("우회전합니다.");
77          }
78          #endregion
79      }
80  }
```

지금까지 자주 봐왔던 Run() 메소드는 일단 건너뛰고, Car001 클래스부터 살펴보겠습니다. 방금 전에 언급했던 것과 같이, 객체는 '형태'와 '행동'으로 나누어져 있습니다. Car001 클래스를 살펴보면 '빨강', '파랑' 등 색깔을 나타내는 color '형태'와 '경차', '세단', 'SUV' 등 크기를 나타내는 size '형태'가 있습니다. 그리고 '시동을 켜고 끄는 일', '직진, 후진, 좌회전, 우회전을 하는 이동의 일'을 할 수 있는 '행동'이 있습니다.

우선 새로운 키워드인 'private'부터 살펴보겠습니다. private의 의미를 쉽게 설명하면

"이것은 건드리지 마! 나만 쓸 수 있어!"

의 의미입니다. 즉, private으로 선언된 변수, 메소드는 다른 클래스에서 호출이 불가능한 것입니다. Ex001 클래스에서, Car001 클래스에 속해있는 소문자의 size, color 문자열 변수에는 직접 값을 할당하지 못합니다. 반면 setSize, setColor라는 메소드를 통해 값을 할당할 수 있습니다.

```
Car001 car = new Car001();
car.size = "세단"; (컴파일 오류)
car.setSize("세단"); (정상 실행)
```

반면 public 키워드는

마음대로 사용해도 돼! 이것은 공용 물품이야~

의 의미입니다. 지금까지 예제를 만들면서 여러분은 public class Ex001과 같이 public 키워드를 사용했습니다. 공용의 의미를 가진 public으로 예제 클래스를 만들었기 때문에 Main 프로그램에서 호출이 가능했던 것입니다.

그런데 굳이 왜?! 저렇게 만들어야 하는 걸까요? '객체지향 프로그래밍'의 첫 번째 특징이기 때문입니다.

객체는 '캡슐화'되어야 합니다. 여기서 '캡슐화'란 데이터의 형태와 데이터의 형태를 다루는 행위를 하나의 세트로 묶어내는 것입니다. 위의 예제에서는 Car001 클래스에 size와 color라는 문자열 변수의 형태가 있고, 이 두 가지의 형태를 바꾸거나 읽어 들이는 역할을 하는 setSize, getColor 메소드가 있습니다.

초보자가 이해하기에는 정말 어려운 개념일 수도 있습니다.

'캡슐화'가 좋은 점은 무엇일까요?

중요한 데이터를 보호할 수 있다는 것이 가장 큰 장점입니다. 실제 클래스에 속해 있는 변수를 아무 곳에서나 접근이 가능하면 데이터가 망가질 수 있습니다. 즉 캡슐화는 데이터 자체를 정의하는 private 변수와, 데이터를 다루는 방법에 대해 서술하는 public한 getter(get으로 시작하는 메소드), setter 메소드(set으로 시작하는 메소드)를 가지고 있습니다. 다른 사람들이 데이터를 다룰 때에는 정해진 규칙의 메소드에만 접근이 가능하므로 데이터 악용의 소지가 없어집니다.

그리고 setter 메소드에서 'this'의 키워드가 새롭게 보입니다. this의 의미는

객체 형태에 주어진 변수

의 의미입니다.

setColor 메소드에서 color라는 매개변수가 존재합니다. 그리고 Car001 클래스에도 color라는 변수의 형태가 존재합니다. 이 두 가지를 구분하기 위해서는 두 가지 방법이 있는데, 첫번째는 color 변수의 이름을 둘 다 다르게 정의하는 방법이 있습니다(color와 _color).

그리고 두번째는 this 키워드를 사용해서 '객체의 변수인지', '메소드의 매개변수'인지를 구분하는 방법이 있습니다. this 키워드는 프로그래밍에서 필수 규칙은 아닙니다만, 암묵적으로 대부분의 코드에는 두번째 방법을 사용하는 곳이 많이 있습니다.

클래스 설계가 끝난 후에, Ex001에서 Car001을 만드는 방법은 new 키워드를 이용하면 됩니다.

```
Car001 car = new Car001();
```

위와 같이 선언을 하면 **'자동차 한 대'**가 프로그램에서 만들어지게 됩니다. 즉, 객체 한 개가 만들어진 것이죠.

사실 위에서 표현한 클래스의 getter, setter 방식은 흔히 자바java에서 볼 수 있는 '캡슐화'의 방식입니다. 만약 캡슐화가 이뤄질 데이터 변수가 많아진다면 아래와 같이 코드의 라인수도 많아지게 됩니다.

```
private string size;
private string color;
private string name;
private string brand;
private int batteryPercentage;
… 중략 …
public void setSize(string size) { this.size = size; }
public void getSize() { return size; }
```

```
… 중략 …
public void setBatteryPercentage(int batteryPercentage) { this.
batteryPercentage = batteryPercentage; }
public void getBatteryPercentage() { return batteryPercentage; }
```

어찌 보면 비효율적인 코드 구조를 가지게 될 것이라고 생각을 한 마이크로소프트는 C# 3.0부터
프로퍼티 개념을 도입하게 됩니다.

[함께 해봐요] **프로퍼티를 이용한 자동차 클래스 설계**   Ex002.cs

```
01   using System;
02
03   namespace RoadBook.CsharpBasic.Chapter05.Examples
04   {
05       public class Ex002
06       {
07           public void Run()
08           {
09               Car002 car = new Car002();
10               car.Size = "세단";
11               car.Color = "하얀";
12
13               Console.WriteLine("고객님의 차, {0} {1}이...", car.Color, car.Size);
14               car.Engine_on();
15               car.Go();
16               car.Back();
17               car.Left();
18               car.Right();
19               car.Engine_off();
20           }
21       }
22
23       class Car002
24       {
25           private string size;
26           private string color;
27
```

10~11행 우측 주석: 객체의 프로퍼티에 직접 할당함

```
28      public string Size
29      {
30          set { size = value; }
31          get { return size; }
32      }
33      public string Color
34      {
35          set { color = value; }
36          get { return color; }
37      }
38
39      public void Engine_on()
40      {
41          Console.WriteLine("시동을 켭니다.");
42      }
43
44      public void Engine_off()
45      {
46          Console.WriteLine("시동을 끕니다.");
47      }
48
49      public void Go()
50      {
51          Console.WriteLine("전진합니다.");
52      }
53
54      public void Back()
55      {
56          Console.WriteLine("후진합니다.");
57      }
58
59      public void Left()
60      {
61          Console.WriteLine("좌회전합니다.");
62      }
63
64      public void Right()
65      {
66          Console.WriteLine("우회전합니다.");
67      }
68  }
69 }
```

메소드 형태의 괄호가 생략되는
set과 get을 함께 묶어버림

C#에서의 클래스는 아래와 같이 정의합니다.

객체에서 '형태'를 나타내는 것을 프로퍼티(property, 속성)라고 하고,
'행동'을 나타내는 것을 메소드(method)라고 합니다.

클래스의 프로퍼티를 만드는 방법은 타 언어에 비해 매우 간단합니다. getter, setter 메소드를
조금 더 줄여서 set, get으로 표현하고 불필요한 매개변수를 줄였습니다. 만약에 Color 프로퍼티
에 "색" 이라는 단어를 디폴트로 붙이고 싶다면 set 프로퍼티에서 다음과 같이 구현하면 됩니다.

```
set { color = value + "색"; }
```

사실 위와 같이 set 프로퍼티에서 데이터 할당에 대한 2차 커스터마이징 작업이 들어간다면
Ex002.cs와 같이 구현을 하는 것이 맞지만 대부분의 객체 형태는 값을 할당하는 대로 주어지는 경
우가 대부분입니다. 따라서 C#의 프로퍼티는 조금 더 개발자가 편하게 프로그래밍을 할 수 있도록
줄일 수 있게 제공해줍니다.

[함께 해봐요] **프로퍼티를 이용한 자동차 클래스 설계**　　　　Ex003.cs

```
01   using System;
02
03   namespace RoadBook.CsharpBasic.Chapter05.Examples
04   {
05       class Ex003
06       {
07           public void Run()
08           {
09               Car003 car = new Car003();
10               car.Size = "세단";
11               car.Color = "하얀";
12
13               Console.WriteLine("고객님의 차, {0} {1}이...", car.Color, car.Size);
14               car.Engine_on();
15               car.Go();
16               car.Back();
17               car.Left();
18               car.Right();
19               car.Engine_off();
20           }
```

```
21        }
22
23    class Car003
24    {
25        public string Color { get; set; }           좀더 간략화한 프로퍼티
26        public string Size { get; set; }
27
28        public void Engine_on()
29        {
30            Console.WriteLine("시동을 켭니다.");
31        }
32
33        public void Engine_off()
34        {
35            Console.WriteLine("시동을 끕니다.");
36        }
37
38        public void Go()
39        {
40            Console.WriteLine("전진합니다.");
41        }
42
43        public void Back()
44        {
45            Console.WriteLine("후진합니다.");
46        }
47
48        public void Left()
49        {
50            Console.WriteLine("좌회전합니다.");
51        }
52
53        public void Right()
54        {
55            Console.WriteLine("우회전합니다.");
56        }
57    }
58 }
```

정말 심플한 코드가 완성되었습니다.

get; set; 만 추가를 하고 클래스의 속성 정의를 마무리 지었습니다. 지금까지 Ex002.cs와 Ex003. cs의 예제를 보면서 의아한 부분이 있을 수 있습니다. 방금 전 필자가 말했던 클래스의 캡슐화가 정확히 이루어진 것 같지 않기 때문입니다. 하지만, 직접적으로 Size와 Color에 값을 대입하면서 캡슐화의 규칙이 깨졌다고 생각하겠지만, 위와 같이 프로퍼티로 정의하게 되면 .NET Framework 컴파일 선에서 Ex001.cs에 정의된 코드와 같이 getter, setter 메소드와 같이 변환을 자동으로 해주게 됩니다. 결국 C# 객체지향의 첫 번째 요소인 '캡슐화'의 규칙을 지키게 되는 것이죠.

그렇다면 클래스가 객체일까요? 살짝 개념이 다릅니다.

클래스는 객체를 만들어내는 '설계도' 역할을 합니다. 예를 들어 찬 바람이 불면 생각나는 '호빵'은 단팥이 들어가 있을 수도, 피자가 들어가 있을 수도, 야채가 들어가 있을 수도 있습니다. '호빵'을 만들어 내는 기계에 원하는 소스를 넣고 만들어 내는 것입니다. 여기서 '호빵'이라는 큰 개념은 '클래스'가 될 수 있습니다. 하지만 '단팥호빵', '피자호빵', '만두호빵'은 '호빵'이라는 큰 개념을 가지고 찍어낸 '객체'라 할 수 있는 것입니다.

위의 자동차 클래스도 마찬가지입니다. 자동차 클래스에는 색깔과 크기를 표현하라는 '설계'의 개념이 내포되어 있습니다. 그리고 Run() 메소드에서

```
Car car = new Car();
car.Size = "세단";
car.Color = "하얀";
```

과 같이 '하얀 세단'이라는 자동차 객체를 만들어냈습니다. 조금 더 자세히 들여다볼까요?

[함께 해봐요] 빵 클래스를 이용한 여러 가지 빵 객체 만들기　　　　　Ex004.cs

```
01  using System;
02
03  namespace RoadBook.CsharpBasic.Chapter05.Examples
04  {
05      class Ex004
06      {
07          public void Run()
08          {
09              Bread custard_cream_bread = new Bread();
10              custard_cream_bread.Shape = "별모양";
11              custard_cream_bread.Source = "슈크림";
```

```
12              Console.WriteLine("{0} {1}빵", custard_cream_bread.Shape,
                              custard_cream_bread.Source);
13
14              Bread pizza_bread = new Bread();
15              pizza_bread.Shape = "네모난";
16              pizza_bread.Source = "피자";
17              Console.WriteLine("{0} {1}빵", pizza_bread.Shape,
                              pizza_bread.Source);
18          }
19      }
20
21      class Bread
22      {
23          public string Shape { get; set; }
24          public string Source { get; set; }
25      }
26
27  }
```

빵을 표현하는 Bread 클래스는 모양(Shape)과 양념(Source)의 특징을 가지고 있습니다. Ex004에서 이 Bread 클래스를 가지고 객체 두개를 만들어냈습니다. 하나는 '별모양의 슈크림'빵을, 그리고 나머지 하나는 '네모난 피자'빵입니다.

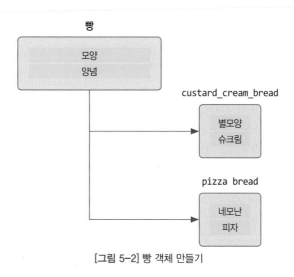

[그림 5-2] 빵 객체 만들기

5.2 객체지향이란? 메소드의 활용법은?

다시 돌아와서 자동차 클래스를 살펴보겠습니다. Ex001.cs, Ex002.cs, Ex003.cs 예제 파일에서 공통으로 들어간 코드가 있습니다. 바로 '시동을 켜고 끄는 행위', '방향을 움직이는 행위'를 나타내는 '메소드' 입니다. 이 메소드는 왜 필요한 것일까요?

여러 명의 개발자들이 함께 자동차 프로그램을 만들기 위해 협업을 할 때, 자동차가 앞으로 전진하는 기능에 대해 A라는 사람도 자신의 클래스에 구현을 해놓았고, B라는 사람도 자신의 클래스에 구현을 해놓았고, 심지어 나까지 해당 기능을 구현했다면 어떻게 되었을까요? 소위 말해 1인분의 일을 3명이 같이 했다는 뜻으로 비춰질 수 있겠습니다.

여러분이 지금까지 배운 지식을 토대로 두 수의 더하기 프로그램을 만들 때,

$$1 + 1 = 2$$
$$2 + 2 = 4$$
$$3 + 3 = 6$$

위 세 개의 연산을 계산하는 프로그램은 아래와 같이 구현될 것입니다.

```
Console.WriteLine("{0} + {1} = {2}", 1, 1, 1 + 1);
Console.WriteLine("{0} + {1} = {2}", 2, 2, 2 + 2);
Console.WriteLine("{0} + {1} = {2}", 3, 3, 3 + 3);
```

물론 맞는 표현이긴 하지만 더하기를 계산하는 역할이 사실 세번이나 반복했다는 것을 느낄 수 있습니다. 더하기나 빼기 곱하기 나누기에 대해 공통적인 기능 단위로 쪼개서 코드를 구현한다면 조금 더 효율적인 프로그램이 될 것 같습니다.

[함께 해봐요] **더하기 공통 기능**   Ex005.cs

```
01   using System;
02
03   namespace RoadBook.CsharpBasic.Chapter05.Examples
04   {
05       public class Ex005
06       {
07           public void Run()
08           {
```

```
09              Sum(1, 1);
10              Sum(2, 2);
11              Sum(3, 3);
12          }
13
14      private void Sum(int number01, int number02)
15      {
16          Console.WriteLine("{0} + {1} = {2}", number01, number02,
                              number01 + number02);
17      }
18  }
19 }
```

매개변수 number01, number02를 가지고 더한 값을 출력해주는 기능을 담당하는 Sum 메소드를 만든 예제입니다. 메소드 이름은 여러분이 생각하는 '의미 있는' 이름으로 선언해주면 됩니다. 마치 변수 명을 고민하면서 만들 듯이, 메소드도 이름만 보고 '어떤 기능을 하는 메소드인지 알겠다' 라고 예측이 가능하도록 잘 지어주면 됩니다.

이렇게 '메소드화'한다면 앞으로 다른 개발자가 여러분의 프로그램을 유지 보수할 때 해당 메소드 기반으로 공통으로 기능을 구현할 수 있게 됩니다. 만약 '메소드화'를 안한 프로그램에서 해당 로직에 오류가 났다면 지금까지 구현했던 로직을 수정하기 위해 여기저기 파일을 열어보면서 수정을 해야 하는 난감한 상황이 발생할 수 있습니다. 하지만 만약 이렇게 메소드화했다면 해당 로직에서 오류가 났을 경우 공통 기능을 담당하는 메소드만 수정하면 되기 때문에 더욱 더 관리가 편한 프로그램이 될 것입니다.

메소드를 나누는 기준은

하나의 메소드에는 하나의 기능만을 담당하게 구현한다.

의 공식을 잘 기억하면 좋은 코드를 구현하는 데 많은 도움이 될 것입니다. 정말 간단한 메소드 공식이지만 현업에서도 사실 지키기 힘든 공식입니다. 위의 예제도 사실 조금 더 엄격히 따진다면 '출력하는 일' 과 '계산하는 일' 두 가지의 기능을 담당하는 메소드이기 때문에 좋은 것은 아닙니다. 그렇다면 어떻게 더 세분화할 수 있을까요?

메소드에는 '리턴 타입Return Type'이라는 것이 존재합니다. '리턴 타입'이란 메소드에서 할 일을 다한 후에 '값을 넘겨주는 변수 타입'을 말합니다.

그렇다면 '더하는 기능', '빼는 기능', '곱하는 기능', '나누는 기능'을 메소드로 표현해보겠습니다. 그리고 각각의 메소드에서 '리턴 타입'을 어떻게 명시하는지 살펴보도록 하겠습니다.

```
01  using System;
02
03  namespace RoadBook.CsharpBasic.Chapter05.Examples
04  {
05      public class Ex006
06      {
07          public void Run()
08          {
09              int number01 = 10;
10              int number02 = 3;
11
12              dynamic result01 = Sum(number01, number02);
13              dynamic result02 = Minus(number01, number02);
14              dynamic result03 = Multiple(number01, number02);
15              dynamic result04 = Divide(number01, number02);
16
17              Console.WriteLine("{0}과 {1}의 사칙연산 결과 값 : {2}, {3}, {4}, {5}",
18                  number01,
19                  number02,
20                  result01,
21                  result02,
22                  result03,
23                  result04
24              );
25          }
26
27          private int Sum(int number01, int number02)
28          {
29              return number01 + number02;
30          }
31          private int Minus(int number01, int number02)
32          {
33              return number01 - number02;
34          }
35          private int Multiple(int number01, int number02)
36          {
37              return number01 * number02;
38          }
```

```
39        private double Divide(int number01, int number02)
40        {
41            return (double)number01 / number02;
42        }
43    }
44 }
```

우선 네 개의 메소드가 있습니다. 사칙연산에 대한 메소드이기 때문에 더하기를 나타내는 Sum, 빼기를 나타내는 Minus, 곱하기를 나타내는 Multiple, 나누기를 나타내는 Divide 메소드가 있습니다. 각 각의 메소드는 하나의 기능만을 담당합니다. 그리고 하나의 기능만 수행한 결과 값을 'return' 키워드를 이용하여 요청한 Run 함수에 전달합니다. 여기서 더하기나 빼기, 곱하기는 두 정수(int)에 대한 결과 값이므로

*private **int** 메소드명*

과 같이

int 값이 최종 리턴값이다.

라 명시합니다. 그리고 나누기의 경우 소수점으로 결과가 나올 수 있기 때문에 **double**형을 리턴 타입으로 명시하였습니다. 그렇다면 우리가 지금까지 흔히 썼던 'void'의 리턴 타입 의미는 무엇일까요? '~이 하나도 없는' 영어 의미처럼 리턴해줄 값이 없음을 의미합니다.

위의 예제에서는 두개의 수에 대한 연산만 가능합니다. 만약 두개가 아닌, 우리가 가지고 있는 계산기처럼 여러 개의 수를 더해야 하는 상황이 온다면 어떻게 해야 할까요? 첫 번째 방식으로는 Sum() 메소드를 계속해서 호출하는 방식이 있을 것입니다.

```
dynamic result = Sum(1, 2);
result = Sum(result, 10);
result = Sum(result, 5);
```

실제로도 과거에는 위와 같은 방식으로 메소드를 계속해서 호출했습니다. 문제가 되는 코드는 전혀 아닙니다. 다만 조금 번거로울 뿐이지요. 이러한 번거로움도 사치라고 생각하는 마이크로소프트는 개발자의 편의를 위해 C# 6.0에서 예측이 불가능한 매개변수의 개수를 동적으로 늘렸다 줄일 수 있도록 params라는 매개변수 타입을 새로 선보였습니다.

```
01   using System;
02
03   namespace RoadBook.CsharpBasic.Chapter05.Examples
04   {
05       public class Ex007
06       {
07           public void Run()
08           {
09               dynamic result = Sum(1, 2, 3, 4, 5);
10               Console.WriteLine("1 ~ 5까지의 합은 {0}", result);
11           }
12                                                         ┌── param 매개변수는 1차원 배열 형태
13           private int Sum( params int[] number )
14           {
15               int result = 0;
16
17               for (int idx = 0; idx < number.Length; idx++)
18               {
19                   result += number[idx];
20               }
21
22               return result;
23           }
24       }
25   }
```

params 매개변수는 '1차원 배열' 형태로 명시해야 합니다. '배열'이란 데이터를 하나만 담는 변수의 확장형으로, 여러 개의 데이터를 한번에 담을 수 있는 기능입니다.

위의 예제에서 1부터 5까지 매개변수로 전달을 했습니다. 이 때 number 매개변수는 [1, 2, 3, 4, 5] 값을 한번에 담게 되고 반복문을 통해서 result 값을 계속 갱신하게 됩니다. 그리고 마지막 최종 계산된 값을 Run() 함수에 리턴하게 됩니다. 배열에 대한 기초지식이 없는 상태에서 위의 코드를 이해하는 것은 사실 어려울 수 있습니다. 이번 장에서는 '이러한 방법'이 있다 라는 것만 기억하고 넘어가도록 하겠습니다. 해당 예제는 6장에서도 한번 더 살펴보도록 하겠습니다.

하나의 기능을 담당하는 메소드

앞의 예제에서는 더하기, 빼기, 곱하기, 나누기에 대한 기능을 모두 쪼개어 메소드로 만들었습니다. 이러한 '하나의 기능'은 개발자가 보는 기준에 따라 범위가 넓어질 수도 좁아질 수도 있습니다. 가령 앞의 예제처럼 각각의 연산에 대한 기능을 쪼갠 것도 좋은 예이지만 어떤 개발자는

"나는 '계산' 기능을 담당하는 하나의 메소드를 만들 거야"

라고 생각하며 구현했다면 다음과 같은 하나의 메소드가 만들어졌을 것입니다.

```
public dynamic Calculate(int number01, int number02, char calc_type)
{
    switch(calc_type)
    {
        case '+':
            return number01 + number02;
            break;
        case '-':
            ... 빼기 로직 ...
        case '*':
            ... 곱하기 로직 ...
        case '/':
            ... 나누기 로직 ...
    }
}
```

메소드를 나누는 범위에는 정답은 없습니다. 단지 다른 개발자들이 보기에도 이해가 되고 사용하기 좋게 기능을 잘 쪼갠 메소드가 가장 훌륭한 메소드입니다.

다시 클래스 설명을 했던 자동차 예제로 넘어가보겠습니다. 자동차 클래스에도 공통적인 행동을 하는 '메소드'가 있었습니다.

'시동을 거는 일',
'방향대로 이동하는 일'

여기에 '기름을 넣는 일'을 하나 더 추가해보도록 하겠습니다. 엄청 간단하죠?

```
public void InputGas()
{
    Console.WriteLine("기름을 넣습니다");
}
```

아차! 그런데 자동차의 종류에도 '휘발유', '디젤', 'LPG', '전기' 등등 각각의 자동차에 따라 넣는 자원도 다릅니다.

이러한 다양한 상황에 맞도록 클래스를 설계할 때 '상속'이라는 개념을 활용합니다. '상속'이란 기존 틀이 되는 '부모 클래스'에서 나타나는 '자식 클래스'에게 자신의 기능을 모두 제공해준다는 의미입니다. '부모 클래스'와 '자식 클래스'의 자세한 설명은 아래 예제를 살펴보며 설명하겠습니다.

[함께 해봐요] 클래스 상속   Ex008.cs

```
01  using System;
02
03  namespace RoadBook.CsharpBasic.Chapter05.Examples
04  {
05      public class Ex008
06      {
07          public void Run()
08          {
09              GasolineCar008 gasolineCar = new GasolineCar008();
10              gasolineCar.Color = "검정";
11              gasolineCar.Size = "SUV";
12              ElectronicCar008 electronicCar = new ElectronicCar008();
13              electronicCar.Color = "초록";
14              electronicCar.Size = "경차";
15
16              Console.WriteLine("{0}색 {1}가", gasolineCar.Color,
                                    gasolineCar.Size);
17              gasolineCar.Go();
18              Console.WriteLine("{0}색 {1}가", electronicCar.Color,
                                    electronicCar.Size);
19              electronicCar.Left();
20          }
21      }
```

```
22
23    class Car008
24    {
25        public string Color { get; set; }
26        public string Size { get; set; }
27
28        public void Engine_on()
29        {
30            Console.WriteLine("시동을 켭니다.");
31        }
32
33        public void Engine_off()
34        {
35            Console.WriteLine("시동을 끕니다.");
36        }
37
38        public void Go()
39        {
40            Console.WriteLine("전진합니다.");
41        }
42
43        public void Back()
44        {
45            Console.WriteLine("후진합니다.");
46        }
47
48        public void Left()
49        {
50            Console.WriteLine("좌회전합니다.");
51        }
52
53        public void Right()
54        {
55            Console.WriteLine("우회전합니다.");
56        }
57    }
58
59    class GasolineCar008 : Car008 { }        ──── 부모 클래스로부터 상속받은 자식 클래스
60    class ElectronicCar008 : Car008 { }
61 }
```

GasolineCar008와 ElectronicCar008 클래스가 Car008을 상속한 코드입니다. '부모 클래스'는 '자동차(Car008)' 그 자체입니다. 그리고 '자식 클래스'는 '휘발유 자동차'와 '전기 자동차'입니다. 클래스 상속을 하는 방법은

```
class 생성할_클래스 : 부모 클래스
```

와 같이 표현하면 됩니다. 위와 같이 생성할 클래스에 부모 클래스를 상속하겠다는 의미를 기계에 전달하면, 부모 클래스에서 가지고 있는 '형태'나 '행동'을 마치 복사하듯이 가져올 수 있습니다. 마치 우리 부모님이 나를 낳아 주신 것처럼 유전자가 복제되었다고 볼 수 있겠죠?

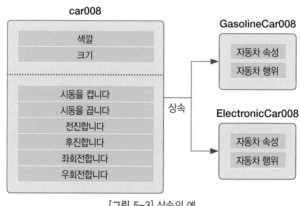

[그림 5-3] 상속의 예

이를 객체지향 프로그래밍의 두번째 특징인 '상속성'입니다. 상속 계층을 따라서 형태와 행동을 공유한다는 뜻입니다. 부모님이 나를 낳아주시면서 닮은 점도 물려받았겠지만, 내 인생은 내가 개척하듯이 다른 행동들도 있을 것입니다. 클래스 상속도 마찬가지입니다. 위의 예제에서 가솔린자동차 클래스와 전기자동차 클래스가 Car008 클래스를 상속받았지만, 기름을 넣는 방식은 다를 것입니다. 각각의 자식 클래스(상속받은 클래스)가 부모 클래스(상속해준 클래스)의 행동을 거스르고 새롭게 정의하는 방법에 대해 살펴보도록 하겠습니다.

```
01  using System;
02
03  namespace RoadBook.CsharpBasic.Chapter05.Examples
04  {
05      public class Ex009
06      {
07          public void Run()
08          {
09              GasolineCar009 gasolineCar = new GasolineCar009();
10              gasolineCar.Color = "검정";
11              gasolineCar.Size = "SUV";
12              ElectronicCar009 electronicCar = new ElectronicCar009();
13              electronicCar.Color = "초록";
14              electronicCar.Size = "경차";
15
16              Console.WriteLine("{0}색 {1}가", gasolineCar.Color,
                                  gasolineCar.Size);
17              gasolineCar.InputGas();
18              Console.WriteLine("{0}색 {1}가", electronicCar.Color,
                                  electronicCar.Size);
19              electronicCar.InputGas();
20          }
21      }
22
23      class Car009
24      {
25          public string Color { get; set; }
26          public string Size { get; set; }
27
28          public void Engine_on()
29          {
30              Console.WriteLine("시동을 켭니다.");
31          }
32
33          public void Engine_off()
34          {
35              Console.WriteLine("시동을 끕니다.");
36          }
37
38          public void Go()
```

```
39          {
40              Console.WriteLine("전진합니다.");
41          }
42
43          public void Back()
44          {
45              Console.WriteLine("후진합니다.");
46          }
47
48          public void Left()
49          {
50              Console.WriteLine("좌회전합니다.");
51          }
52
53          public void Right()
54          {
55              Console.WriteLine("우회전합니다.");
56          }
57
58          public virtual void InputGas()
59          {
60              Console.WriteLine("기름을 넣습니다.");
61          }
62      }
63
64  class GasolineCar009 : Car009
65  {
66          public override void InputGas()
67          {
68              Console.WriteLine("휘발유를 넣습니다.");
69          }
70  }
71  class ElectronicCar009 : Car009
72  {
73          public override void InputGas()
74          {
75              Console.WriteLine("전기를 넣습니다.");
76          }
77      }
78  }
```

부모 클래스에서 만든 가상의 클래스
(virtual 키워드 사용)

자식 클래스에서 메소드 오버라이드

부모 클래스에서 InputGas 메소드를 만들어 "기름을 넣는 행위"라 정의를 지었습니다. 이때 메소드에 'virtual'이라는 키워드가 붙었습니다. 이 의미는 자식 클래스에서 메소드 재정의가 가능하도록 '가상virtual의 메소드' 껍데기를 만든 것이라고 볼 수 있습니다. 만약 자식 클래스에서 메소드 재정의가 이루어지지 않는다면 부모의 기능을 물려 받게 됩니다.

위의 예제에서는 가솔린자동차와 전기자동차 모두 InputGas() 메소드를 재정의 했습니다. 따라서 해당 기능을 수행할 때

'휘발유를 넣습니다.'
'전기를 넣습니다.'

라는 기능이 수행됩니다. 이와 같이 클래스간 상속 관계에서 메소드를 재정의하는 것을 오버라이드override라 합니다. C#에서 virtual 메소드로 재정의 하는 메소드에 'override' 키워드로 명시하면 오버라이드 메소드로 만들어지게 됩니다.

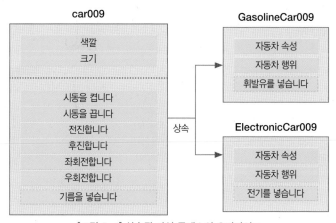

[그림 5-4] 상속된 자식 클래스의 오버라이드

여기서 객체지향 프로그램의 세번째 특징을 설명할 수 있습니다. 객체지향 프로그램의 메소드는 다양한 형태로 구성될 수 있다는 뜻인 '다형성'이 바로 세번째 특징입니다.

지금까지 설명한 객체지향의 특징을 다시 정리해보자면

캡슐화, 상속성, 다형성

이 있습니다. 이 세 가지 특징은 꼭 기억하고, 앞으로 객체지향 프로그래밍을 할 때 잘 쓸 수 있길 바랍니다.

5.3 namespace: 비슷한 성격의 클래스를 그룹화해서 관리하자

지금까지 여러 개의 클래스를 만들어보는 연습을 해봤습니다. 앞의 예제와 같이 하나의 예제 파일에서 여러 가지 클래스를 만드는 것이 문제는 안 되지만, 조금 더 코드를 정리 정돈할 필요가 있습니다. 왜냐면 나중에 특정 클래스를 찾으려고 할 때 한 파일에 많은 클래스가 정의되어 있다면 코드를 보는 게 어렵기도 하고 라인 수도 어마어마하게 길어질 것입니다. 이러한 문제점을 해결하기 위해 namespace라는 '이름공간' 안에 각각의 공통 성격의 클래스를 그룹화할 수 있습니다.

가장 쉽게 그룹화를 짓는 방법은,

모델(Model) – 서비스(Service)

와 같이 설계된 클래스(Model)와 클래스의 공통적인 메소드 즉, 비즈니스 로직이 들어가는 서비스(Service)로 나누는 것이 가장 쉽게 그룹화할 수 있습니다. 우선 Example 폴더에 새 폴더를 추가해보도록 하겠습니다.

[그림 5-5] namespace를 만들기 전 새 폴더 만들기

위와 같이 새 폴더를 클릭하면 폴더명을 만들 수 있습니다. 우선 폴더명을 'Model'로 만들어보도록 하겠습니다. 그리고 새 폴더를 하나 더 'Service'라는 이름으로 만들어보도록 하겠습니다. 여러분의 Visual Studio에는 아래와 같이 두개의 폴더가 생성되었다면 잘 만든 것입니다.

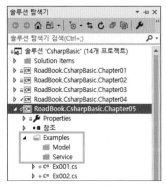

[그림 5-6] Model과 Service 폴더 만들기

이제 우리는 '공지사항 게시판'을 만들어보도록 할 것입니다. 우선 게시판의 특성을 잘 생각해서 Model 폴더에 클래스와 프로퍼티를 만들어보도록 하겠습니다.

[함께 해봐요] 게시판 클래스   Model/Board.cs

```
01  using System;
02
03  namespace RoadBook.CsharpBasic.Chapter05.Examples.Model
04  {
05      /// <summary>
06      /// 게시판
07      /// </summary>
08      public class Board
09      {
10          /// <summary>
11          /// 게시글 번호
12          /// </summary>
13          public int Number { get; set; }
14          /// <summary>
15          /// 게시글 제목
16          /// </summary>
17          public string Title { get; set; }
18          /// <summary>
19          /// 게시글 내용
20          /// </summary>
21          public string Contents { get; set; }
22          /// <summary>
23          /// 작성자
24          /// </summary>
25          public string Writer { get; set; }
26          /// <summary>
27          /// 작성일
28          /// </summary>
29          public DateTime CreateDate { get; set; }
30          /// <summary>
31          /// 수정일
32          /// </summary>
33          public DateTime UpdateDate { get; set; }
34      }
35  }
```

Model 폴더에서 클래스를 만들고 나니, namespace가

RoadBook.CsharpBasic.Chapter05.Examples.Model

로 코드가 만들어졌습니다. 우리는 이 사실을 바탕으로 다음과 같이 유추해 볼 수 있습니다.

"namespace를 이용하면 자동으로 폴더명이 만들어지는구나!"

맞는 말입니다. 그리고 위의 Board 클래스를 Examples 폴더에 바로 만들었을 때,

RaodBook.CsharpBasic.Chapter05.Examples

로 namespace가 만들어진 것을 '.Model' 만 추가해도 위와 같이 똑같은 그룹이 생성됩니다. 즉, namespace는 폴더의 구조에 따라가지만 굳이 그렇게 만들지 않아도 된다는 의미입니다. 하지만 코딩 파일의 양이 방대해질 것을 대비해 각각의 폴더에 namespace 구조로 만들어가는 것을 권장합니다.

왜 이런 'namespace'란 이름공간이 필요할까요?

가장 큰 이유는 계속 설명한 바와 같이 비슷한 성격의 클래스를 '그룹화'하는 것이 주된 목적입니다. 그리고 또 다른 이유로는 **'똑같은 클래스명을 다른 기능으로 간주'**하기 위해서입니다. Aaa.Bbb. Ccc 네임스페이스에 Sample 클래스가 있고, Aaa.Bbb.Ddd 네임스페이스에 Sample 클래스가 있다면, 이 두개의 클래스는 전혀 다른 모델이 됩니다.

또한, 닷넷프레임워크에서 제공하는 DateTime과 같은 클래스와는 별개로 나도 DateTime의 이름을 가진 클래스를 만들기 위해서는 나만의 네임스페이스에 정의를 하게 되면 중복 없이, 에러 없이 만들어지게 되는 것입니다.

다음으로는 Service 폴더에 게시판이 동작하는 원리에 대해 기술해보도록 하겠습니다.

[함께 해봐요] **게시판 비즈니스 로직**   Service/BoardService.cs

```
01   using System;
02
03   namespace RoadBook.CsharpBasic.Chapter05.Examples.Service
04   {
05       public class BoardService
06       {
07           Model.Board board;
08
```

```
09        public BoardService()
10        {
11            this.board = new Model.Board();
12        }
13
14        public BoardService(Model.Board board)
15        {
16            this.board = board;
17        }
18
19        public void Save(int number, string title, string content,
                           string writer)
20        {
21            board.Number = number;
22            board.Title = title;
23            board.Contents = content;
24            board.Writer = writer;
25            board.CreateDate = DateTime.Now;
26            board.UpdateDate = DateTime.Now;
27
28            Console.WriteLine("게시물이 저장되었습니다.");
29        }
30        public void Update(string title, string content, string writer)
31        {
32            board.Title = title;
33            board.Contents = content;
34            board.Writer = writer;
35            board.UpdateDate = DateTime.Now;
36
37            Console.WriteLine("게시물이 수정되었습니다.");
38        }
39        public void Delete()
40        {
41            board = null;
42
43            Console.WriteLine("게시물이 삭제되었습니다.");
44        }
45        public void Read()
46        {
47            if (board != null)
48            {
```

```
49                  Console.WriteLine("{0}번 게시물", board.Number);
50                  Console.WriteLine("제목 : {0}", board.Title);
51                  Console.WriteLine("작성일 : {0}", board.CreateDate);
52                  Console.WriteLine("수정일 : {0}", board.UpdateDate);
53                  Console.WriteLine("글쓴이 : {0}", board.Writer);
54                  Console.WriteLine("내용 : {0}", board.Contents);
55              }
56          else
57          {
58                  Console.WriteLine("게시물이 없습니다.");
59          }
60      }
61   }
62 }
```

BoardService 클래스에는,

게시글을 저장하는 기능
게시글을 수정하는 기능
게시글을 삭제하는 기능
게시글을 열람하는 기능

과 같이 게시판에 글을 관리하는 로직이 들어있습니다. 지금은 비록 출력으로 저장, 수정, 삭제 기능을 대체했지만 실제 게시판을 만들 때는 여러 가지 명령들이 수행될 것입니다. 심화적인 로직은 '실전 프로그래밍' 챕터에서 직접 구현해보도록 하겠습니다.

여기서 한 가지 짚고 넘어가야 할 코드는

public BoardService(Model.Board board)

입니다. 리턴 타입이 명시되지 않은 것으로 보아 메소드는 아닙니다. 이것은 '생성자'라 부릅니다.

지금까지 Car, Bread 클래스를 만들면서 예제에서

```
클래스 클래스명 = new 클래스()
```

와 같이 호출을 하였습니다. 지금까지는 '생성자'가 생략된 클래스의 구조였습니다. 즉, 위의 예제와 같이 생성자를 명시하지 않으면 클래스 껍데기를 만들 때 '()'로 표현하면 됩니다. 하지만 BoardService는 Board 클래스를 매개변수로 지정했기 때문에 이 클래스를 호출하기 위해서는

BoardService boardService = new BoardService(Board board)

와 같이 Board 모델을 함께 넘겨주어야 합니다. 물론 생성자를 명시할 때 위의 예제에서는,

Public BoardService()

또한 선언을 했기 때문에, 매개변수가 있는 생성자와 매개변수가 없는 생성자를 동시에 사용할 수 있습니다.

이처럼 생성자의 이름 혹은 심지어 메소드의 이름은 같으나, 매개변수의 개수가 다르게 구현한 것을

'생성자 오버로딩', '메소드 오버로딩'

이라고 부릅니다.

실제 예제 프로그램을 구현해보도록 하겠습니다.

[함께 해봐요] 게시판 작성   Ex010.cs

```
01  using System;
02
03  namespace RoadBook.CsharpBasic.Chapter05.Examples
04  {
05      public class Ex010
06      {
07          public void Run()
08          {
09              // 기본 생성자 이용
10              int number = 1;
11              string title = "첫 번째 게시글입니다.";
12              string contents = "첫 번째 공지사항입니다.";
13              string writer = "운영자";
14
15              Service.BoardService boardService = new Service.BoardService();
16              boardService.Save(number, title, contents, writer);
17              boardService.Read();
18
19              Console.WriteLine("=====");
20
```

```
21              title = "첫 번째 게시글 수정!!";
22              boardService.Update(title, contents, writer);
23              boardService.Read();
24
25              Console.WriteLine("=====");
26
27              boardService.Delete();
28              boardService.Read();
29
30              Console.WriteLine("=====");
31
32              // 생성자 오버로딩 이용
33              Model.Board board = new Model.Board();
34              board.Number = 2;
35              board.Title = "두 번째 게시글입니다.";
36              board.Contents = "두 번째 공지사항입니다.";
37              board.Writer = "운영자";
38              board.CreateDate = DateTime.Now;
39              board.UpdateDate = DateTime.Now;
40
41              Service.BoardService anotherBoardService
                    = new Service.BoardService(board);
42              anotherBoardService.Read();
43          }
44      }
45  }
```

첫 번째는 빈 껍데기의 BoardService를 생성하여(15행),

16~17행 : 게시글을 작성하고 열람하는 로직
22~23행 : 게시글을 수정하고 열람하는 로직
27~28행 : 게시글을 삭제하고 열람하는 로직

을 호출하였습니다.

두 번째로는 Board 클래스를 생성하여(33행), 각각의 속성에 자연스러운 값을 할당하였습니다 (34~39행). 이로써 하나의 Board 객체가 생성되었고 이 객체를 이용하여, BoardService에 직접 Board를 할당하는 방식(41행)으로 생성자를 호출하였습니다. 그리고 할당된 Board를 열람(Read) 하는 로직을 추가했습니다(42행). 이 예제의 프로그램 결과는 아래와 같습니다.

```
게시물이 저장되었습니다.
1번 게시물
제목 : 첫 번째 게시글입니다.
작성일 : 작성날짜(여러분의 프로그램에서 Save() 메소드가 실행된 시각이 출력됩니다.)
수정일 : 수정날짜(여러분의 프로그램에서 Save() 메소드가 실행된 시각이 출력됩니다.)
글쓴이 : 운영자
내용 : 첫 번째 공지사항입니다.
=====
게시물이 수정되었습니다.
1번 게시물
제목 : 첫 번째 게시글 수정!!
작성일 : 작성날짜(여러분의 프로그램에서 Save() 메소드가 실행된 시각이 출력됩니다.)
작성일 : 작성날짜(여러분의 프로그램에서 Update() 메소드가 실행된 시각이 출력됩니다.)
글쓴이 : 운영자
내용 : 첫 번째 공지사항입니다.
=====
게시물이 삭제되었습니다.
게시물이 없습니다.
=====
2번 게시물
제목 : 두 번째 게시글입니다.
작성일 : 작성날짜(여러분의 프로그램에서 Board 객체가 생성된 시각이 출력됩니다.)
작성일 : 작성날짜(여러분의 프로그램에서 Board 객체가 생성된 시각이 출력됩니다.)
글쓴이 : 운영자
내용 : 두 번째 공지사항입니다.
```

namespace 공간에 만들어진 클래스를 다른 클래스에서 선언하기 위해서는 **풀(Full) 네임스페이스.클래스**로 표기하는 것이 원칙입니다. 위의 예제(Ex010)에서 Board 클래스를 선언하기 위해서는

```
RoadBook.CsharpBasic.Chapter05.Examples.Model.Board board = new 생략();
```

과 같이 표기를 해야 합니다. 하지만 위의 예제에서는 'RoadBook.CsharpBasic.Chapter05.Examples'까지 namespace가 공통적인 '교집합' 관계이므로 짧게 Model.Board로 표기가 가능했던 것입니다. 만약 namespace AnotherBook에서 Board 클래스를 호출하기 위해서는 위와 같이 **풀 네임스페이스.클래스** 형태로 표기를 해야 할 것입니다.

만약 Board 클래스를 예제에서 많이 호출을 해야 한다면, 일일이 Model.Board와 같이 호출을 하는 것보다 'using' 키워드를 이용하는 것이 훨씬 간단합니다. 아래의 예제를 살펴보겠습니다.

```
01  using RoadBook.CsharpBasic.Chapter05.Examples.Model;
02
03  namespace RoadBook.CsharpBasic.Chapter05.Examples
04  {
05      public class Ex011
06      {
07          public void Run()
08          {
09              Board board001 = new Board();
10              Board board002 = new Board();
11              Board board003 = new Board();
12              Board board004 = new Board();
13              Board board005 = new Board();
14          }
15      }
16  }
```

만약 예제 Ex010 예제에서 5개의 Board를 생성하기 위해서는 `Model.Board`를 다섯번이나 중복해서 명시했어야 했습니다. 하지만 위의 예제에서는 'using'이라는 키워드를 사용하여

     "이 파일 안에서는 Model namespace의 모든 것을 사용할 것을 미리 명시합니다"

라고 프로그램에게 미리 설명했습니다. 따라서 프로그램은 Model namespace에 들어있는 `Board` 클래스를 간편히 불러올 수 있게 된 것입니다.

우리가 지금까지 가장 많이 사용했던 `Console.WriteLine()` 출력문을 사용할 수 있었던 것 또한

     using System;

을 미리 명시해줬기 때문에 가능했던 것입니다(System namespace 안에 `Console`이라는 클래스가 선언되어 있습니다).

객체지향 프로그래밍의 반대는 무엇인가요?

많은 소프트웨어공학도가 처음 접하는 언어인 "C언어"가 대표적인 객체지향 프로그래밍의 반대 개념이라고 볼 수 있습니다. 이를 "절차지향 프로그래밍"이라고 하는데, 물이 위에서 아래로 흐르듯이 "순차적으로" 코드가 위에서 아래로 처리가 되도록 구현하는 기법입니다.

규칙만 어마어마하게 많은 객체지향 프로그래밍, 도대체 뭐가 좋은 걸까요?

객체지향 프로그래밍의 가장 큰 장점은, 개발자가 직접 데이터와 알고리즘(코드)을 하나로 묶어 개발을 함으로써, 소프트웨어를 쉽게 재사용할 수 있습니다. 독립적으로 재사용할 수 있기 때문에 개발자의 코드 생산성도 증가하게 됩니다. 또한 수정 사항 발생 시, 한곳에만 집중적으로 코드 수정이 이루어짐으로써 업그레이드 또한 쉽습니다. 마찬가지로, 오류가 나타나도 디버깅이 쉽다는 것 또한 장점입니다.

객체지향 프로그래밍의 단점은 없나요?

물론, 객체지향 프로그래밍에서는, 어떤 특정 모듈에 있는 하나의 행동(메소드)을 쓰더라도 덩어리를 가지고 와야 하기 때문에 자칫 무거운 프로그램이 될 수 있습니다. 하지만 요즘 같이 하드웨어가 발달한 시대에서는 이러한 차이점을 크게 느끼지는 못하는 것이 사실입니다.

[중요] "객체지향"과 "절차지향"은 각각의 장단점을 가지고 있습니다. 방법론을 선택하는 것은 개발자들의 몫입니다. "무엇이 좋고 무엇이 안 좋다"라는 정답은 없습니다.

namespace를 효과적으로 사용하는 방법은 무엇일까요?

namespace를 만들 때는 어느 폴더 위치에서 만들든 상관은 없습니다. 하지만 조금 더 체계적으로 구성하기 위해서는(또한, 추후에 해당 namespace 구조를 확인하기 위해 파일을 찾기 위해서는) 각각의 폴더별로 관리를 하는 것이 좋습니다.

축구 감독 게임을 예로 들어보겠습니다.

프로젝트는 Game.Sports.FootballManager라는 이름으로 구성을 했다고 가정합시다.

축구 게임에서는 그날 스케줄에 따라 선수를 훈련할 수도 있고(Training), 선수를 사고 팔 수도 있고(Trade), 경기를 직접 지시(Play)할 수도 있습니다.

Training 폴더 안에는, 골키퍼 훈련/ 수비수 훈련/ 공격수 훈련으로 나누어 각각의 연습 시나리오를 만들 수 있습니다.

Trade 폴더 안에는, 선수 구매/선수 판매로 나눌 수 있습니다.

Play 폴더 안에는 지시할 수 있는 여러 가지 전술들이 있을 수 있습니다.

그 중, 트레이닝 관련 개발을 진행하는 것을 가정해봅시다.

Game.Sports.FootballManager.Training.GK

Game.Sports.FootballManager.Training.DF

Game.Sports.FootballManager.Training.FW 와 같이

namespace를 나누어 각각의 특징에 맞는 클래스를 구현한다면, 골키퍼의 달리기 훈련법, 수비수의 달리기 훈련법 또한 자유롭게 구현이 가능할 것입니다.

그리고 실제 유지보수를 할 때, namespace별로 폴더 구성이 잘 되어 있다면 해당 코드를 추적하는 데에도 크게 용이할 것입니다.

지금까지 객체지향적으로 프로그래밍을 하는 가장 기본적인 방법에 대한 첫 단추를 끼어 봤습니다. 사실 위의 예제만으로는 아직까지는 반신반의할 것입니다. 필자도 처음엔 그랬으니까요. 하지만 이러한 기초 지식을 토대로 앞으로 만들게 될 '배열'이나 '제네릭' 또는 '데이터베이스' 다루는 방법을 공부하다 보면 왜 객체지향적인 프로그램이 효율적이다고 말했는지 체감할 수 있을 것입니다. 바로 이 다음 장인 '배열'과 '제네릭' 파트에서 이러한 객체를 어떻게 다루는지 살펴보도록 하겠습니다. 그 전에 이해가 안 되는 부분에 대해서는 복습하고 다음 챕터를 따라와 주길 바랍니다. 이번 장도 수고 많으셨습니다.

● 이번에 우리가 얻은 것

이번 장에서는 여러분은 '객체지향'에 대한 정의를 알아보았습니다. 그리고 '객체지향'의 가장 기본이 되는 클래스 작성법을 알아보았고 공통적인 로직을 하나로 묶는 메소드에 대해서도 살펴보았습니다. 또한 공통적인 성격의 클래스를 조금 더 체계적으로 그룹화하는 네임스페이스에 대해서도 알아보았고, 몇 가지 의미 있는 프로그램을 만들어 보았습니다.

● 이것만은 알고 갑시다.

1. '객체'란 어느 한 물체에 생명을 불어넣어주는 것입니다.

2. 그리고 이 '객체'에 대한 형태와 행동에 대해 정의하는 '설계도' 역할을 하는 것을 '클래스'라 합니다.

3. '클래스' 기반으로 레고 조립하듯 하나씩 객체를 만들어가는 프로그래밍 방법을 '객체지향 프로그래밍'이라고 합니다.

4. '객체지향 프로그래밍'의 특징에는 객체의 형태를 감싸는 '캡슐화'와, 부모 클래스의 특성을 복제하여 다른 자식 클래스로 복제하는 '상속성', 그리고 자식 클래스에서 부모 클래스의 행동을 재가공하는 '다형성'이 있습니다.

5. '메소드'는 중복적으로 사용될 만한 기능을 공통으로 묶어 사용하기 위한 기능입니다.

6. 메소드는 '하나의 메소드 안에 하나의 기능'으로 만드는 것을 원칙으로 합니다.

7. 비슷한 성격의 클래스는 하나의 'namespace'라는 이름공간에 보관합니다.

나의 이해도를 측정하자

1. 2장의 연습문제였던, 계산기 프로그램을 공통 메소드를 이용하여 사칙연산이 가능하도록 구현해보세요.

   프로그램을 만들기 위해서는 다음과 같은 지식이 필요해요
   - 사칙 연산자 사용 방법
   - 메소드 사용 방법

2. 이번 장의 Ex010.cs에서 만들어진 Board 예제를 기반으로 사용자의 입력 값에 맞게 게시 글이 작성되도록 구현해보세요.

   프로그램을 만들기 위해서는 다음과 같은 지식이 필요해요
   - 객체 생성 방법

3. 은행 계좌관리 프로그램을 만들어보세요. 4장의 프로그램 문제와 다른 부분은 '계좌' 클래스를 직접 설계해보고 해당 클래스를 이용한 '객체지향'적인 프로그램을 만들어보세요.

   '계좌' 클래스의 속성은 다음과 같습니다.

```
계좌
{
    고유이름
    개설자 이름
    잔액
}
```

프로그램에서 출력 안내문은 다음과 같습니다.

```
*********** 안녕하세요 Road Bank입니다 ************
1:  계좌 만들기
2.  잔액 조회
3:  입금
4:  출금
0:  종료
************************************************
```

프로그램의 시뮬레이션은 다음과 같습니다.

```
사용자:  1 (입력)
통장 고유이름을 입력하세요
사용자:  로드은행통장(입력)
통장 개설자의 이름을 입력하세요
사용자:  로드북(입력)
'로드북' '님의 ' '로드은행통장'이 개설되었습니다.

사용자:  3 (입력)
입금할 금액을 입력하세요
사용자:  20000 (입력)
입금되었습니다.

사용자:  2 (입력)
잔액은 '20000'원입니다.

사용자:  4 (입력)
출금할 금액을 입력하세요
사용자:  15000 (입력)
출금되었습니다.

사용자:  2 (입력)
잔액은 '5000'원입니다.
```

```
사용자: 4 (입력)
출금할 금액을 입력하세요
사용자: 100000 (입력)
잔액이 부족합니다!

사용자: 0 (입력)
감사합니다
```

프로그램을 만들기 위해서는 다음과 같은 지식이 필요해요

- 반복문 사용 방법
- 조건문 사용 방법
- 산술 연산
- 클래스 설계

6장

배열과 제네릭:
여러 개의 데이터를 보관하는 방법

마트에 가보면 계란판을 볼 수 있습니다.

계란판이라는 큰 바구니에는 여러 개의 계란을 담을 수 있습니다.

즉, 계란판에 들어 있는 물건은 '계란'으로 통일됩니다.

인터넷 강좌를 볼 때도 '하나의 주제'에 '챕터 별로 여러 가지 강의'가 패키지로 들어 있습니다.

여기서 '챕터 별 여러 가지 강의'는 '하나의 공통된 주제'에 대한 영상 컨텐츠입니다.

프로그래밍에서 데이터를 담는 바구니를 변수라고 설명한 것 기억하나요?

이 변수 바구니에는 데이터 크기에 맞게 단 하나의 데이터가 담기게 되었습니다.

만약 계란 한판에 속해 있는 '계란들'을 하나의 바구니에 담으려면 어떻게 해야 할까요?

프로그래밍에서 '데이터들!'을 하나의 공간에서 관리하기 위한 계란판과 같은 역할을 하는 것을,

'배열'과 '제네릭'이라고 합니다.

이 장에서는 '배열'이란 무엇인지 살펴볼 것이고 데이터가 담기는 과정에 대해 알아볼 것입니다.

그리고 데이터가 담기고 빠져나가는 과정에 대한 다양한 방식을 살펴보는 '자료구조'에 대해 살펴볼 것이고,

이와 더불어 '제네릭'에 대해 살펴볼 것입니다.

이러한 내용을 토대로 '배열', '제네릭' 프로그래밍을 직접 해보도록 하겠습니다.

#핵심_키워드

#배열 #자료구조 #컬렉션 #ArrayList #Queue #Stack #Hashtable #제네릭 #List\<T\> #Dictionary

이제 변수와 객체에 대한 개념이 어느 정도 감이 오나요? 만약 아직도 이해가 안 된다면 용감하게 챕터를 나아가는 것보다는 한 번쯤은 더 꼼꼼하게 복습을 할 것을 권장합니다. 좋은 프로그래머가 되기 위해서는 기본 개념에 충실해야 하기 때문입니다. 이번 장에서 변수, 객체를 이용하여 좀더 깊이 있는 내용을 다룰 것이기 때문에 기본 개념을 잘 이해하고 있어야 어려운 내용도 쉽게 이해할 수 있을 것입니다.

지난 장에서는 string, int로는 해결할 수 없는 형태를 표현하기 위해 클래스 설계에 대한 방법을 알아보았습니다. 이제는 여러 개의 데이터를 하나의 메모리 공간에 보관하고 사용할 수 있는 '배열' 의 개념에 대해 살펴보겠습니다. 우선 '배열'이 필요한 이유는 무엇일까요?

잠시만 생각해봅시다

노가다 코드?

다음과 같은 기상청의 프로그램 요구사항이 있습니다.

1. 일주일 동안의 날씨를 기록합니다.
2. 기록한 데이터를 가지고, 이번 주의 날씨 현황을 파악합니다.

먼저 '일주일' 이라는 첫 번째 조건이 있습니다. 여러분이 배운 지식으로는 7개의 변수를 선언하여 각각의 요일별 데이터를 집어넣으면 될 것 같습니다. 아래와 같은 변수를 만들 수 있겠네요.

```
string monday = "";
string tuesday = "";
            .
            .
string sunday = "";
```

물론 일주일의 조건일 때에는 괜찮은 코드로 보입니다. 하지만 만약 일주일이 아닌 한달, 혹은 일년의 데이터를 기록해야 한다고 하면 어떻게 해야 할까요?

30개의 변수 선언? 365개의 변수 선언?

우리가 프로그램을 만드는 목적은 더 편리한 삶을 살아가기 위한 것입니다. 그런데 이러한 프로그램을 만드는 개발자들이 벌써부터 변수 만드는 데 시간을 할애하는 것부터 아이러니한 상황이 만들어지는 것 같습니다.

사실 위의 변수에서 'monday'든 'tuesday'든 'sunday'든 '날씨'의 의미는 공통적인 데이터의 특성으로 간주될 수 있습니다. 이러한 공통적인 데이터를 효율적으로 관리하기 위해 '배열'이라는 개념이 도입되었습니다.

6.1 Split: 특정 문자 기준으로 데이터를 나누는 방법

우선 위의 프로그램 요구사항을 하나의 문자열 변수를 이용해서 7일동안의 날씨를 기록해보겠습니다. 아래와 같은 변수 선언이 이루어지겠네요.

```
string weather = "sunny,sunny,rainy,cloudy,rainy,snow,sunny";
```

C#의 문자열 변수에는 'Split'이라는 기능이 있습니다. 이 기능은 특정 문자를 기준으로 데이터를 나눌 수 있도록 해줍니다. 예를 들어 위의 변수에서 콤마(,) 단위로 데이터를 나누게 된다면 아래와 같은 데이터 구조가 나타날 것입니다.

sunny	sunny	rainy	cloudy	rainy	snow	sunny

[그림 6-1] 문자열을 나눈 데이터 구조

위와 같이 하나의 메모리 영역에서 여러 가지 데이터를 취급할 수 있는 것을 '배열Array'라고 합니다. string 변수를 콤마 단위로 나눈 배열의 구조를 직접 확인해보도록 하겠습니다.

[함께 해봐요] **문자열 나누기** Ex001.cs

```csharp
01  using System;
02
03  namespace RoadBook.CsharpBasic.Chapter06.Examples
04  {
05      public class Ex001
06      {
07          public void Run()
08          {
09              string weather = "sunny,sunny,rainy,cloudy,rainy,snow,sunny";
10
11              var weathers = weather.Split(',');
12
13              Console.WriteLine(weather.GetType());
14              Console.WriteLine(weathers.GetType());
15          }
16      }
17  }
```

weather라는 문자열 변수에 7일동안 기록된 날짜 데이터를 콤마로 나누었습니다. 그리고 방금 전에 설명한 Split 함수를 이용하여 나눈 데이터를 weathers 변수에 기록했습니다. 출력문에는 weather 변수와 weathers 변수의 타입을 출력하도록 구현된 예제입니다. 결과를 먼저 보면 다음과 같이 출력됩니다.

```
System.String
System.String[]
```

두 타입의 차이는 문자열과, 문자열 배열의 차이입니다. 일반적으로 배열은 대괄호 표기('[ ]')로 선언됩니다.

string[]에는 어떻게 담기는 것인지 디버깅을 통해서 확인해보도록 하겠습니다.

[그림 6-2] 디버깅 화면

weaters라는 배열에 0~6까지의 인덱스별로, 문자열이 담긴 것을 확인할 수 있습니다.

'배열'로 선언된 변수는 "변수명[index]"로 담기게 됩니다. 그리고 사전적 의미를 충족시키는 '하나로 묶는 일'을 일을 해냈습니다.

특정 라인에서 F9 키를 누르거나, 코드 라인 옆에 회색으로 된 빈 공간을 마우스로 클릭하면
빨간색 둥근 원이 생성됩니다.

[그림 6-3] 디버깅 브레이크 포인트 선택

F5 키 혹은, 상단 메뉴에서 [디버그] 〉 [디버깅 시작]을 클릭하면 프로그램이 실행되고, 해당
라인에서 멈추는 것을 확인할 수 있습니다. 이를 브레이크 포인트Break Point라고 합니다. 참
고로 [Shift + F5]를 누르면 모든 디버깅이 중지됩니다.

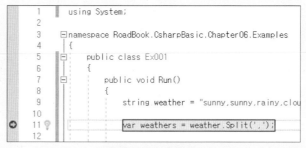

[그림 6-4] 디버깅 화면

브레이크 포인트가 연결된 후에는 아래와 같은 작업을 수행할 수 있습니다. 일단 초보자들이
디버깅을 할 때 가장 기본이 되는 세 가지 키를 알려드리겠습니다.

F10을 클릭하면 코드 라인이 한 줄씩 수행됩니다.

그리고 F11을 클릭하면 코드 라인에서 수행되는 세부 동작(메소드 호출과 같은)이 수행됩
니다.

F5를 클릭하면 다음 브레이크 포인트까지 수행됩니다. 만약 브레이크 포인트가 없으면 프로
그램이 종료됩니다.

전체적인 흐름을 보기 위해서는 IDE 툴의 조사식에 변수를 대입하고나서 자동지역 탭에서 전체 변수의 값들을 확인할 수 있습니다. 아래 화면과 같이 조사식에 weathers 변수명을 입력하니, 해당 배열에 들어 있는 값을 확인할 수 있습니다(대부분 디버깅 단계의 흐름에 따라, 지정된 변수 혹은 객체는 자동으로 조사식에 추가됩니다).

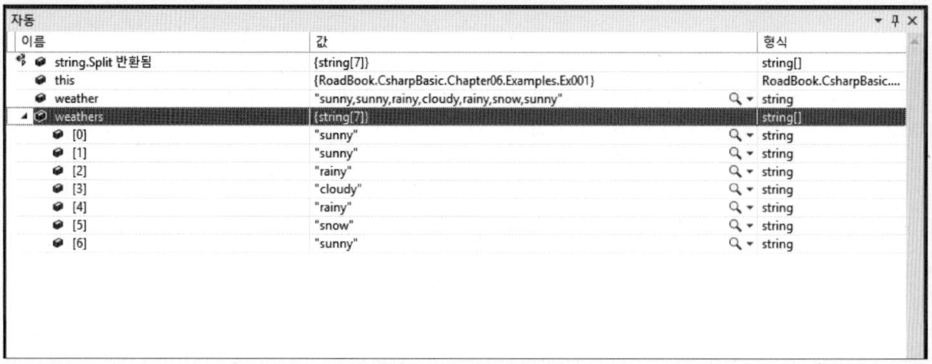

이름	값	형식
⚡ ● string.Split 반환됨	{string[7]}	string[]
● this	{RoadBook.CsharpBasic.Chapter06.Examples.Ex001}	RoadBook.CsharpBasic....
● weather	"sunny,sunny,rainy,cloudy,rainy,snow,sunny"	string
▲ ⊙ weathers	{string[7]}	string[]
● [0]	"sunny"	string
● [1]	"sunny"	string
● [2]	"rainy"	string
● [3]	"cloudy"	string
● [4]	"rainy"	string
● [5]	"snow"	string
● [6]	"sunny"	string

[그림 6-5] 조사식 확인

브레이크 포인트는 어느 지점에 두는 것이 좋을까요? 정답은 없습니다. 확인하고자 하는 변수에 대해 데이터 핸들링(값을 집어넣는 작업) 시점 혹은 핸들링이 끝났을 시점에 브레이크 포인트를 두는 것이 좋습니다.

디버깅의 중요성은, 현재 우리가 만들고 있는 예제에서는 별로 매력을 느낄 수 없겠지만 큰 프로그램에서는 데이터의 흐름 혹은 버그를 찾는 데 정말 중요한 역할을 합니다. 처음 배울 때부터 익숙해지는 것이 좋을 것입니다.

6.2 배열 선언 공식

배열의 구조에 대해 디버깅 상태에서 정확히 이해가 되었다면, 이제부터 변수 선언과 마찬가지로 배열 선언 방법에 대해 좀더 깊게 들어가보도록 하겠습니다. 배열의 기본 문법은 다음과 같습니다.

```
변수타입[] 변수명 = new string[데이터를 담을 크기]
```

배열 선언법은 변수 타입에 대괄호([])를 감싸주고, 뒤에는 초기 값 대신, 객체 선언 방법과 같이 'new' 키워드를 써 준 후 변수 타입을 다시 명시해 주고, 얼만큼의 데이터를 담을지 배열의 크기를 지정해 줍니다.

그렇다면, 초기값은 어떻게 지정해야 할까요?

```
변수명[0] = 값1;
변수명[1] = 값2;
변수명[2] = 값3;
.
.
```

변수 크기를 선언한 만큼, 0부터 [선언된 크기 - 1]까지 초기 값을 지정할 수 있습니다(중요합니다! 배열은 1이 아닌 0부터 시작합니다).

마지막으로, 배열에 담긴 데이터를 어떻게 가지고 올까요?

우리는 3장에서 '반복문'에 대해서 공부한 적이 있습니다. 반복문을 이용해서 짧고 빠르게 데이터를 뽑아낼 수 있습니다.

```
int count = 배열.Length
for( int idx=0 ; idx<count ; idx++)
{
    배열[idx];
}
```

배열로 선언된 변수는, Length라는 함수를 제공해 줍니다. 이 함수는 배열의 크기를 알려주는 매우 중요한 함수입니다(데이터 크기를 5로 정했으면 5를 리턴해 줄 것이고, 10으로 정했으면 10을 리턴해 줍니다).

지금까지 말한 내용을 바탕으로, 제일 처음 구현했던 날씨 카운팅 프로그램을 배열이라는 스마트한 기능으로 다시 구현해보도록 하겠습니다.

[함께 해봐요] **배열을 이용한 일주일의 날씨 통계 출력하기**   Ex002.cs

```
01   using System;
02
03   namespace RoadBook.CsharpBasic.Chapter06.Examples
04   {
```

```
05    public class Ex002
06    {
07        public void Run()
08        {
09            // step1> 배열 선언
10            string[] weathers = new string[7];
11
12            // step2> 배열 초기 값 입력
13            weathers[0] = "sunny";
14            weathers[1] = "sunny";
15            weathers[2] = "rainy";
16            weathers[3] = "cloudy";
17            weathers[4] = "rainy";
18            weathers[5] = "snow";
19            weathers[6] = "sunny";
20
21            // step3> 배열 가져오기
22            int dayCnt = weathers.Length;
23
24            int sunnyCnt = 0;
25            int cloudyCnt = 0;
26            int rainyCnt = 0;
27            int snowCnt = 0;
28
29            for (int idx = 0; idx < dayCnt; idx++)
30            {
31                string weather = weathers[idx];
32
33                if (weather == "sunny")
34                {
35                    sunnyCnt++;
36                }
37                else if (weather == "cloudy")
38                {
39                    cloudyCnt++;
40                }
41                else if (weather == "rainy")
42                {
43                    rainyCnt++;
44                }
45                else if (weather == "snow")
46                {
```

```
47                  snowCnt++;
48              }
49          }
50
51          Console.WriteLine("맑음 : {0} / 흐림 : {1} / 비 : {2}, 눈 : {3}",
                              sunnyCnt, cloudyCnt, rainyCnt, snowCnt);
52
53      }
54   }
55 }
```

넌서 weathers라는 이름의 배열을 선언합니나. 일주일 동안의 닐씨를 저장할 것이기 때문에, 배열의 크기는 7로 지정을 합니다. 그리고 배열에 7일 간의 날씨 데이터를 기록합니다. 이러한 작업을 통해 기존에 변수 7개를 선언했던 것보다 더욱 더 효율적인 코드 관리가 되는 것을 확인할 수 있게 되었습니다. 마지막으로 배열에 담긴 값을 가져오는 과정을 통해, 날씨 분석을 진행합니다. 위 프로그램의 결과는 다음과 같습니다.

```
맑음 : 3 / 흐림 : 1 / 비 : 2 / 눈 : 1
```

6.3 배열은 폭식하면 안돼요

만약 배열에 값을 기록할 때, 크기를 지정한 것보다 더 많은 데이터를 담게 된다면 어떤 일이 벌어질까요?

앞의 예제에서 weathers[7]에 대한 초기 값을 지정하고 실행을 해보겠습니다.

[함께 해봐요] **선언된 크기보다 더 많은 데이터를 받아들인 배열**   Ex003.cs

```
01  namespace RoadBook.CsharpBasic.Chapter06.Examples
02  {
03      public class Ex003
04      {
05          public void Run()
06          {
07              string[] weathers = new string[7];
```

```
08
09              weathers[0] = "sunny";
10              weathers[6] = "sunny";
11              weathers[7] = "new!!";
12          }
13      }
14  }
```

다행히도 컴파일 에러는 없었지만 런타임(프로그램 실행) 시, 콘솔 창에는 아래와 같은 문구가 나타나는 것을 확인할 수 있습니다.

System.IndexOutOfRangeException : 인덱스가 배열 범위를 벗어났습니다.

프로그램은 거짓말을 하지 않습니다. 말 그대로 인덱스(위치)가 벗어났습니다(IndexOutOfRange). 위의 예제에서 weathers라는 문자열 배열을 초기화할 때,

"7개의 데이터를 담겠다"

라는 명령을 내렸습니다. 필자가 배열을 설명할 때, index는 0부터 (배열크기 - 1)까지 담을 수 있다고 했습니다. 즉, 7개를 담겠다는 의미는 [0]~[6]까지 7개의 인덱스에 데이터를 담겠다는 의미입니다. 마찬가지로 weathers 문자열 배열 또한 [6]까지 데이터를 담을 수 있는 능력을 가진 배열이기 때문에, [7]에 데이터를 기록하려고 동작하다 보니 범위를 벗어났다는 '비상 신호(SOS)'를 런타임에서 보내주게 된 것입니다.

이 '비상 신호'에 대해서는 '예외처리' 챕터에서 자세히 짚고 넘어 갈 것이기 때문에, "지금은 이런 것이 있구나"만 생각하고 넘어가면 좋겠습니다. 그리고 배열을 선언할 때 정형화한 데이터의 개수를 잘 파악하는 것도 중요합니다.

6.4 배열을 선언하는 또 다른 방법

지금까지 배열을 선언할 때, new 키워드를 이용하고 타입과 크기를 지정해서 사용하는 법을 배웠습니다. 이러한 선언 법은 추후에 배울 '데이터베이스에서 질의한 데이터'나, '사용자에 의해서 처리되는 데이터' 등등 값이 유동적으로 변화하게 되는 경우 많이 사용하게 될 것입니다.

만약 const와 같이 이미 고정된 값을 배열에서 사용할 때에는 한 줄로 해결할 수 있습니다. 배열을 선언하는 또 다른 공식은 아래와 같습니다.

```
변수타입[] 변수명 = {값1, 값2, 값3, … };
```

배열의 선언과 동시에 초기화를 하기 위해서는 "중괄호({ })" 안에 값을 콤마(,)로 나열하면 됩니다.

위와 같이 콤마를 이용하여 초기값을 지정하게 되면, 콤마 기준으로 들어간 값의 개수가 배열의 크기로 자동으로 인식됩니다. 즉, {값1, 값2, 값3}을 선언했다면 new 타입[3]이라는 배열 크기가 선언되는 원리입니다.

위에서 구현한 날씨 통계 프로그램을 한번 더 간결하게 구현해 보도록 하겠습니다.

[함께 해봐요] 날짜 통계 프로그램 만들기　　　　　　　　　　　　　　　　　　　　Ex004.cs

```csharp
01  using System;
02
03  namespace RoadBook.CsharpBasic.Chapter06.Examples
04  {
05      public class Ex004
06      {
07          public void Run()
08          {
09              // step1> 배열 선언과 동시에 초기화
10              string[] days = { "sunny", "sunny", "rainy", "cloudy", "rainy",
                                  "snow", "sunny" };
11
12              // step2> 배열 가져오기
13              int dayCnt = days.Length;
14
15              int sunnyCnt = 0;
16              int cloudyCnt = 0;
17              int rainyCnt = 0;
18              int snowCnt = 0;
19
20              for (int idx = 0; idx < dayCnt; idx++)
21              {
22                  string weather = days[idx];
23
```

```
24              if (weather == "sunny") sunnyCnt++;
25              if (weather == "cloudy") cloudyCnt++;
26              if (weather == "rainy") rainyCnt++;
27              if (weather == "snow") snowCnt++;
28          }
29
30          Console.WriteLine("맑음 : {0} / 흐림 : {1} / 비 : {2} / 눈 : {3}",
31              sunnyCnt, cloudyCnt, rainyCnt, snowCnt);
32      }
33  }
34 }
```

6.5 많이 사용하지는 않지만, 알아두면 좋은 다차원(N차원) 배열

지금까지 여러분이 배운 배열을 우리는 '1차원 배열'이라고 합니다. 이렇게 '1차원'이라고 정의를 하는 것으로 보아 하니, 2차원, 3차원, 심지어 100차원 배열도 만들 수 있다는 의미가 성립되겠네요. 하지만, 필자는 2차원 배열 사용 예제까지는 많이 봐왔지만, 더 넓은 차원의 배열은 실제로 써본 적도, 다른 사람이 쓴 것을 거의 본 적이 없을 정도로 드뭅니다.

대부분 배열은 1차원으로 시작해서 2차원까지 사용하라고 권장합니다.

그러면, 2차원 배열은 언제 쓰는 것이 좋을까요?

잠시만 생각해봅시다

2차원 배열이 필요한 상황

다음과 같은 요구사항이 있습니다.

> '영재 고등학교'에서 대한민국 최고의 천재 학생 4명을 선발하여, '국어', '영어', '수학' 세 과목에 대한 시험을 진행하였습니다. 이 시험에 참가한 4명의 학생에 대한 시험 결과 레벨을 저장하는 프로그램을 만들려고 합니다.

위의 의뢰 내용에서 '학생 4명에 대한 배열' 혹은 '과목에 대한 배열'을 사용하겠다는 생각을 하였다면, 여러분은 '배열'의 사전적 의미를 잘 이해하고, 프로그램에 접목시키는 개발자의 모습으로 한 단계 성장한 것이라 볼 수 있습니다. 하지만 문제는 학생과 과목이라는 두가지 공통 성격을 묶는 배열을 사용할 것인데 어떻게 사용해야 하는지 감이 오지 않을 수도 있습니다.

조금만 고민을 해보면 우리가 생각하고 있는 데이터의 그림은 아래와 같을 것입니다.

	국어	영어	수학
1번 학생	100	98	95
2번 학생	90	100	100
3번 학생	95	98	95
4번 학생	88	92	98

[그림 6-6] 학생 별 성적 데이터

학생 4명(세로축 데이터 기준)에 대한 점수(가로축 데이터 기준)로 된 표처럼 데이터가 담긴다면 우리가 원하는 프로그램을 완성할 수 있습니다. 위의 표를 문장으로 해석하면 다음과 같습니다.

0번 배열(1번 학생)의 점수는 100점(국어), 98점(영어), 95점(수학) 입니다.
1번 배열(2번 학생)의 점수는 90점(국어), 100점(영어), 100점(수학) 입니다.
  .
  .

학생 배열에 대한 각각의 점수 배열인 "배열의 배열"을 2차원 배열이라고 합니다.

2차원 배열의 데이터 선언 방법은 아래와 같습니다.

```
변수타입[ ][ ] 변수명 = new 변수타입[X축 배열크기][Y축 배열크기]
```

1차원 배열과의 차이는 대괄호가 2개씩 묶여 있다는 것입니다. 만약 N차원 배열이 된다면 대괄호의 개수는 더 늘어납니다.

위의 학생 레벨 테스트 프로그램을 구현하기 위해서는 아래와 같이 선언을 하면 되겠습니다.

```
int[][] gradeOfStudent = new int[4][3];
```

"학생 4명에 대한 3개의 과목 점수"라고 생각한다면, X축은 학생이 될 것이고 Y축은 점수라고 연상이 되겠죠?

즉, "학생 배열 4명 [4]에 대한 점수 배열 3과목 [3]"으로 표현을 한 것입니다.

한 학생에 대한 점수 데이터를 집어넣기 위해서는 아래와 같이 표현합니다.

```
gradeOfStudent[0][0] = 100;
gradeOfStudent[0][1] = 98;
gradeOfStudent[0][2] = 95;
```

2차원 배열은 '배열의 배열'이라고 강조하면서 표현한 이유가 데이터를 담을 때 명확하게 드러납니다. 학생 0번째 배열에 대한 점수 배열을 [0], [1], [2] 인덱스를 사용하여 데이터에 저장했습니다.

여기서 한 가지만 더 짚고 넘어가도록 하겠습니다. 1차원 배열 생성 방법 중에, {}를 이용하여 미리 데이터를 초기화하는 방법에 대해 여러분들은 숙지하고 있을 겁니다. 과연 2차원 배열에서도 {}를 이용하여 초기화할 수 있을까요?

```
int[][] gradeOfStudent = { new int[] { 100, 98, 95}, … };
```

'배열의 배열을 선언한다.'는 의미는 {} 배열 안에 또 다른 {} 배열이 있다는 의미로 접근하면 위와 같은 코드가 선언됩니다. 위의 int 2차원 배열인 gradeOfStudent를 살펴보면 N×3 형태로 선언됩니다. 즉 첫 번째 인덱스의 배열에는 100점, 98점, 95점을 가지고 있는 배열을 담게 되고, N번째 인덱스 별로 점수를 관리하게 됩니다.

마지막으로, 2차원 배열의 데이터를 차례대로 가지고 오기 위해서는 1차원 배열에서 사용했던 반복문을 이용하면 됩니다. 여기서, 1차원 배열과 다른 점은 2차원 배열에서 대괄호 2개를 선언했듯이 for문도 2개의 중첩 for문으로 이루어져야 한다는 것입니다. N차원 배열의 데이터를 가지고 올 때는 N개의 중첩 for문이 필요하겠죠?

```
int studentCnt = gradeOfStudent.Length;
for ( int idx=0; idx<studentCnt; idx++ )
{
    int gradeCnt = gradeOfStudent[idx].Length;
```

```
    for ( int idx_j = 0; idx_j < gradeCnt; idx_j++ )
    {
        gradeOfStudent[idx][idx_j];
    }
 }
```

먼저 X축의 개수를 가지고 옵니다. 즉, 학생의 개수를 가지고 오는 것이지요. 왜 X축의 학생이어
야만 할까요?

'학생 별 점수' VS '점수 별 학생'

무엇이 더 어색하지 않을까요?

'X축이라고 생각하는 것은 기준이 될 만한 내용으로 생각하고 X축에서 Y축으로 탐색한다'라는 공
식을 생각하며 접근을 하는 습관을 길러봅시다. 첫 번째 for문은 학생의 카운트만큼 반복을 하는
for문이 될 것입니다. 두 번째 for문은 현재 INDEX의 학생에 대한 점수 배열을 탐색하는 반복문
이 됩니다.

우리가 지금까지 구현한 방법을 이용하여, 프로그램을 구현해보도록 합시다. 최종본은 아래와 같
습니다.

[함께 해봐요] 학생 별 성적 계산 프로그램　　　　　　　　　　　　　　　Ex005.cs

```
01  using System;
02
03  namespace RoadBook.CsharpBasic.Chapter06.Examples
04  {
05      public class Ex005
06      {
07          public void Run()
08          {
09              int[][] gradeOfStudent = {
10                  new int[] { 100, 98, 95 },
11                  new int[] { 90, 100, 100 },
12                  new int[] { 95, 96, 95 },
13                  new int[] { 88, 92, 98 }
14              };
15
```

```
16          for (int idx_i = 0; idx_i < gradeOfStudent.Length; idx_i++)
17          {
18              for (int idx_j = 0; idx_j
                    < gradeOfStudent[idx_i].Length; idx_j++)
19              {
20                  Console.WriteLine( "{0}번째 학생의 {1}번째 과목 성적 : {2}",
21                      (idx_i + 1), (idx_j + 1 ), gradeOfStudent[idx_i][idx_j]
22                  );
23              }
24          }
25      }
26  }
27 }
```

6.6 ArrayList: 데이터가 얼마나 담길지 예측이 불가능한 경우

우리는 이쯤에서, 다음과 같은 궁금점을 도출해 낼 수 있습니다.

"배열의 크기가 정해지지 않는다면?"

어떤 케이스에서는 5개의 데이터만 담아도 되지만, 어떤 케이스에서는 20개의 데이터를 담게 해야 한다면 어떻게 해야 할까요? 정보 홍수의 시대에서, 데이터의 개수가 정해져 있다는 것은 말이 되질 않습니다. 가변적으로 데이터를 집어넣고 빼낼 수 있는 기능을 지금부터 알아보도록 하겠습니다. 우선 가장 기본적으로 일반 배열에서 해결되지 못하는 가변 데이터를 담을 수 있는 ArrayList에 대해 알아보겠습니다.

ArrayList는 여러분이 지금까지 사용해 왔던 배열과 가장 비슷한 컬렉션Collcetion의 한 종류입니다. 컬렉션이란, 간단히 말해 자료구조Data Structure입니다. 그렇다면 자료구조란 또 무엇일까요? 자료구조란 자료를 효율적으로 이용할 수 있도록 컴퓨터에 저장하는 방법입니다.

C#에서는 이러한 자료구조를 표현하는 컬렉션에는 배열Array, 스택Stack, 큐Queue 등이 있습니다. 이러한 컬렉션을 사용하기 위해서는 using 구문에 'System.Collections'라는 네임스페이스 사용을 선언해 주어야 사용할 수 있습니다.

ArrayList는 배열처럼 인덱스를 이용하여 할당된 값을 불러올 수 있고, 값을 할당할 수 있으며, 배열과는 달리 배열의 크기를 지정할 필요 없이 값을 추가, 삭제하며 자동으로 배열의 메모리 크기를 늘렸다 줄였다 할 수 있습니다. 또한 ArrayList는 모든 타입의 변수를 담을 수 있다는 장점도 가지고 있습니다. 물론, ArrayList뿐만 아니라 Collections에서 제공하는 자료구조는 모든 타입의 변수를 담을 수 있습니다.

모든 타입을 담을 수 있는 이유는 바로 Collections에 속한 요소는 어떤 타입이든지 object 타입으로 저장되기 때문입니다. 그래서 자유롭게 데이터 타입을 공유할 수 있습니다. 기본적인 ArrayList의 선언 방법은 아래와 같습니다.

```
ArrayList 변수명 = new ArrayList();
```

변수 타입을 설정하는 방법과 같습니다. 좀 더 엄격하게 따진다면, 5장에서 배웠던 클래스 선언법과 같습니다. 그렇다면 ArrayList를 선언한 후에 데이터를 어떻게 가변적으로 데이터 개수에 상관없이 집어넣는지 예제를 보며 확인해볼까요?

[함께 해봐요] ArrayList 사용하기   Ex006.cs

```
01  using System;
02  using System.Collections;
03
04  namespace RoadBook.CsharpBasic.Chapter06.Examples
05  {
06      public class Ex006
07      {
08          public void Run()
09          {
10              ArrayList aList = new ArrayList();
11
12              for (int idx = 0; idx < 10; idx++)
13              {
14                  aList.Add(idx);
15              }
16
17              for (int idx = 10; idx < 15; idx++)
18              {
19                  aList.Add(idx.ToString());
20              }
```

```
21
22              for (int idx=0; idx< aList.Count; idx++)
23              {
24                  Console.WriteLine("Value: {0} / Type: {1}",
25                      aList[idx], aList[idx].GetType()
26                  );
27              }
28          }
29      }
30  }
```

ArrayList를 선언한 후에, Add 메소드를 사용하여 데이터를 추가하였습니다. Add 메소드에 들어가는 값은 object 타입입니다. object 타입은 2장 변수 선언에서 배웠듯이 아무 데이터 타입이나 모두 담을 수 있다는 것을 기억하고 있겠죠? 즉, object에는 string을 넣어도 되고, int형을 넣어도 되고, 모든 타입의 데이터를 넣을 수 있습니다. 이 또한 배열과의 차이점으로 이해하면 됩니다. 배열은 변수 타입을 선언하여 맞지 않은 타입을 집어넣게 되면 컴파일 에러가 뜨지만 ArrayList는 아무거나 다 소화할 수 있습니다. 그리고 배열과 마찬가지로 ArrayList에 담긴 데이터를 탐색하기 위해서는 "ArrayList[인덱스]" 값을 명시해주면 해당 인덱스에 저장된 데이터를 가지고 올 수 있습니다.

이 내용을 토대로 소스코드를 확인해보겠습니다.

위의 예제에서는 for문을 이용하여 0~9까지 ArrayList에 담았으며, 다시 한번 for문을 이용하여 10~14까지 ArrayList에 추가적으로 담았습니다. 가장 돋보이는 특징으로는 필자가 계속 강조해서 얘기했던 배열과는 달리 배열의 크기를 먼저 주지 않았다는 점입니다. 또한 정수형만 받은 것이 아니라 두 번째 for문에서는 문자열을 담았다는 것도 살펴볼 수 있습니다.

위의 예제에서 ArrayList에 담은 메모리 구조는 다음과 같이 표현됩니다.

[그림 6-7] Ex006 ArrayList 데이터 구조

0~9번 인덱스에는 정수형의 숫자 데이터가, 10~14번 인덱스에는 문자형의 숫자 데이터가 저장됩니다. 위의 예제 결과는 아래와 같습니다.

```
Value: 0 / Type: System.int32
Value: 1 / Type: System.int32
.
.
Value: 9 / Type: System.int32
Value: 10 / Type: System.String
Value: 11 / Type: System.String
.
.
Value: 15 / Type: System.String
```

만약 여러분들이 0~14의 정수를 담은 배열을 사용했을 때, 5번 인덱스(정수 4를 담고 있는 인덱스! 배열의 인덱스는 0부터 시작한다는 것 기억하고 있죠?)에 내용을 잘못 집어넣어 5번 인덱스에 새로운 값을 삽입해야 한다면 어떻게 해야 할까요? 즉, 5번 인덱스에 있었던 원래 데이터는 6번 인덱스로 밀려야 하고, 6번 인덱스에 있었던 원래 데이터는 7번으로 밀려야 하는 상황입니다. 분명 for문을 이용하여 복잡하게 로직을 재구성해야 할 것입니다.

하지만 ArrayList에서는 "insert" 합수를 사용하면 더 간단히 해결됩니다. 위의 예제에서 코드 한 줄을 추가해보겠습니다.

[함께 해봐요] **ArrayList 인덱스 중간 위치에 삽입하기**   Ex007.cs

```
01  using System;
02  using System.Collections;
03
04  namespace RoadBook.CsharpBasic.Chapter06.Examples
05  {
06      public class Ex007
07      {
08          public void Run()
09          {
10              ArrayList aList = new ArrayList();
11
12              for (int idx = 0; idx < 10; idx++)
13              {
14                  aList.Add(idx);
15              }
16
```

```
17          for (int idx = 10; idx < 15; idx++)
18          {
19              aList.Add(idx.ToString());
20          }
21
22          aList.Insert(5, "100");
23
24          for (int idx = 0; idx < aList.Count; idx++)
25          {
26              Console.WriteLine("Value: {0} / Type: {1}",
27                  aList[idx], aList[idx].GetType()
28              );
29          }
30      }
31  }
32 }
```

위와 같이 array.Insert(5, "100")을 선언하면,

"5번째 인덱스(6번째 공간)에 100이라는 문자열을 삽입하라"

는 명령을 수행하게 됩니다. 데이터 구조는 아래와 같이 변경이 됩니다.

[그림 6-8] Ex007 ArrayList 데이터 구조

위의 예제 결과는 아래와 같습니다.

```
Value: 0 / Type: System.int32
Value: 1 / Type: System.int32
.
.
Value: 100 / Type: System.String
Value: 5 / Type: System.int32
Value: 6 / Type: System.int32
.
.
```

```
Value: 9 / Type: System.int32
Value: 10 / Type: System.String
Value: 11 / Type: System.String
 .
 .
Value: 15 / Type: System.String
```

다음으로는 0~14의 정수를 담은 배열을 사용했을 때, 5번 인덱스에 내용을 잘못 집어넣어서, 해당 값을 삭제해야 하는 경우,

잘못 입력된 5번째 인덱스 자리에 6번째 인덱스 값을 가지고,
6번째 인덱스 값은 7번째 인덱스 값을 가지는 구조

를 나타낼 때, ArrayList에서는 removeAt() 함수를 이용하면 한 줄 만에 해결되는 간결한 코드가 탄생합니다.

[함께 해봐요] **ArrayList 인덱스 중간 위치 값 삭제하기**   Ex008.cs

```
01  using System;
02  using System.Collections;
03
04  namespace RoadBook.CsharpBasic.Chapter06.Examples
05  {
06      public class Ex008
07      {
08          public void Run()
09          {
10              ArrayList aList = new ArrayList();
11
12              for (int idx = 0; idx < 10; idx++)
13              {
14                  aList.Add(idx);
15              }
16
17              for (int idx = 10; idx < 15; idx++)
18              {
19                  aList.Add(idx.ToString());
20              }
21
22              aList.Insert(5, "100");
```

```
23
24          for (int idx = 0; idx < aList.Count; idx++)
25          {
26              Console.WriteLine("Value: {0} / Type: {1}",
27                  aList[idx], aList[idx].GetType()
28              );
29          }
30
31          aList.RemoveAt(5);
32
33          for (int idx = 0; idx < aList.Count; idx++)
34          {
35              Console.WriteLine("Value: {0} / Type: {1}",
36                  aList[idx], aList[idx].GetType()
37              );
38          }
39      }
40  }
41 }
```

위와 같이 RemoveAt(5)를 선언하게 되면

"5번째 인덱스에 있는 Array를 제거하라"

"그리고 삭제된 인덱스로부터, Next 인덱스를 끌어와라"

는 명령이 수행됩니다. 위의 코드에 대한 메모리의 최종 구조를 확인한다면, 아래와 같이 표현될 수 있습니다.

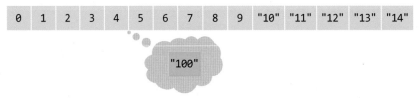

[그림 6-9] Ex008 ArrayList 데이터 구조(100이 제외된다.)

컬렉션에서 제공해주는 함수 중에, RemoveAt과 비슷한 기능을 하는 함수가 있습니다. 바로 Remove라는 함수입니다. 과연 이 둘의 차이는 무엇일까요?

Remove(argument) 함수는, 매개변수로 전달된 값을 찾아서(제일 먼저 찾은 인덱스) 해당 값을 제거하는 것이고, RemoveAt(number)은 매개변수로 전달된 number(인덱스)를 찾아서 해당 값을 제거하는 것입니다. 즉, 쉽게 설명하자면 Remove는 '값 매칭(Value Matching)'이고 RemoveAt은 '인덱스 매칭(Index Matching)'입니다.

그림을 예로 들어 설명헤드리겠습니다.

위와 같이 8개의 데이터를 담은 ArrayList에서, Remove(1)을 선언하게 된다면, 첫 번째에 담긴 1 값을 찾아 해당 인덱스를 삭제하게 됩니다. 즉 그림은 아래와 같습니다.

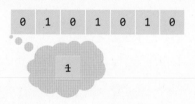

그리고 위의 원본 데이터에서 RemoveAt(1)을 선언하게 된다면, 인덱스 1의 값인 0을 삭제하게 됩니다. 이 경우는 아래와 같이 그림으로 표현할 수 있습니다.

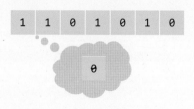

가변적인 배열을 사용할 때는 ArrayList를 많이 사용하지만, 여러분들은 프로그래머로서 한 단계 더 성장을 하기 위해서는 '자료구조 기초 지식' 정도는 알고 있어야 합니다. 다음으로는 컬렉션에서 제공하고 있는 '자료구조'에 대해 조금 더 살펴보도록 하겠습니다.

6.7 알아 두면 좋은 자료구조, 버스 대기중인 승객과 같은 구조인 Queue

여러분이 버스 정류장 혹은 지하철 플랫폼에 서있는 모습을 상상해보기 바랍니다. 지금은 버스 정류장에서 버스를 기다리는 승객으로 변신을 해봅시다.

정류장에는 많은 승객들이 '줄'을 서고 있습니다. 이때 여러분들이 기다리던 버스가 정류장에 도착했습니다. '유투브'에서 '버스 민폐승객이'라는 동영상 찍히기 싫으시다면, 자신의 줄을 기다린 후에 차례로 승차를 하겠죠?

왜 뜬금없이 '버스정류장', '민폐승객'을 언급할까요?

바로 지금부터 설명드릴 Queue가 지금 상상하고 있는 모습의 질서를 가진 자료구조이기 때문입니다. Queue를 정의할 때, "First In First Out"이라는 표현을 합니다(줄여서 FIFO 구조라고 부릅니다).

[그림 6-10] 버스정류장의 질서 있는 승객의 모습

위와 같이 승객이 줄을 서고 있습니다. '1번 승객'은 가장 먼저 정류장에 들어온 첫 번째 인덱스입니다. 그리고 순서대로 '2번 승객', '3번 승객', ..., '10번 승객' 순으로 인덱스에 자리를 잡게 됩니다. 버스가 오는 것을 '사용자가 데이터를 호출한다'라 가정했을 때, 1번 승객이 제일 먼저 기다리고 있었기 때문에 먼저 올라타는 것이 '도덕적(?)'으로 맞는 것이겠죠?

위에서 언급한 내용을 표현한 Queue 예제를 만들어 보겠습니다.

[함께 해봐요] **버스정류장의 승객 현황을 Queue로 표현한 예제** Ex009.cs

```
01  using System;
02  using System.Collections;
03
04  namespace RoadBook.CsharpBasic.Chapter06.Examples
05  {
06      public class Ex009
07      {
08          public void Run()
09          {
```

```
10            Queue que = new Queue();
11
12            for (int idx = 1; idx < 11; idx++)
13            {
14                que.Enqueue(String.Format("{0}번 승객", idx));
15            }
16
17            Console.WriteLine("* 정류장 승객 현황");
18            foreach (object obj in que)
19            {
20                Console.WriteLine(obj.ToString());
21            }
22            Console.WriteLine("===========================");
23            Console.WriteLine("버스가 도착했습니다. (6명 승차 가능)");
24
25            for (int i = 0; i < 6; i++)
26            {
27                que.Dequeue();
28            }
29
30            Console.WriteLine("버스가 출발했습니다.");
31            Console.WriteLine("===========================");
32
33            Console.WriteLine("새로운 승객이 줄을 섭니다.");
34            que.Enqueue("새로운승객");
35
36            Console.WriteLine("* 정류장 승객 현황");
37            foreach (object obj in que)
38            {
39                Console.WriteLine(obj.ToString());
40            }
41            Console.WriteLine("===========================");
42        }
43     }
44 }
```

복잡한 것 같지만, 거의 Console.WriteLine으로 안내문을 제외하고는 Queue의 기본적인 Enqueue
와 Dequeue를 사용한 예제입니다. 차근차근 코드 해석을 해 나가보겠습니다.

가장 먼저 FIFO 구조의 Queue를 선언했습니다. 현재 Queue에는 아무 데이터도 담겨 있지 않습니다. 선언 후에 for문을 이용하여 1~10번의 승객 데이터를 Queue에 담았습니다. 이때 ArrayList에서는 Add 함수를 사용한 것과는 달리, Queue에서는 Enqueue라는 함수를 사용했습니다. Enqueue 함수도 ArrayList의 Add와 같이 어떤 데이터 타입이든 모두 담을 수 있게 설계되어 있습니다. 처음 담은 메모리 구조는 아래와 같습니다(첫 번째 정류장 승객 현황).

1번 승객	2번 승객	3번 승객	4번 승객	5번 승객	6번 승객	7번 승객	8번 승객	9번 승객	10번 승객

[그림 6-11] Ex009 첫 번째 Enqueue 데이터 구조

그 후에, 버스가 도착을 했습니다. 이 버스는 6명이 승차 가능하다고 합니다. for문을 이용하여 6번 반복하여 데이터를 빼냈습니다. 이때 사용한 Queue의 함수는 Dequeue입니다. Dequeue는 ArrayList의 RemoveAt(0)과 같은 기능을 합니다. Dequeue를 호출하게 되면 '가장 먼저 들어간 데이터'가 Queue 메모리에서 완전히 빠져나오게 됩니다. 즉, 가장 앞의 인덱스(0번째 인덱스)를 빼 내는 것입니다. 6명의 승객을 빼낸 메모리 구조는 아래와 같습니다(첫 번째 버스가 도착 후에 6명의 승객이 승차한 정류장의 구조).

7번 승객	8번 승객	9번 승객	10번 승객

[그림 6-12] Ex009 Dequeue 실행 후의 데이터 구조

다음으로는 새로운 승객이 정류장에 도착했습니다. '새로운 승객'이라는 데이터가 Enqueue 함수를 통해 데이터에 쌓이게 됩니다.

7번 승객	8번 승객	9번 승객	10번 승객	새로운 승객

[그림 6-13] Ex009 새로운 Enqueue 실행 후의 데이터 구조

위와 같이 Queue에서 제공해주는 함수는 'Enqueue'와 'Dequeue'가 있습니다.

ArrayList와 같이 원하는 위치에 데이터를 입력하고 빼낼 수 있는 것은 불가능하며, 가장 먼저 들어간 배열의 첫 번째 데이터를 출력하고, 추후에 들어갈 데이터는 가장 마지막 인덱스에 저장됩니다.

6.8 알아 두면 좋은 자료구조, Queue의 반대 개념 Stack

이번에는 달리기 경주를 예로 들어보겠습니다. 올림픽 출전을 위해 태릉 선수촌에 입소한 10명의
육상 선수들이 있습니다. 이 중에 단 4명의 가장 빠른 선수만 올림픽 무대에 진출하는 영광을 누릴
수 있습니다. 즉, 가장 빨리 들어온 선수(데이터)는 계속 선수촌에 남아 있을 수 있고, 가장 느린
선수 순으로 선수촌에서 떠나야 하는 슬프지만 경쟁이라 이해할 수 있는 상황에 놓였습니다. 이러
한 상황을 Stack이라고 부릅니다.

Stack은 "Last In First Out"이라고 표현을 합니다(줄여서 LIFO 구조라고 부릅니다).

[그림 6-14] Stack의 구조

결국엔 1등선수~4등선수만 남고, 다른 선수들은 메모리에서 빠져나와야 합니다.

조금은 다른 예로 3단케이크가 있습니다. 제빵사가 케이크를 만들 때는 층층이 쌓아 올리기 위해,
첫 번째 만든 케이크를 아래에 놔두고, 두 번째 만든 케이크를 그 위에 올려놓습니다. 그리고 마지
막 세 번째로 만든 케이크를 2층 케이크 위에 올려 놓습니다. 이 케이크를 구매한 소비자가 케이크
를 먹을 때에는 가장 위에 쌓여 있는 케이크를 먼저 먹습니다. 그리고 가장 아래에 있는 케이크를
마지막으로 먹습니다. 가장 아래에 있는 케이크부터 먹게 된다면 공들였던 케이크 탑이 무너지게
되기 때문입니다.

[그림 6-15] Stack의 구조

이를 한번 C#의 Stack을 이용하여 표현해보도록 하겠습니다.

[함께 해봐요] **올림픽 대표 선수를 발탁하는 예제를 Stack으로 표현한 예제**   Ex010.cs

```csharp
01  using System;
02  using System.Collections;
03
04  namespace RoadBook.CsharpBasic.Chapter06.Examples
05  {
06      public class Ex010
07      {
08          public void Run()
09          {
10              Stack stk = new Stack();
11
12              Console.WriteLine("* 시작점");
13              for (int idx = 1; idx < 11; idx++)
14              {
15                  Console.WriteLine("{0}번 선수 도착", idx);
16                  stk.Push(string.Format("{0}번 선수", idx));
17              }
18              Console.WriteLine("=====");
19              Console.WriteLine("5~10등 선수는 탈락합니다.");
20              for (int idx = 0; idx < 6; idx++)
21              {
22                  stk.Pop();
23              }
24              Console.WriteLine("=====");
25
26              Console.WriteLine("* 올림픽 대표선수 명단");
27              foreach (object obj in stk)
28              {
29                  Console.WriteLine(obj.ToString());
30              }
31          }
32      }
33  }
```

위의 예제도 '버스정류장' 예제처럼 매우 간단합니다.

제일 처음 Stack을 선언했습니다. 그 후에 for 반복문을 이용하여 1~10등의 선수를 Stack에 저장했습니다. 가장 첫 번째 1등 선수가 저장됩니다. 1등 선수 데이터는 가장 바닥에 깔리게 됩니다. 그 후 2등 선수가 들어왔습니다. 2등 선수는 1등 선수 위에 데이터가 쌓이게 됩니다. 이때 데이터를 저장하는 함수로 Push라는 함수를 사용했습니다. ArrayList에서는 Add, Queue에서는 Enqueue, 그리고 Stack에서는 Push를 사용하는 차이 정도는 알고 있는 것이 앞으로 더 익숙하게 상황별로 사용할 수 있을 것입니다. 위와 같이 데이터 저장이 계속 실행된다면, 1등부터 10등까지의 데이터는 [그림 6-14]와 같이 쌓이게 됩니다.

다음으로는 5등선수부터 10등 선수까지 탈락되었기 때문에 데이터에서 제외하도록 하겠습니다. 이때 사용된 함수는 Pop 함수입니다. Pop 함수를 호출하게 된다면, 가장 최근에 저장된 데이터(마지막에 저장된 데이터)가 삭제되게 됩니다. Pop 함수 호출 후에 올림픽 참가권을 거머쥔 선수들의 Stack 구조는 아래와 같습니다.

[그림 6-16] Ex010 스택의 최종 데이터 구조

방금 전 3단 케이크에서 예를 들었듯이, 케이크를 가장 아래에서부터 먹게 되면 공들였던 케이크 탑이 무너지게 됩니다. 달리기 선수들도 마찬가지입니다. 1등으로 들어왔음에도 불구하고 먼저 데이터가 빠져나간다면 이는 올림픽에서 국위선양을 하는 선수들에게 매우 크나큰 모욕이자 모순일 것 같습니다.

'가장 첫 번째 들어온 데이터가 먼저 빠져나오는' 구조의 Queue와는 완전히 반대의 개념인 Stack까지 살펴보았습니다. 마지막으로는 key-value 값의 구조인 Hashtable에 대해 살펴보겠습니다.

6.9 Hashtable, 마치 사전과 같은 자료구조

다음은 영한 사전을 생각해 봅시다. 영한 사전은 "하나의 영어 단어 – 한글 뜻"의 쌍으로 이루어져 있습니다. 또한, 똑 같은 단어는 절대로 두 번 다시 설명을 하지 않습니다. 위와 같이 Key(영어 단어)와 Value(한글 뜻)로 구성되어 있는 자료 구조를 Hashtable이라고 합니다. Hashtable의 구조는 아래와 같습니다.

[그림 6–17] Hashtable 구조

배열과 비슷하면서 다른 점은, 배열은 인덱스를 호출하여 데이터의 값을 볼 수 있지만, Hashtable 에서는 '키' 값을 가져야 값을 볼 수 있습니다. 또한 배열은 숫자 인덱스만 사용할 수 있지만, Hashtable은 모든 타입을 사용할 수 있기 때문에 사용 빈도가 매우 높은 자료구조 중 하나로 손 꼽 히고 있습니다. 위의 그림에서 '키'는 영어로 된 단어들이 될 것이고, '값'은 한글로 된 단어들이 됩니다. 즉, 'korea'라는 '키'의 '값'은 '한국'이 됩니다.

그럼 Hashtable을 이용하여 사전 예제를 만들어 보도록 하겠습니다.

```
01  using System;
02  using System.Collections;
03
04  namespace RoadBook.CsharpBasic.Chapter06.Examples
05  {
06      public class Ex011
07      {
08          public void Run()
09          {
10              Hashtable hst = new Hashtable();
11              hst.Add("korea", "한국");
12              hst.Add("japan", "일본");
13              hst.Add("brazil", "브라질");
14              hst.Add("china", "중국");
15              hst.Add("canada", "캐나다");
16              hst.Add("america", "미국");
17              hst.Add("spain", "스페인");
18
19              Console.Write("단어를 입력하세요 : ");
20              string word = Console.ReadLine();
21
22              if (hst.Contains(word))
23              {
24                  Console.WriteLine("{0} : {1}", word, hst[word]);
25              }
26              else
27              {
28                  Console.WriteLine("단어 검색결과가 없습니다.");
29              }
30          }
31      }
32  }
```

Hashtable에서 가장 중요한 점은 Key, Value 구조를 나타내는 Add 함수입니다. 첫 번째 매개변수는 Key가 되고 두 번째 매개변수는 Value가 됩니다. 그리고 한 가지 더 짚고 넘어간다면, Key는 중복 Key를 삽입할 수 없습니다. 즉, 위의 예제에서 'america'라는 Key를 Add 한 후에 한 번 더 Add 함수에 'america' Key를 사용하게 된다면 Exception(예외)에 걸리게 되어 프로그램이 종료하게 됩니다. 배열에서 언급했던 IndexOutOfExcetion과 함께, 해당 예외를 처리하는 방법에 대해서는 8장에서 조금 더 심도 있게 접근해보도록 하겠습니다.

7개의 단어(Key)를 Add한 후에 사용자에게 단어 입력 명령을 내립니다. 사용자가 만약 저장된 Key를 입력하지 않는다면 "단어 검색 결과가 없습니다"라는 문구를 출력하고 시스템이 종료될 것이며, 만약 저장된 Key를 입력한다면 이에 맞는 뜻(Value)을 출력하게 됩니다. Hashtable에 저장되어 있는 키 값이 존재하는지 체크하는 것은 Contains를 사용하면 됩니다.

이번에는 Hashtable을 좀 더 확장하여 사용자가 사전에 입력을 할 수 있으며, 사전에 있는 데이터를 삭제하는 로직까지 추가해 보도록 하겠습니다. 이번 문제는 한번 여러분이 스스로 구현해보도록 하겠습니다.

스스로 해결해보세요

사용자 사전 만들기

위의 Ex011 예제를 좀더 확장해봅시다.

사용자가 단어를 검색하여,

- 만약 존재하지 않은 단어의 경우, "단어가 없습니다." 라는 문구와 함께 미존재하는 단어를 Hashtable에 추가하는 기능을 추가합니다.
- 존재하는 단어의 경우 뜻을 알려줍니다. 그리고 해당 단어를 삭제할 것인지 체크를 하여, 삭제에 동의하는 경우 해당 데이터가 Hashtable에서 삭제되는 기능을 추가합니다.

힌트!
- Hashtable에서 키의 존재를 판별하는 방법은 Contains입니다.
- Hashtable에서 키를 추가하는 방법은 Add입니다.
- Hashtable에서 키를 삭제하는 방법은 Remove입니다.

문제를 풀어 보셨나요? 이제 여러분이 직접 짠 코드와 비교하면서 다음 코드를 살펴보도록 합시다.

[함께 해봐요] **사용자 영한사전 만들기**   Ex012.cs

```csharp
01  using System;
02  using System.Collections;
03
04  namespace RoadBook.CsharpBasic.Chapter06.Examples
05  {
06      public class Ex012
07      {
```

```
08        public void Run()
09        {
10            Hashtable hst = new Hashtable();
11            hst.Add("korea", "한국");
12            hst.Add("japan", "일본");
13            hst.Add("brazil", "브라질");
14            hst.Add("china", "중국");
15            hst.Add("canada", "캐나다");
16            hst.Add("america", "미국");
17            hst.Add("spain", "스페인");
18
19            while (true)
20            {
21                Console.Write("단어를 입력하세요(Q:종료) : ");
22                string word = Console.ReadLine().ToLower();
23                                              └── 소문자로 변환해주는 함수
24                if (word == "q")
25                {
26                    break;
27                }
28
29                if (hst.Contains(word))
30                {
31                    Console.WriteLine("{0} : {1}", word, hst[word]);
32
33                    Console.Write("단어를 삭제할까요?(Y:삭제 / N:미삭제) : ");
34                    string deleteYN = Console.ReadLine();
35
36                    if (deleteYN.ToUpper() == "Y")
37                    {
38                        hst.Remove(word);
39                    }
40                }
41                else
42                {
43                    Console.Write("단어 검색결과가 없습니다. 사전에 추가할까요?
                                      (Y:추가 / N:미추가) : ");
44                    string addYN = Console.ReadLine();
45
46                    if (addYN.ToUpper() == "Y")
47                    {                    └── 대문자로 변환해주는 함수
```

```
48                    Console.Write("뜻을 입력하세요 : ");
49                    string value = Console.ReadLine();
50
51                    hst.Add(word, value);
52                }
53            }
54          }
55        }
56      }
57 }
```

Hashtable을 초기화한 후에, 각 나라의 영어를 "소문자"로 키-값 세팅을 완료했습니다.

사용자에게 찾을 단어를 입력 받습니다. 만약 단어가 존재한 경우 단어의 뜻을 출력하고,

"단어를 삭제할까요?(Y:삭제 / N:미삭제) :"

의 질문에 대한 답을 다시 입력합니다. 만약 삭제(Y)를 입력한 경우, Remove 함수를 이용하여 해당 'Key'가 제거됩니다.

다시 while(true) 반복문에 의해 단어를 입력 받습니다. 만약 입력한 단어가 존재하지 않을 경우,

"단어 검색 결과가 없습니다. 사전에 추가할까요? (Y:추가 / N:미추가) :"

의 질문에 대한 답을 다시 입력합니다. 추가(Y)를 입력한 경우, "뜻을 입력" 받게 되고, Add 함수에 의해 새로운 단어를 사전에 추가하는 로직이 수행됩니다. 마지막으로 "Q"를 입력한 경우 프로그램이 종료됩니다.

다음은 실행 결과 화면입니다.

```
단어를 입력하세요(Q:종료) : korea(입력)
korea : 한국
단어를 삭제할까요?(Y:삭제 / N:미삭제) : n(입력)
단어를 입력하세요(Q:종료) : china(입력)
china : 중국
단어를 삭제할까요?(Y:삭제 / N:미삭제) : y(입력)
단어를 입력하세요(Q:종료) : china(입력)
단어 검색결과가 없습니다. 사전에 추가 할까요? (Y:추가 / N:미추가) : n(입력)
단어를 입력하세요(Q:종료) : sweden(입력)
단어 검색결과가 없습니다. 사전에 추가 할까요? (Y:추가 / N:미추가) : y(입력)
```

```
뜻을 입력하세요 : 스웨덴(입력)
단어 검색결과가 없습니다. 사전에 추가 할까요?  (Y:추가 / N:미추가) : n(입력)
단어를 입력하세요(Q:종료) : sweden(입력)
sweden : 스웨덴
단어를 삭제할까요?(Y:삭제 / N:미삭제) : n(입력)
단어를 입력하세요(Q:종료) : q(입력)

프로그램 종료
```

6.10 제네릭(Generic), Collection에 속한 자료구조의 한계를 넘어라

지금까지 예제를 보면서 가변적으로 늘어나는 데이터에 대응한다는 점은 정말 좋은 기능이지만 Collection은 치명적인 문제가 있습니다. 가장 큰 문제 점은 "object"로 담긴다는 점입니다. 이 점이 뜻하는 바는 바로 데이터를 가지고 올 때 타입 캐스팅Type Casting을 진행해야 한다는 점입니다. 앞서 설명한 ArrayList를 예로 들어보겠습니다.

```
ArrayList aList = new ArrayList();

aList.Add("a");
aList.Add("b");
aList.Add("c");
aList.Add("d");
aList.Add("e");

for (int idx=0; idx <aList.Count; idx++)
{
    Console.WriteLine(aList[idx]);
}
```

위의 코드에서 문자열의 함수인 "대문자 변환" ToUpper 함수를 써보려고 합니다.

```
aList[idx].ToUpper();
```

위와 같이 ToUpper 함수를 바로 사용을 하려면 컴파일 오류로 인해 실행되지 않습니다. 왜냐면 바로 object 타입이기 때문입니다. 따라서 문자열 함수를 사용하기 위해서는 타입 캐스팅을 해야 하는 것입니다. 즉, 쓰지 않으면 안 되는 코드가 증가하게 되어 소스 가독성 자체도 나빠져 오류에 대응하기 힘들어집니다. object의 단점에 대해서 기억이 나지 않는다면 2장 변수 챕터를 다시 한번 살펴보기 바랍니다. 대문자 변환을 위해서는 다음과 같이 명시적 타입 변환을 진행해야 합니다.

```
aList[idx].ToString().ToUpper();
```

또한 컬렉션은 저장될 때, object 형식으로 박싱Boxing되어 저장됩니다. 박싱된 데이터에 접근하여 표현할 때는 다시 언박싱UnBoxing되어 호출을 하게 됩니다.

어려운 용어 등장! | Boxing과 UnBoxing

Boxing이란 값 형태의 데이터를 참조Reference 형태로 바꾸는 것입니다. 즉, 주소 값만을 가지게 됩니다.

Boxing은 값 타입의 변수를 "객체화" 하기 위해서 메모리를 힙 영역에 생성합니다. 힙 영역에 생성된다면, ArrayList와 같은 컬렉션들은 데이터에 대한 성능 저하가 생기게 됩니다.

우리는 string 형태로 혹은 int 형태로 저장을 했을 뿐인데, 컬렉션의 자료구조는 값과 타입을 모두 object로 변환시키는 작업을 하게 되면서 불필요한 작업을 하게 되는 것과 마찬가지입니다.

UnBoxing은 Boxing과 반대되는 개념으로 주소 값으로 받은 데이터를 Value 타입으로 바꿔주는 것을 말합니다. 즉,

```
int number = 0;
object obj = number;
```

위와 같이 정수형을 object 타입(참조형태)로 바꾸는 것을 Boxing이라고 하며,

```
number = (int)obj;
```

위와 같이 참조형태의 타입을 실제 값 타입으로 바꾸는 것을 UnBoxing이라고 합니다.

무조건 무분별하게 아무 타입이든 상관없이 사용해도 되어 좋다고 생각하게 될 수도 있는 이 컬렉션을 보완하기 위해 Generic이라는 기능이 C#2.0에 등장하게 되었습니다(실무에서도 사실, 여러 타입을 한번에 담는 경우는 극히 드뭅니다).

지금부터 Generic에 해당되는 기능들을 살펴보기 전에, 이전 컬렉션에서 사용되었던 자료구조를 제네릭에서는 어떻게 사용하는지 표를 살펴보고 넘어가도록 하겠습니다.

Collection	Generic
ArrayList	List\<T\>
Queue	Queue\<T\>
Stack	Stack\<T\>
Hashtable	Dictionary\<K, V\>

위의 표에서 〈T〉 또는 〈K, V〉로 표현되는 것은 타입을 뜻하는 것입니다. 지금부터 Generic 사용법을 살펴볼까요?

6.11 ArrayList의 버전 업인 List〈T〉: 가장 많이 사용하는 Generic

Generic을 사용하기 위해서는 "System.Collections.Generic"을 using 절에 추가해야 합니다. List의 사용법은 ArrayList와 비슷합니다. 다만 타입을 미리 선언해야 하는 점이 다릅니다.

[함께 해봐요] Ex008 ArrayList를 제네릭으로 바꾸어 표현하는 예제　　Ex013.cs

```
01  using System;
02  using System.Collections.Generic;
03
04  namespace RoadBook.CsharpBasic.Chapter06.Examples
05  {
06      public class Ex013
07      {
08          public void Run()
09          {
10              List<int> aList = new List<int>();
11
```

```
12              for (int idx = 0; idx < 15; idx++)
13              {
14                  aList.Add(idx);
15              }
16
17              aList.Insert(5, 100);
18
19              for (int idx = 0; idx < aList.Count; idx++)
20              {
21                  Console.WriteLine("Value: {0} / Type: {1}",
22                      aList[idx], aList[idx].GetType()
23                  );
24              }
25
26              aList.RemoveAt(5);
27
28              for (int idx = 0; idx < aList.Count; idx++)
29              {
30                  Console.WriteLine("Value: {0} / Type: {1}",
31                      aList[idx], aList[idx].GetType()
32                  );
33              }
34          }
35      }
36  }
```

앞에서 봤던 ArrayList를 List<int> 형태로 바꾼 예제입니다. 달라진 것은 Ex008에서는 여러 가지 다양한 타입을 모두 저장한 것과는 다르게, 위의 예제에서는 int 형태의 List 타입을 선언했기 때문에 int형의 정수만 데이터를 저장할 수 있습니다. Add, Insert, RemoveAt 등 추가하거나 삭제하는 기능은 똑같이 사용할 수 있습니다.

여러분은 아직,

> "그래도 여러 개를 다 담을 수 있는 ArrayList가 더 쓰임이 많을 것 같은데..."

라는 의구심을 버리지 못할 수도 있습니다. 그런 분들을 위해서 하나의 예제를 다시 만들어 보겠습니다. 아래의 예제 프로그램은 "학생 정보 리스트"를 관리하는 프로그램입니다. 먼저 학생에 대한 정보를 담고 있는 클래스 모델을 만들어 보겠습니다.

```
01  namespace RoadBook.CsharpBasic.Chapter06.Examples.Model
02  {
03      public class Student
04      {
05          /// <summary>
06          /// 학생 아이디
07          /// </summary>
08          public string Id { get; set; }
09          /// <summary>
10          /// 학생 이름
11          /// </summary>
12          public string Name { get; set; }
13          /// <summary>
14          /// 학생의 학과
15          /// </summary>
16          public string Department { get; set; }
17          /// <summary>
18          /// 학생 학년
19          /// </summary>
20          public int Grade { get; set; }
21          /// <summary>
22          /// 학생 나이
23          /// </summary>
24          public int Age { get; set; }
25      }
26  }
```

Student 클래스에는 아이디, 이름, 학과, 학년, 나이 속성을 가지고 있습니다. 학생의 숫자는 감소할 수도, 증가할 수도 있기 때문에 '학교' 입장에서 봤을 때는 가변 데이터가 될 것입니다. ArrayList를 이용하여 학생을 추가하고, 학생의 정보를 추출해보는 로직을 구현해보겠습니다.

```
01  using System;
02  using System.Collections;
03
04  using RoadBook.CsharpBasic.Chapter06.Examples.Model;
05
```

```
06  namespace RoadBook.CsharpBasic.Chapter06.Examples
07  {
08      public class Ex014
09      {
10          public void Run()
11          {
12              ArrayList arrStudent = new ArrayList();
13
14              Student student = new Student();
15              student.Id = "S001";
16              student.Name = "홍길동";
17              student.Department = "국어국문학과";
18              student.Grade = 1;
19              student.Age = 21;
20
21              arrStudent.Add(student);
22
23              for (int idx = 0; idx < arrStudent.Count; idx++)
24              {
25                  Console.WriteLine(((Student)arrStudent[idx]).Id);
26                  Console.WriteLine(((Student)arrStudent[idx]).Name);
27                  Console.WriteLine(((Student)arrStudent[idx]).Department);
28                  Console.WriteLine(((Student)arrStudent[idx]).Grade);
29                  Console.WriteLine(((Student)arrStudent[idx]).Age);
30              }
31          }
32      }
33  }
```

앞서 언급한 컬렉션의 문제가 코드 안에서 바로 보입니다. 어차피 프로그램의 "의도"는 "학생 클래스를 이용하여, 학생 리스트를 관리하는 것"입니다. 이미 타입(객체)이 정해져 있는데, 군이 object로 박싱Boxing을 할 필요는 없습니다. 위처럼 실무에서 프로그래밍을 하다 보면, 기획에 맞게 설계가 될 것이고 해당 기획 문서들을 보면

　　　"아, 이 프로그램에서는 리스트를 담을 때 어떤 타입을 사용하여 관리하면 되겠구나"

라는 생각이 들 것입니다. 즉, "음... 기획서를 봤는데, 이건 데이터 타입을 정하기가 힘들어!"라고 생각된다면 그 프로그램은 예외에 허덕이게 될 것이 불보듯 뻔합니다. 이미 정해진 Student 객체의 리스트를 관리를 하기 위해서는 미리 타입 선언을 정해 놓은 제네릭이 훨씬 더 코딩하기 편하고 런타임 도중에 나타나는 예외를 방지할 수 있도록 컴파일 단에서 미리 에러를 잡아 주는 장점도 있습니다.

```
01  using System;
02  using System.Collections.Generic;
03
04  using RoadBook.CsharpBasic.Chapter06.Examples.Model;
05
06  namespace RoadBook.CsharpBasic.Chapter06.Examples
07  {
08      public class Ex015
09      {
10          public void Run()
11          {
12              List<Student> arrStudent = new List<Student>();
13
14              Student student = new Student();
15              student.Id = "S001";
16              student.Name = "홍길동";
17              student.Department = "국어국문학과";
18              student.Grade = 1;
19              student.Age = 21;
20
21              arrStudent.Add(student);
22
23              for (int idx = 0; idx < arrStudent.Count; idx++)
24              {
25                  Console.WriteLine(arrStudent[idx].Id);
26                  Console.WriteLine(arrStudent[idx].Name);
27                  Console.WriteLine(arrStudent[idx].Department);
28                  Console.WriteLine(arrStudent[idx].Grade);
29                  Console.WriteLine(arrStudent[idx].Age);
30              }
31          }
32      }
33  }
```

6.12 Generic에서 사용되는 Queue/Stack 자료구조

Queue와 Stack을 Generic에서 사용하기 위해서는 List에서 선언했던 것과 마찬 가지로, 〈Type〉을 명시해주기만 하면 됩니다. Queue와 Stack에 대한 자료구조 설명은 Collection 설명을 할 때 자세히 정리했으므로 구조 설명은 생략하도록 하겠습니다.

먼저 앞에서 구현했던 컬렉션 Queue 예제를 제네릭으로 변환해보도록 하겠습니다.

[함께 해봐요] Ex009 Queue를 제네릭으로 바꾸어 표현하는 예제　　　　Ex016.cs

```
01  using System;
02  using System.Collections.Generic;
03
04  namespace RoadBook.CsharpBasic.Chapter06.Examples
05  {
06      public class Ex016
07      {
08          public void Run()
09          {
10              Queue<string> que = new Queue<string>();
11
12              for (int idx = 1; idx < 11; idx++)
13              {
14                  que.Enqueue(string.Format("{0}번 승객", idx));
15              }
16
17              Console.WriteLine("* 정류장 승객 현황");
18              foreach (object obj in que)
19              {
20                  Console.WriteLine(obj.ToString());
21              }
22              Console.WriteLine("===========================");
23              Console.WriteLine("버스가 도착했습니다. (6명 승차 가능)");
24
25              for (int i = 0; i < 6; i++)
26              {
27                  que.Dequeue();
28              }
29
30              Console.WriteLine("버스가 출발했습니다.");
```

```
31              Console.WriteLine("==========================");
32
33              Console.WriteLine("새로운 승객이 줄을 섭니다.");
34              que.Enqueue("새로운승객");
35
36              Console.WriteLine("* 정류장 승객 현황");
37              foreach (object obj in que)
38              {
39                  Console.WriteLine(obj.ToString());
40              }
41              Console.WriteLine("==========================");
42          }
43      }
44  }
```

위의 첫 코드만 달라졌음을 확인하실 수 있습니다. 어차피 "1번승객", "2번승객"과 같이 문자열 변수를 담는 행위이기 때문에, 제네릭화 하여 string을 붙여

$$Queue<string> que = new Queue<string>();$$

과 같이 표현하였습니다. 선언 방법만 제외하고 Enqueue와 Dequeue 사용하는 방법은 동일합니다.

Stack도 마찬가지입니다. 바로 예제를 확인하도록 하겠습니다.

[함께 해봐요] **Ex010 Stack을 제네릭으로 바꾸어 표현하는 예제**   Ex017.cs

```
01  using System;
02  using System.Collections.Generic;
03
04  namespace RoadBook.CsharpBasic.Chapter06.Examples
05  {
06      public class Ex017
07      {
08          public void Run()
09          {
10              Stack<string> stk = new Stack<string>();
11
12              Console.WriteLine("* 시작 점");
13              for (int idx = 1; idx < 11; idx++)
14              {
```

```
15              Console.WriteLine("{0}번 선수 도착", idx);
16              stk.Push(string.Format("{0}번 선수", idx));
17          }
18          Console.WriteLine("=====");
19          Console.WriteLine("5~10등 선수는 탈락합니다.");
20          for (int idx = 0; idx < 6; idx++)
21          {
22              stk.Pop();
23          }
24          Console.WriteLine("=====");
25
26          Console.WriteLine("* 올림픽 대표선수 명단");
27          foreach (object obj in stk)
28          {
29              Console.WriteLine(obj.ToString());
30          }
31      }
32   }
33 }
```

6.13 사전 역할을 하는 Dictionary: Hashtable 컬렉션의 제네릭 버전

Hashtable 또한, ArrayList–List<T> 관계와 같이, 리스트명 형태만 살짝 바뀌었습니다. 바로 사전(Key–Value)을 뜻하는, Dictionary입니다.

Dictionary의 사용법도 Hashtable과 같이 Add(key,value), Remove(Key)와 같이 데이터 추가 및 삭제하는 함수는 같습니다. 다만, Dictionary로 발전하면서 조금 더 세분화한 기능이 Contains에 대한 기능입니다. Hashtable에서의 Contains는 단지 "Key"를 찾는 용도로 사용되었지만, Dictionary에서는 ContainsKey(key)와 ContainsValue(value)로 세분화되어 제공을 합니다. 즉, 사전에서는 여러 가지 동의어(같은 뜻)가 있습니다. 동의어를 찾기 위해서는 "값"을 기준으로 찾아야 하기 때문에 추가적으로 제공된 기능입니다.

나라 이름 사전 관리 Hashtable에서 Dictionary로 변환

[함께 해봐요] Ex012 사용자 영한사전 Hashtable 구조를 제네릭으로 바꾸어 표현하는 예제 Ex018.cs

```csharp
01  using System;
02  using System.Collections.Generic;
03
04  namespace RoadBook.CsharpBasic.Chapter06.Examples
05  {
06      public class Ex018
07      {
08          public void Run()
09          {
10              Dictionary<string, string> dict = new Dictionary<string, string>();
11              dict.Add("korea", "한국");
12              dict.Add("japan", "일본");
13              dict.Add("brazil", "브라질");
14              dict.Add("china", "중국");
15              dict.Add("canada", "캐나다");
16              dict.Add("america", "미국");
17              dict.Add("spain", "스페인");
18
19              while (true)
20              {
21                  Console.Write("단어를 입력하세요(Q:종료) : ");
22                  string word = Console.ReadLine().ToLower();
23
24                  if (word == "q")
25                  {
26                      break;
27                  }
28
29                  if (dict.ContainsKey(word))
30                  {
31                      Console.WriteLine("{0} : {1}", word, dict[word]);
32
33                      Console.Write("단어를 삭제할까요?(Y:삭제 / N:미삭제) : ");
34                      string deleteYN = Console.ReadLine();
35
```

```
36              if (deleteYN.ToUpper() == "Y")
37              {
38                  dict.Remove(word);
39              }
40          }
41          else
42          {
43              Console.Write("단어 검색결과가 없습니다. 사전에 추가할까요?
                            (Y:추가 / N:미추가) : ");
44              string addYN = Console.ReadLine();
45
46              if (addYN.ToUpper() == "Y")
47              {
48                  Console.Write("뜻을 입력하세요 : ");
49                  string value = Console.ReadLine();
50
51                  dict.Add(word, value);
52              }
53          }
54      }
55  }
56 }
57 }
```

잠시만 생각해봅시다

앞으로 배열에 대한 데이터 관리는 제네릭만 쓰면 되는 건가요? 배열과 컬렉션/제네릭의 차이

물론 5개, 10개와 같이 이미 정해진 데이터를 담을 때, ArrayList나 List<T>를 사용해도 문제는 없습니다.

하지만 이는 매우 적은 데이터에서만 해당되는 이야기입니다. 요즘은 하드웨어의 스펙이 매우 좋아져서 적당량의 데이터에서는 차이가 나지 않는 것은 당연한 일입니다.

정말 큰 차이는 배열은 초기화하는 시점에서 메모리가 할당되어 속도가 빠른 반면, List와 같은 가변적 배열에서는 데이터 추가를 할 때, 메모리 재할당을 합니다. 따라서 한 번의 메모리 할당과, 여러 번의 메모리 할당 차이면에서 고정 길이가 정해져 있는 데이터는 배열을 사용하는 것이 좋은 이유입니다.

완전히 정적으로 정해진 데이터의 개수의 경우 배열을 사용하는 것이 메모리 관리에 더 큰 퍼포먼스를 낼 수 있습니다.

5장과 이번 장은 앞으로 데이터베이스를 다룰 때 정말 유용하게 사용할 수 있는 개념들이 많이 내포되어 있습니다. 그만큼 양이 방대하기 때문에 책에서 다루는 기본적인 것 외에도 MSDN을 통해 여러 가지 문법을 더 많이 알아보는 것도 좋은 개발자가 되기 위한 노력이 될 것입니다. 마이크로소프트의 전문 서적인 〈CLR Via C#〉처럼 엄청난 두께의 책을 쓰게 된다면 초보자 여러분들이 프로그래밍의 재미를 느끼기 전에 혼란스러운 점이 더 많을 것이기 때문에 이 책에서는 정말 기본이 되는 핵심 개념들만 뽑아서 설명했음을 밝힙니다.

이번 장도 수고 많으셨습니다.

정리해봅시다

● 이번에 우리가 얻은 것

이번 장에서는 여러분은 배열을 선언하는 방법에 대해 알아보았고, 가변적으로 늘어나는 예측 불허한 데이터를 다루기 위해 컬렉션과 제네릭의 개념도 알아보았습니다. 그리고 몇 가지 의미 있는 프로그램도 개발해보았습니다.

● 이것만은 알고 갑시다.

1. 배열의 선언 방법은

$$변수\ 타입[]\ 변수\ 명 = new\ 변수타입[배열크기]$$

입니다.

2. 배열의 초기화 방법은

$$변수\ 타입[]\ 변수\ 명 = \{\ 값1,\ 값2,\ 값3\ \}$$

입니다.

3. 배열은 선언한 배열 크기만큼 데이터를 저장할 수 있으며, 첫 번째 배열의 인덱스는 0부터 시작됩니다. 또한 선언한 배열 크기보다 더 많은 데이터를 저장하게 될 경우 런타임 에러가 발생합니다.

4. 배열의 경우 정적으로 정해진 개수가 있을 경우 사용하는 것이 바람직합니다. 만약 가변적으로 늘어났다 줄어들었다 하는 데이터의 경우 컬렉션 혹은 제네릭을 사용해야 합니다.

5. 컬렉션의 대표적인 예는 ArrayList, Stack, Queue, Hashtable이 있습니다. 이 컬렉션의 경우 데이터가 저장될 때 object 타입으로 저장이 되기 때문에, 해당 데이터의 실제 타입의 기능을 사용하기 위해서는 언박싱Unboxing하여 표현해야 하는 번거로움이 있습니다.

6. 제네릭의 대표적인 예는 List<T>, Stack<T>, Queue<T>, Dictionary<K, V>가 있습니다. 이 제네릭의 경우, 타입을 미리 지정을 하기 때문에 해당 데이터의 실제 타입 기능에 접근하기가 용이합니다.

7. Queue와 Stack, Hashtable을 흔히 '자료구조'라고 정의합니다. 자료구조란, 전산학에서 자료를 효율적으로 이용할 수 있도록 컴퓨터에 저장하는 방법입니다.

8. Queue는 "First In First Out"의 데이터 구조입니다. 즉, 저장된 데이터 순서대로 호출됩니다.

9. Stack은 "Last In First Out"의 구조입니다. 즉, 마지막에 저장된 데이터 순서대로 호출이 됩니다.

10. Hashtable은 "key-value"의 구조입니다. 즉, key에 맞는 value가 매칭되는 데이터 구조입니다. 제네릭에서는 Dictionary<K, V>로 선언할 수 있습니다.

1. 10명의 나이를 관리할 수 있는 배열을 만들어, 사용자에 의해 입력 받게 한 후 연령대 별로 몇 명의 사람들이 존재하는지 출력하는 프로그램을 만들어보세요

프로그램의 실행 예는 다음과 같습니다.

```
1번째 사람의 나이를 입력하세요: 15(입력)
2번째 사람의 나이를 입력하세요: 34(입력)
3번째 사람의 나이를 입력하세요: 35(입력)
.
.
9번째 사람의 나이를 입력하세요: 65(입력)
10번째 사람의 나이를 입력하세요: 62(입력)
나이 입력이 완료되었습니다.
20대 미만: 1명
20대: 1명
30대: 5명
.
.
60대 이상: 4명
```

프로그램을 만들기 위해서는 다음과 같은 지식이 필요해요

- 배열 선언 방법
- 비교 연산자 사용 방법

2. 숫자 5개를 입력 받아 낮은 숫자부터 오름차순으로 출력되는 프로그램을 만들어보세요.

프로그램의 실행 예는 다음과 같습니다.

```
숫자를 입력해주세요: 100(입력)
숫자를 입력해주세요: 5(입력)
숫자를 입력해주세요: 13(입력)
숫자를 입력해주세요: 1(입력)
숫자를 입력해주세요: 105(입력)
오름차순 정렬 결과: 1, 5, 13, 100, 105
```

프로그램을 만들기 위해서는 다음과 같은 지식이 필요해요

- 배열 선언 방법
- 비교 연산자 사용 방법

3. 선착순 x명에게 무료 영화 관람권을 제공하는 프로그램을 만들어보세요.

프로그램의 실행 예는 다음과 같습니다.

```
몇 명의 인원에게 무료 혜택을 제공할까요? 2(입력)
무료 영화 선착순 예매 시스템입니다.
이름을 입력해주세요(q: 종료): Dexter(입력)
이름을 입력해주세요(q: 종료): Jeffrey(입력)
이름을 입력해주세요(q: 종료): Khan(입력)
이름을 입력해주세요(q: 종료): Pil(입력)
이름을 입력해주세요(q: 종료): Sven(입력)
이름을 입력해주세요(q: 종료): q(입력)
무료 영화 관람권 당첨자는
Dexter
Jeffrey
입니다.
```

프로그램을 만들기 위해서는 다음과 같은 지식이 필요해요

- while문
- Generic Queue

4. 월드컵 조 추첨 검색 프로그램을 만들어보세요.

프로그램의 실행 예는 다음과 같습니다.

조 추첨 결과 어느 조를 조회할까요? (q: 종료) A(입력)
A조에 속한 나라는
대한민국
프랑스
미국
이집트
입니다.
조 추첨 결과 어느 조를 조회할까요? (q: 종료) H(입력)
H조에 속한 나라는
일본
브라질
독일
스페인
입니다. 조 추첨 결과 어느 조를 조회할까요? (q: 종료) q(입력)
종료되었습니다.

프로그램을 만들기 위해서는 다음과 같은 지식이 필요해요

- Dictionary
- List

힌트!
Dictionary 구조에서 Key는 문자열, Value는 List<string> 형태로 구현을 해보세요!

5. List〈T〉 제네릭에서 사용 할 수 있는 함수에 대해 MSDN을 이용하여 여러 가지 예제를 만들어보세요.

7장

예외 처리:
누구에게나 예상치 못한 실수는 있어요

어릴 적 세발 자전거를 타다가 두발 자전거로 바꿔 탔을 때를 기억하시나요? 혹은 스케이트를 탈 때라던지...

처음에는 서툰 실력에 넘어질 때도 있었고, 많이 다칠 때도 있었습니다.

하지만 우리 곁에는 부모님이 있어 항상 이러한 위험 상황에서 우리가 다치지 않게 잡아주었습니다.

여러분들은 그렇게 성장을 하면서,

일상 생활에서 예상치 못한 상황에 대해 미리 대비를 할 수 있는 지혜도 얻었습니다.

이 세상에 완벽한 사람, 완벽한 프로그램은 없습니다.

예상치 못한 상황에서 프로그램은 치명적인 오류를 낼 수도, 종료가 될 수도 있습니다.

우리 주변의 소프트웨어에는 완벽한 프로그램은 없지만, 안정적인 프로그램은 만들 수 있습니다.

마치, 예상치 못한 상황에서 넘어지지 않도록 잘 잡아준 부모님처럼,

여러분이 만든 프로그램을 예상치 못한 상황에서도 의연하게 대처할 수 있도록 할 수 있습니다.

이 장에서는 '프로그램의 예외 상황'에 대해 살펴볼 것이고, '예외 처리'하는 과정을 짚고 넘어갈 것입니다.

이러한 내용을 토대로 '예외 처리' 과정을 통한 안정적인 프로그래밍을 직접 해보도록 하겠습니다.

#핵심_키워드

#예외 #try #catch #finally #Exeption

여러분은 지금까지 프로그래밍 문제를 해결해 나가면서, 예측 못한 결과 화면에 당황스러웠던 경험이 있었을 것입니다. 6장의 배열 예제를 구현하면서 "Index Out Of Range"라는 예외 화면도 지켜본 적이 있었고, 그 외에도 여러분이 스스로 공부하다가, 혹은 연습 문제에 있는 프로그래밍을 진행하면서도 'Exception'이라는 문장을 많이 보았을 것입니다. 물론, 지금까지 필자 또한 C# 예제를 만들어 나가면서도 '불청객'과 같은 예외 상황들을 많이 지켜봐 왔습니다. 눈이 침침한 상태에서 이상한 에러가 나는 것만큼 고통스러운 것은 없을 것입니다.

가끔은 예측하지 못한 잦은 오류들을 보고 좌절을 하는 분들도 있을 것입니다. 하지만, 필자는 다음과 같이 생각합니다.

> *오류 없는 프로그램보다는, 예외 처리 잘 된*
> *프로그램이 더 좋다.*

무슨 말일까요? 물론 오류 없이 잘 돌아가는 프로그램을 만드는 것이 우리 개발자들의 숙명이지만, 정말 잘 짜인 각본대로 제대로 동작하는 프로그램도 예상치 못한 상황에서 언젠가 오류 상황에 멈추게 될 것입니다. 데이터 하나라도 잘 못 들어가게 되면 멈추는 것이 바로 프로그램이기 때문입니다. 즉, 예상치 못한 상황에서도 오류임에도 불구하고 멈추지 않고 자신이 할 수 있는 역할을 다 하는 프로그램이 더 좋은 프로그램이라고 볼 수가 있는 것입니다.

이번 장에서는 예외 상황은 '언제' 도대체 '왜' 일어나는 것이고, 이러한 예외 상황에서 어떻게 하면 프로그램이 멈추지 않고 끝까지 버틸 수 있는지에 대해 알아보겠습니다.

7.1 예외 상황? 언제 어디서 나타나는 것일까?

먼저 예외 처리를 하는 방법을 배우기에 앞서, 언제 예외 상황이 나오는지 살펴보도록 하겠습니다. 우리는 6장 배열을 살펴보면서 한 가지 예외 상황을 만난 적이 있습니다.

```
string[] days = new string[7]

days[0] = "sunny"
.
.
days[6] = "sunny";
days[7] = "new!!";
```

위와 같이 7개를 담을 수 있는 배열(인덱스 0~인덱스 6까지)을 선언한 후에, 초과되는 인덱스에 배열 값을 집어넣을 경우, 아래와 같은 에러가 나오면서 프로그램이 종료됩니다.

처리되지 않은 예외: System.IndexOutOfRangeException: 인덱스가 배열 범위를 벗어났습니다.

위의 에러 말고 또 자주 볼 만한 상황들은 무엇이 있을까요?

필자가 처음 프로그래밍에 입문했을 때 많이 겪었던 에러 몇 가지를 짚고 넘어가도록 하겠습니다. 지금부터 언급하는 예외 상황들은 여러분도 프로그래머의 길을 걷다 보면서 경력이 10년이 되어도, 20년이 되어도 항상 우리 곁에 붙어 있는 '언제나 만날 운명의 상황들'이 될 것이니, 앞으로도 몸에 잘 익혀 당황하지 말았으면 좋겠습니다.

[함께 해봐요] 예상치 못한 입력 오류   Ex001.cs

```
01  using System;
02
03  namespace RoadBook.CsharpBasic.Chapter07.Examples
04  {
05      public class Ex001
06      {
07          public void Run()
08          {
09              Console.Write("숫자를 입력 하세요 : ");
10
11              int number = Convert.ToInt32(Console.ReadLine());
                // input value : "one"
12
13              Console.WriteLine("입력 된 숫자는 {0}", number);
14          }
15      }
16  }
```

위의 코드는 여러분이 C#의 세계에 입문하는 초급 단계에서 본 정상적인 코드입니다.

사용자에게 숫자 입력을 유도하는 문구를 출력하고, 사용자로부터 입력 받은 숫자를 int형으로 변환을 한 후 숫자를 출력하는 형태의 간단한 예제입니다. 아래와 같은 프로그램 결과가 나온다는 것은 이제 여러분들도 정말 쉽게 알 수 있을 것입니다.

```
숫자를 입력 하세요 : 10
입력된 숫자는 10
```

매우 정확하게 잘 동작하는 예제입니다. 하지만 '정상적인 사고에서 판단했을 때 문제가 없는 프로그램'을 한번 망가뜨려보겠습니다. 예제의 주석을 보면

Input value : "one"

이라고 기록해 두었습니다. 위의 프로그램을 다시 실행해서 'one'이라는 문자열을 입력해보도록 하겠습니다. 만약 숫자 형태가 아닌 문자 형태로 입력을 받게 된다면 아래와 같은 에러 문구가 발생하면서 프로그램이 종료될 것입니다.

```
숫자를 입력 하세요 : one
처리되지 않은 예외: System.FormatException: 입력 문자열의 형식이 잘못되었습니다.
```

1을 "one"이라고 입력을 하자, 프로그램은 에러가 났습니다. 여기서

System.FormatException

이 바로 프로그램에서 문제가 생긴 원인입니다. 그리고 의미는 Convert.ToInt32 메소드를 호출하려고 시도하는데 문자 형태의 'one'을 int형으로 변환을 시키지 못해서 생긴 에러입니다.

조금 더 나아가 문자가 아닌 평범한 숫자를 입력했을 때에도 에러가 나는 충격적인 상황이 생길 수도 있습니다. 아래와 같이 조금은 크기가 큰 숫자를 입력해보겠습니다.

```
숫자를 입력 하세요 : 2147483648
처리되지 않은 예외: System.OverflowException: 값이 너무 크거나 작아 Int32 형식에 맞지 않습니다.
```

분명히 숫자를 입력했음에도 불구하고 문제가 생긴 원인은 바로 Convert.ToInt32에서 정답이 있습니다. 여러분은 2장에서 변수를 배우면서 int형의 데이터 범위를 살펴본 적이 있습니다. 만약 기억이 나지 않는다면 2장 '[표 2-1] 정수를 담는 변수 타입 종류'를 다시 살펴보시기 바랍니다.

위에서 입력한 숫자는 int 범위를 벗어난 정수입니다. 즉 long 타입에 맞는 정수인 것입니다.

System.OverflowException

의 의미가 바로 범위를 벗어난 예외 상황이라는 의미입니다.

다음 예제를 하나 더 살펴 보겠습니다.

[함께 해봐요] 인덱스 범위 초과 오류　　　　　　　　　　　　　　　　　Ex002.cs

```
01  using System;
02  using System.Collections.Generic;
03
04  namespace RoadBook.CsharpBasic.Chapter07.Examples
05  {
06      public class Ex002
07      {
08          public void Run()
09          {
10              List<string> strList = new List<string>();
11
12              strList.Add("HI");
13              Console.WriteLine(strList[0]);
14
15              strList.Clear();         ── 리스트에 있는 모든 내용을 삭제함
16              Console.WriteLine(strList[0]);
17          }
18      }
19  }
```

위의 예제 또한 문제가 있는 코드입니다. 바로 앞 장에서 배웠던 제네릭을 이용하여 List를 구현했으나, 첫 번째 출력문에서는 정상적으로 호출되고, 두 번째 출력문에서는 에러를 호출하게 됩니다. List의 Clear 메소드는, 지금까지 담아져 있던 데이터를 모두 클리어(초기화) 하는 기능입니다. 즉, 0번째 인덱스에 담아져 있던 "HI"라는 문자열 또한 Clear를 통해 제거된 빈 공간의 List<string>으로 초기화가 이루어진 상태이고, 이때 0번째 인덱스를 호출하려고 시도하면서 아래의 에러가 실행됩니다.

> HI
> 처리되지 않은 예외: System.ArgumentOutOfRangeException: 인덱스가 범위를 벗어났습니다. 인덱스는 음수가 아니어야 하며 컬렉션의 크기보다 작아야 합니다.

여러분들이 실무에서 개발을 하다 보면, C#뿐만 아니라 다른 언어에서도 비슷한 현상의 예외들을 경험하게 됩니다. 그 중 가장 대표적인 예외로는,

- `Null Exception`: 참조되고 있는 객체가 초기화되지 않은 상태에서 참조를 시도하는 경우에 발생
- `Overflow Exception`: 데이터의 범위가 초과된 값을 저장할 경우에 발생
- `Argument Exception`: 매개 변수로 넘어 가는 데이터가 잘못된 값인 경우 발생
- `Invalid Exception`: 형 변환이 잘못된 경우에 발생
- `Format Excpetion`: 형식이 잘못된 경우에 발생

등 이 밖에도 예상치 못한 예외 상황들을 많이 접하게 될 것입니다.

그렇다면, 이러한 문제를 해결하기 위한 방안으로는 어떤 것들이 있을까요?

에러가 없는 청정 프로그램을 만들기 위한 방법?

프로그램을 개발할 때 내 생각과는 전혀 다르게 동작하는 상황을 만나곤 합니다. 가끔은 원인 불명의 오류도 있고, 정상적으로 잘 동작하고 있다가 어느 순간에 에러를 맞이하는 경우도 있습니다. 이러한 에러를 해결하기 위해서는 지금까지 우리가 배운 지식을 통해서 약 두 가지 정도의 방법을 도출해 낼 수 있을 것 같습니다.

대안1) 조건문 처리를 잘한다.

과연 조건문만으로 여러 가지 에러를 막을 수 있을까요? 물론 예측이 가능하면 그것들을 막기 위한 조건문은 만들 수 있을 것입니다. 하지만, '예측이 가능한 수준'일 뿐 결국 예측 못한 상황들에 직면하게 된다면 또 다른 에러를 노출하게 됩니다. 즉, 이미 데이터가 할당된 변수에 저장될 상황에서 예상치 못한 상황에 직면하고 에러 상황이 발생하고 난 후의 수습일 뿐입니다. 조건문 처리를 아무리 잘 한다고 하더라도, 언젠가는 또 다른 조건이 생겨날 것이고 이럴 때마다 코드를 수정하는 것은 번거로운 일일 뿐만 아니라, 코드가 점점 장편소설처럼 이어질 가능성이 있는 매우 유지보수 하기 힘든 코드가 될 것입니다.

대안2) 사용자에게 알맞은 안내 메시지를 충분히 보여준다.

이 부분의 경우, 미리 에러를 방지하기 위해 충분히 친절한 안내 메시지로 사용자의 액션을 유도하는 방법입니다. 하지만, 과연 하라는 대로 하는 사람들이 과연 몇명이나 있을까요? 우리가 만든 프로그램을 사용하는 사용자들은 뜻을 해석하는 시각이 모두 다릅니다. 과연 모든 사람들이 공통적으로 이해할 수 있는 메시지를 만든다는 것이 이론적으로 가능할까요?

현실적인 대안3) 예외처리가 잘 된 코드. 앞으로 우리가 배울 내용이 정답입니다.

에러가 발생하지 않는 코드는 정말 멋진 코드입니다. 그만큼 탄탄한 프로그램이라는 증거이기 때문입니다. 하지만 필자가 계속해서 강조하는 부분은

"예측 못하는 상황은 언제든지 발생할 수 있다"

입니다. 지금부터 예측 못하는 상황에 대한 예외 처리 방법에 대해 살펴보도록 하겠습니다.

7.2 자전거를 배우는 어린 아이의 돌발상황을 잡아주는 예외 처리: 부모님의 역할

"여러분은 자전거를 타본 적이 있거나 아무 도움을 받지 않고 탈 줄 알고 있나요?"

어렸을 적, 자전거를 처음 배울 때는 '보조 바퀴'라는 아이템을 사용하여 두발 자전거가 안 넘어지게 지탱을 해 줍니다. 하지만 속도를 더 빠르게 내기 위해서 '보조 바퀴' 아이템을 제거하고, 직접 두 발 자전거에 도전을 하게 됩니다. 항상 이런 도전을 할 때마다 곁에서 잡아주는 분은 다름 아닌 '부모님'입니다. 우리가 넘어질 때를 대비하여 항상 뒤에서 받쳐 주고, 우리 스스로 탈 수 있도록 계속해서 "보조 바퀴"의 역할을 해줍니다.

왜 갑자기 자전거 이야기를 하는 걸까요?

바로 프로그래밍에서 예외 처리를 하는 것이 마치 자전거를 배우고 시도하는 어린 아이의 모습을 닮았기 때문입니다. 처음 만들어지는 프로그램은 어린 아이와 같습니다. 무엇이든지 경험이 부족하기 때문에 여러 위험이 도사리고 있기 때문입니다. 그럴 때마다 프로그램이 안정적으로 동작하기 위해 뒤에서 지켜 봐주고 '보조 바퀴'의 역할을 해주는 것은 바로 이 프로그램을 만든 여러분입니다. 마치 프로그램의 '부모님'이라고 할 수 있는 것이 바로 개발자 여러분들이기 때문입니다. 그리고 여러분들은 자전거를 잡아주는 '부모님'처럼 프로그램에서도 지금 배우게 될 '예외 처리' 방법을 이용하여 쓰러지지 않게 만들 수 있습니다.

자전거 타기의 예외 처리의 공식은 다음과 같이 3단계로 나눌 수 있습니다.

- 자전거 타기를 시도(**Try**)한다.
- 돌부리나 급경사 지역에서 아슬아슬하게 넘어지려고 한다.(비상 상황, 예측하지 못한 예외 상황)
- 부모님이 넘어지려는 아이를 보고 다시 잡아준다.(**Catch**)

프로그램의 예외 처리 공식도 다음과 같이 3단계로 나눌 수 있습니다.

- 프로그램이 정상적으로 동작하기를 시도(Try)한다.
- 사용자의 실수 혹은, 여러 가지 예상치 못한 상황에서 에러가 발생하려고 한다.(비상 상황, 예측하지 못한 예외 상황)
- 개발자가 에러가 발생하려는 프로그램을 보고 다시 잡아준다.(Catch)

두 상황 모두 시도(Try)와 예측 못한 상황의 예외상황Exception을 잡아주는(Catch) 공식이 존재합니다. 이러한 공식

```
try/exception/catch
```

을 이용하여 코드를 작성해보도록 하겠습니다.

[함께 해봐요] **예외 처리의 기본**　　　　　　　　　　　　　　　　　　　　Ex003.cs

```
01   using System;
02
03   namespace RoadBook.CsharpBasic.Chapter07.Examples
04   {
05       public class Ex003
06       {
```

```
07        public void Run()
08        {
09            Console.Write("숫자를 입력하세요 : ");
10
11            try
12            {
13                int number = Convert.ToInt32(Console.ReadLine());
14
15                Console.WriteLine("입력된 숫자는 {0}", number);
16            }
17            catch (Exception)
18            {
19                Console.WriteLine("예외 상황 발생");
20            }
21        }
22    }
23 }
```

위의 예제를 살펴보겠습니다. 방금 전 Ex001 예제에서 나타났던,

OverFlowException, FormatException

등 이상한 데이터에 의해 프로그램이 비정상적으로 종료된 예제 코드에서

try ~ catch

로 감싼 것이 전부입니다. 먼저 예외 상황을 야기시키는 결과 값 화면을 다시 재현시켰을 때 Ex001과는 다르게 프로그램이 정상적으로 실행하면서 종료가 될 것입니다.

```
숫자를 입력 하세요 : one
예외 상황 발생
```

int형보다 더 큰 정수 데이터를 집어 넣었을 때에도 Ex001과는 다르게 프로그램이 정상적으로 실행하면서 종료가 될 것입니다.

```
숫자를 입력 하세요 : 2147483648
예외 상황 발생
```

왜 이런 결과가 나오는 것일까요?

사용자에게 숫자 입력 메시지를 출력합니다. 이 때, 사용자가 숫자가 아닌 문자 혹은 int 범위에서 벗어나는 정수를 입력합니다. 여기 까지는 Ex001과 상황은 같습니다. 하지만 try-catch를 추가한 코드가 예외상황을 정상적으로 처리하도록 잡아주는 역할을 했을 뿐입니다.

- int number 변수에 부정확한 값을 집어넣으려고 시도(try) 합니다.
- 프로그램 내부에서, 데이터가 잘못된 데이터라고 인지하고 예외 상황을 잡아(catch) 줍니다.
- 잡아 준 예외 상황에 맞게 catch 블록의 코드를 실행해 줍니다.

예외 처리를 잡아 주는 방법은 매우 간단합니다.

우리가 시도하려는 코드를 try 블록 안에 구현합니다. 그리고 예외 상황이 발생할 것을 대비하여, catch 블록에 예외 상황이 나왔을 경우의 코드를 구현합니다.

그렇다면 또 한 가지 궁금 한 점이 생겨났을 것입니다.

"catch 구문 괄호 안에 Exception의 의미는 무엇일까?"
"그리고 좀 더 친절하게 어떤 문제인지 알려줄 수는 없을까?"

위의 궁금증에 대해서 해결할 수 있도록 다음 코드를 작성해보도록 하겠습니다.

[함께 해봐요] 예외 메시지 출력 및 예외 코드 출력　　　　　　　　　　Ex004.cs

```
01   using System;
02
03   namespace RoadBook.CsharpBasic.Chapter07.Examples
04   {
05       public class Ex004
06       {
07           public void Run()
08           {
09               Console.Write("숫자를 입력하세요 : ");
10
11               try
12               {
13                   int number = Convert.ToInt32(Console.ReadLine());
14
15                   Console.WriteLine("입력 된 숫자는 {0}", number);
16               }
```

```
17          catch (Exception e)
18          {
19              Console.WriteLine("예외 상황 발생, 관리자에게 문의하세요");
20              Console.WriteLine("에러 코드 : {0}", e.HResult);
21              Console.WriteLine("에러 메시지 : {0}", e.Message);
22          }
23      }
24  }
25 }
```

Ex003과 다른 점은 'Exception e'로 표현한 catch 블록과, 출력 내용입니다.

Exception 객체에 담긴 e는, 예외 상황에 대한 정보를 담게 됩니다. 즉, 에러에 대한 자세한 메시지를 입력할 수도 있고, 에러에 대한 특수한 코드를 입력할 수도 있습니다. 위의 상황에서는 e.HResult와 e.Message 두 가지를 대표적으로 출력했습니다.

여기서 HResult는

특정 예외에 할당된 코드화된 숫자 값인 Hash 값

을 가져옵니다.

또한 Message는 영어 단어의 뜻과 동일하게

현재 예외를 설명하는 메시지

를 가져옵니다.

이러한 정보가 필요한 이유는 무엇일까요? 여러분이 B2C(Business to Customer, 대민 서비스) 서비스를 운영하고 있다고 가정해 봅시다. 사용자들은 이 프로그램이 어떠한 이유 때문에 문제가 생기는지 잘 모르고 있습니다.

그럴 때마다, Ex003의 예제처럼

"예외 상황 발생"

이라는 메시지만 보여준다면 사용자들은 불친절한 프로그램 곁에서 떠나게 될 것입니다. 만약에 Ex004의 예제처럼, 사용자들이 잘못해서 발생한 에러에 대한 정보를 남겨 주기라도 한다면, 신속한 서비스 대응도 이루어질 수 있을 것입니다. 개발자는 사람들과의 대화를 통해서 서비스 에러를 처리하는 것보다는, 프로그램에서 던져주는 에러 코드와 메시지에 의존하여 어떤 부분이 문제가 되는지 판단하는 것이 더 편하기 때문입니다.

위 예제의 결과 화면은 다음과 같습니다.

숫자를 입력하세요 : one
에러 상황 발생, 관리자에게 문의하세요
에러 코드 : -2146233033
에러 메시지 : 입력 문자열의 형식이 잘못되었습니다.

위의 코드에서는 catch문이 단 하나만으로 해결되었지만, 이 또한 장기적인 프로그램 관리 포인트 관점에서 보았을 때는, 개발자들이 에러에 대해 판단을 잘못할 수도 있는 상황이 생길 수도 있습니다. Exception은 모든 예외에 대한 최상위 계층이기 때문에 'Case By Case'의 예외 처리 방법과는 살짝 의미가 다르기 때문입니다. 그래서 올바른 예외 처리 방법은 여러 상황에 대하여 정의하는 것이 좋습니다.

[함께 해봐요] Case By Case 예외 처리   Ex005.cs

```
01  using System;
02
03  namespace RoadBook.CsharpBasic.Chapter07.Examples
04  {
05      public class Ex005
06      {
07          public void Run()
08          {
09              Console.Write("숫자를 입력하세요 : ");
10
11              try
12              {
13                  int number = Convert.ToInt32(Console.ReadLine());
14
15                  Console.WriteLine("입력 된 숫자는 {0}", number);
16              }
17              catch (FormatException)
18              {
19                  Console.WriteLine("Format Exception : 숫자가 아닌 값을 입력했습니다.");
20              }
```

```
21            catch (OverflowException)
22            {
23                Console.WriteLine("Overflow Exception : 숫자의 범위를 초과했습니다.");
24            }
25            catch (Exception e)
26            {
27                Console.WriteLine("예측하지 못한 예외 상황 발생, 관리자에게 문의하세요");
28                Console.WriteLine("에러 코드 : {0}", e.HResult);
29                Console.WriteLine("에러 메시지 : {0}", e.Message);
30            }
31        }
32    }
33 }
```

위의 예제에서는 catch문이 다중으로 붙어진 것을 확인할 수 있습니다. 즉, 예외 상황이 나타날 가능성이 있는 예외들을 먼저 나열을 합니다. 위의 실행 예제에서 봤던 FormatException과 OverflowException을 미리 정의하였고 이 외에도 나타날 예외 상황을 위해 가장 최상위 계층인 Exception으로 마무리를 지었습니다.

예외 처리를 할 때에는 위와 같은 코드가 가장 추천하고 싶은 예외 처리 방식이라고 볼 수 있습니다. 다중 catch문을 사용할 때에는, 최하위 예외 클래스에서 최상위 예외 클래스 형태로 코드를 쌓아 나가야 하는 점입니다. catch 블록은 정의되는 순서대로 차례차례 검사를 하게 됩니다. 만약 위의 예제에서

```
catch(Exception e) { … }
catch(OverflowException) { … }
catch(FormatException) {…}
```

와 같이 순서를 정의했다면 Overflow Exception이 나타나도, Format Exception이 나타나도 제일 먼저 정의된 최상위 계층의 Exception 코드 블록으로 프로그램이 실행될 것이기 때문에, 똑똑한 Visual Studio 컴파일러에서 오류로 인식을 합니다.

예외 처리 Simple Code

단일 catch문, 즉 Exception 최상위 계층의 예외처리만 할 경우 클래스 생략이 가능합니다.

```
try
{
    …
}
catch
{
    …
}
```

지금까지의 예외 처리에서는 catch 괄호 안에 Exception 클래스를 선언했지만, 단일 catch 문의 경우 컴파일러 자체에서

"이는 Exception 클래스를 호출한다"

라 인지하여 프로그램 흐름에 적용을 하게 됩니다.

예외 처리를 할 때 try는 최대한 짧게 감싸주세요

처음 try catch문을 접하게 되면, 어떤 오류가 나도 정상적으로 동작하는 프로그램을 보면서 '만능 구세주'로 인식을 할 수도 있습니다. 하지만 try를 처음부터 끝까지 모든 코드에 감싸게 된다면 어디에서 예외상황이 나타나고 있는지, 도대체 무엇이 문제인지 발견하기가 오히려 더 힘든 상황이 생길 수 있습니다.

즉, 위의 예제 코드에서는

```
number = Convert.Toint32(Console.ReadLine());
```

이 부분만 try로 감싸주는 것이 좋습니다.

```csharp
01  using System;
02
03  namespace RoadBook.CsharpBasic.Chapter07.Examples
04  {
05      public class Ex006
06      {
07          public void Run()
08          {
09              Console.Write("숫자를 입력 하세요 : ");
10
11              int number = 0;
12
13              try
14              {
15                  number = Convert.ToInt32(Console.ReadLine());
16              }
17              catch (FormatException)
18              {
19                  Console.WriteLine("Format Exception
                                        : 숫자가 아닌 값을 입력했습니다.");
20              }
21              catch (OverflowException)
22              {
23                  Console.WriteLine("Overflow Exception
                                        : 숫자의 범위를 초과했습니다.");
24
25              }
26              catch (Exception e)
27              {
28                  Console.WriteLine("예측하지 못한 예외 상황 발생, 관리자에게 문의하세요");
29                  Console.WriteLine("에러 코드 : {0}", e.HResult);
30                  Console.WriteLine("에러 메시지 : {0}", e.Message);
31              }
32
33              Console.WriteLine("입력된 숫자는 {0}", number);
34          }
35      }
36  }
```

변수 선언 부분까지 try로 감쌀 이유가 있을까요? 변수 선언 부분에서 예외 상황이 나올 가능성은 시스템 전원이 내려가지 않는 이상 절대로 없습니다. 나중에 좀더 심화 예제를 다루는 챕터에서는 try 코드 블록을 여러 개로 나누어서 표현하는 예제를 많이 접하게 될 것입니다. 이는 각각의 프로그램 동작의 흐름에는 서로 다른 예외 케이스가 있다는 것을 밝히기 위함입니다.

물론 개발자의 성향에 따라 try문 안에서 많은 코드가 실행되도록 구현할 수도 있습니다. 하지만 필자가 강조하고 싶은 것은 try catch를 왜 쓸 것인가에 대해 생각하는 습관을 가지는 것이 더 중요하기 때문에 언급을 하는 것입니다.

우리는 지금까지 예외 처리의 3단계 공식을 알게 되었습니다. 완벽한 프로그램이 되기 위해서는 한 단계 공식이 더 남아 있습니다.

자전거 타기의 예외 처리의 공식은 다음과 같이 3단계로 나눌 수 있습니다.

- 자전거 타기를 시도(Try)한다.
- 돌부리나 급경사 지역에서 아슬아슬하게 넘어지려고 한다.(비상 상황, 예측하지 못한 예외 상황)
- 부모님이 넘어지려는 아이를 보고 다시 잡아준다.(Catch)

부모님이 넘어지는 아이를 보고 잡아주는 것까지는 좋았습니다. 여기서 끝나면 아이의 자전거 타기 결과는 성공이라고 하기보다는 부모님께 의지만 하고 종료가 되는 것입니다. 절대로 발전할 수 없기 때문에 잘못된 부분을 고쳐주는 것뿐만 아니라 스스로 마무리를 잘 지어야 합니다.

- 잘못된 부분을 바로잡아주자, 마침내(Finally) 아이가 자전거를 스스로 탈 수 있게 됩니다.

프로그램의 예외 처리 공식도 마찬가지입니다.

- 프로그램이 정상적으로 동작하기를 시도(Try)한다.
- 사용자의 실수 혹은, 여러 가지 예상치 못한 상황에서 에러가 발생하려고 한다.(비상 상황, 예측하지 못한 예외 상황)
- 개발자가 에러가 발생하려는 프로그램을 보고 다시 잡아준다.(Catch)

예외 처리만 하고 끝나게 되면 프로그램은 반쪽짜리 성공의 프로그램이 됩니다.

- 잘못된 부분을 바로잡아주자, 마침내(Finally) 프로그램이 정상적으로 동작할 수 있게 됩니다.

잘못된 부분이 바로 잡힌 후에, 마지막으로 혼자 스스로 무엇인가를 마무리지어야 합니다.

```
01  using System;
02
03  namespace RoadBook.CsharpBasic.Chapter07.Examples
04  {
05      public class Ex007
06      {
07          public void Run()
08          {
09              Console.Write("숫자를 입력 하세요 : ");
10
11              int number = -1;
12              bool isException = false;
13              try
14              {
15                  number = Convert.ToInt32(Console.ReadLine());
16              }
17              catch (FormatException)
18              {
19                  Console.WriteLine("Format Exception : 숫자가 아닌 값을 입력했습니다.");
20
21                  isException = true;
22              }
23              catch (OverflowException)
24              {
25                  Console.WriteLine("Overflow Exception : 숫자의 범위를 초과했습니다.");
26
27                  isException = true;
28              }
29              catch (Exception e)
30              {
31                  Console.WriteLine("예측하지 못한 예외 상황 발생, 관리자에게 문의하세요");
32                  Console.WriteLine("에러 코드 : {0}", e.HResult);
33                  Console.WriteLine("에러 메시지 : {0}", e.Message);
34
35                  isException = true;
36              }
37              finally
38              {
39                  if (isException)
40                  {
```

```
41                        number = 0;
42                  }
43            }
44
45            Console.WriteLine("입력 된 숫자는 {0}", number);
46        }
47    }
48 }
```

C# 예외 처리의 마지막 단계는 finally 블록입니다. finally 블록은 try 블록 내부에서 예외가 발생하여 catch문으로 이동을 하든, 정상적으로 try 블록 내부에서 모든 로직이 잘 수행되든, 마지막에 무조건 실행되는 영역입니다.

finally의 대부분 역할은 자원을 해제하는 용도로 사용됩니다.

위의 예제에서는 isException이라는 변수가 새로 생겼습니다. 만약 try 블록에서 에러가 나서 catch 블록으로 이동한 경우, isException의 값은 true 값으로 변경됩니다. 모든 로직이 수행된 후에, finally 블록에서 isException의 여부에 따라 number 변수의 값 할당이 주어지게 됩니다. 만약 사용자가 정수를 입력하는 것이 아닌 '문자' 혹은 정수 범위 밖의 큰 '실수'를 입력했을 경우, 문자에 대한 FormatException 혹은 정수 범위를 초과한 OverFlowException이 출력될 것입니다. 해당 예외 처리가 실행된 후 finally에서 number를 0으로 초기화 해주는 작업을 실행하게 됩니다.

물론 finally는 필수가 아닙니다. 하지만 꼭 필요한 경우가 한군데 있습니다.

return 값을 가지고 있는 함수인 경우, try 블록에서의 return이 발생하거나 catch 블록에서의 return이 발생하더라도 finally 구문은 무조건 실행됩니다. 즉 데이터를 메인 함수에 리턴을 해준 후에, 부가적으로 finally 구문이 실행된다는 것입니다. 위의 정확한 예제는, 프로그램 구동 중에 임의로 생성된 Temp 파일 삭제, 혹은 다음 장에서 배울 데이터베이스 객체와 같은 자원을 닫는 (Close) 작업이 대표적입니다.

7.3 직접 만들어보는 예외 클래스

지금까지 예제는 모두 프로그램 상에서 예외를 잡는 역할을 했지만, 코드 내부에서 예외를 던지는 (throw) 역할을 할 수도 있습니다. 일단 예외를 던지기에 앞서, 사용자 정의 예외 만들기를 해보도록 하겠습니다. 사용자 정의 예외는 컴파일러 부분에서 체크하는 Compile Exception을 선언할 수도 있고, 컴파일러가 체크하지 않는 RunTime Exception을 선언할 수도 있습니다. 기본적으로 C#에서 제공해주는 Exception 클래스를 상속받아서 처리를 합니다. 여기서 상속을 받는 개념에 대해 이해가 되지 않는다면, 5장 객체지향 개념에 대해 다시 한번 살펴보시기 바랍니다.

```
class 예외클래스명 : Exception
{
    public 예외클래스명() { }
    public 예외클래스명(string message) { }
}
```

사용자 정의 예외 클래스의 생성자(Constructor)는 두 개를 선언하는 것이 일반적입니다. 하나는 매개변수가 없는 기본으로 제공해주는 생성자이고, 다른 하나는 예외 발생에 대한 정보를 전달하는 string 타입의 매개변수를 갖는 생성자가 있습니다.

[함께 해봐요] **사용자 예외 클래스**　　　　　　UserException/MyStyleException.cs

```
01   using System;
02
03   namespace RoadBook.CsharpBasic.Chapter07.Examples.UserException
04   {
05       class MyStyleException : Exception
06       {
07           public MyStyleException(){ }
08
09           public MyStyleException(string message) : base(message) { }
10       }
11   }
```

참고: Examlpes 폴더 안에 User Exception 폴더를 만들어야 합니다.

해당 키워드를 사용하는 클래스의 부모 클래스를 가리키는 용도, 즉 MyStyleException에서 상속 받고 있는 Exception 클래스를 바로보는 용도임

MyStyleException 클래스를 생성했습니다. 이 클래스는 Exception 클래스(가장 최상위 클래스)를 상속받는 형태로 구현되었습니다. 생성자로는 매개변수 없는 기본 생성자와, string을 받는 생성자 두개로 구현되었습니다. 이제 일반 프로그램 코드에서 MyStyleException 예외 코드를 호출해 보도록 하겠습니다. 즉,

"예외를 처리한다" –〉 "예외를 전달한다"

정도로 해석이 바뀝니다.

만약 시간이 지나면 소리가 크게 터지는 폭탄 모양의 장난감이 있고, 이를 제한 시간 동안 사람들과 돌리기를 할 때, 여러분의 차례에서 어떻게 하시겠습니까? 옆 사람에게 재빠르게 던져야 할 것입니다.

예외도 마찬가지입니다. 만약 나누기를 수행하는 메소드가 있다는 상황에서, 이 메소드는 두 수의 나눈 값만 전달을 해주면 됩니다. 하지만 만약 나누려는 숫자가 '0'인 경우, 해당 메소드에서는 문제가 있는 것을 감지하고 에러를 전달하게 됩니다.

이럴 때, 나누는 역할을 하는 메소드에서 책임을 떠 맡아야 할까요?

어쩔 수 없이 데이터가 잘못 들어온 입장에서,

"이건 내 문제가 아니야! 나에게 요청한 상대 메소드가 문제야!"

라면서 책임을 전가해야 할 것입니다. 즉, 예외를 요청했던 메소드에게 던지는 것입니다. 이 때 예외 상황의 주체를 던진다는 의미의 throw를 코드 내에 사용하면 됩니다.

[함께 해봐요] **사용자 예외 클래스를 이용한 예외 던지기**　　　　Ex008.cs

```
01  using System;
02  using RoadBook.CsharpBasic.Chapter07.Examples.UserException;
03                                          └─ Using 구문 추가!! 잊지마세요!!
04  namespace RoadBook.CsharpBasic.Chapter07.Examples
05  {
06      public class Ex008
07      {
08          public void Run()
09          {
10              Console.Write("두개의 숫자를 입력하세요 : ");
11
```

```
12          try
13          {
14              int number1 = Convert.ToInt32(Console.ReadLine());
15              int number2 = Convert.ToInt32(Console.ReadLine());
16
17              Console.WriteLine(Divide(number1, number2));
18          }
19          catch (Exception e)
20          {
21              Console.WriteLine(e.Message);
22          }
23      }
24
25      private int Divide(int number1, int number2)
26      {
27          if (number2 == 0)
28          {
29              throw new MyStyleException("0으로 나눌 수 없습니다!!");
30          }
31
32          return number1 / number2;
33      }
34  }
35 }
```

Divide 메소드를 살펴보겠습니다.

만약 나누려는 숫자가 0인 경우,

숫자 나누기 0

은 있을 수 없는 공식이 성립되기 때문에, 에러를 던져 준다는 의미의 throw new 구문을 사용하였습니다. return 구문은 실행할 필요 없이, Run 메소드의 catch문으로 로직이 이동하게 되는 원리입니다.

프로그래밍을 할 때, throw를 사용해야 하는 상황은 크게 두 가지가 있습니다.

- 메소드 내부에서 정의된 기능을 모두 완료할 수 없는 경우
- 메소드의 매개 변수 값이 잘못된 경우

사용자가 정의한 예외 처리의 경우, 초급자인 여러분들은 많이 사용을 하지는 않을 것입니다. 다만, 나중에 실무에서 개발을 하면서, 혹은 엔터프라이즈급(기업형) 프로그램을 만들 경우 .NET에서 제공하는 Exception 외에도 해당 회사의 정책적인 면에서 처리하는 예외 상황, 데이터를 취급하면서 잘못 정의된 예외 상황 등은 여러분들이 결정을 하는 경우가 많이 생길 것입니다.

이 장에서 살펴본 것과 같이, 여러분들은 적재적소에 예외 처리를 잘 하는 것에 익숙해져야만 합니다. 그래야 더 안정적이고, 오류가 나더라도 빠른 상황 판단으로 유지보수를 할 수 있게 될 것입니다. 특히 예상치 못한 상황의 Exception의 경우 로그(Log)를 기록하여 시스템 모니터링을 하도록 해야 합니다. 이러한 에러 로그가 바로 프로그램이 더 크게 성장할 수 있는 발판이 되기 때문입니다.

이번 장도 수고 많으셨습니다.

정리해봅시다

● 이번에 우리가 얻은 것

이번 장에서 여러분은 프로그램의 가장 큰 적인 '에러'에 대해 살펴보았고, 이러한 '에러'를 벗어나기 위한 '예외 처리' 방식에 대해 알아보았습니다. 또한 C#에서 제공하는 Exception 뿐만 아니라 사용자가 직접 정의한 예외 처리 방식에 대해서도 알아보았고, 몇 가지 의미 있는 프로그램도 개발해보았습니다.

● 이것만은 알고 갑시다.

1. 에러가 없는 프로그램은 없습니다. 이 말의 의미는 "개발자의 실수 혹은 역량의 문제가 있는 프로그램"이 아닌, "예측하지 못한 상황에서 어쩔 수 없이 프로그램은 에러가 난다"는 의미입니다.

2. 예외 처리를 하는 4단계 공식은,

   시도 〉 예측 못한 상황 발생 〉 잡아 주기 〉 마무리

   입니다. 이를 C# 코드로 표현한다면 try~catch~finally 구문이 됩니다.

3. try문은 한꺼번에 많은 코드를 감싸려고 하는 것보다는, 문제점이 야기될 가능성이 있는 코드 라인에 코드블록으로 감싸줍니다.

4. catch문은 여러 개의 형식으로 나누어 중첩 구현할 수 있습니다.

5. finally의 용도는, 예외가 발생하든 정상 작동하든 가장 마지막에 실행되는 블록으로써, 자원 해제의 역할을 많이 합니다.

6. 메소드 내부에서 정의된 기능이 모두 완료할 수 없는 경우 혹은, 메소드의 매개 변수 값이 잘못된 경우 해당 메소드에서 예외 처리를 하는 것보다는 호출한 메소드로 전달하는 throw 문을 구현하는 것이 더 바람직합니다.

1. 정수형(int)을 입력 받아 리턴해 주는 메소드를 만들어 보세요. 단, 정수형의 범위에 벗어
나는 수를 입력 받았을 경우 예외 처리를 진행하며, 정수형 변수에 −1 값을 전달하도록 처
리해보세요

   프로그램을 만들기 위해서는 다음과 같은 지식이 필요해요

   - 예외 처리 4단계 공식

   힌트!
   예외 처리 예제 코드를 잘 이해했다면 충분히 가볍게 구현할 수 있습니다.

2. 프로그램에서 제시한 0부터 255 사이의 랜덤한 숫자를 맞추는 프로그램을 만들어보세요.
이때, 범위 바깥의 숫자를 입력한 경우 예외 메시지를 출력하도록 설계해봅니다.

   프로그램을 만들기 위해서는 다음과 같은 지식이 필요해요

   - 예외 처리

   힌트!
   0~255까지의 데이터만 담을 수 있는 변수 타입을 찾아보세요.

8장

파일과 데이터베이스: 데이터를 보관하자

돈을 효율적으로 잘 모으기 위해서 우리는 가계부를 씁니다.

아무리 뛰어난 두뇌와 기억력을 가지고 있다고 하더라도, 일주일/한달/일년 전 내가 무엇을 먹었고 무엇을 구매했는지 기억하려면 내 스스로의 두뇌만으로는 벅찹니다.

가계부뿐만 아니라 내 지인의 연락처, 학교 수업시간의 필기, 회사 회의시간의 회의록 등등...

우리는 내 자신만을 믿지 않고 끊임없이 기록하는 습관을 가지고 있습니다.

프로그램도 지금까지 실행한 내용들을 기록해야 합니다.

여러분이 만들어본 프로그램의 예제들은 실행 종료가 되면 데이터를 기억해내지 못하고, 다시 실행할 경우 처음부터 똑 같은 작업을 진행했습니다.

이제는 프로그램이 종료가 되더라도, 지금까지 사용자가 작업한 내역에 대해 '저장'/'기억' 할 수 있어야 합니다.

이것이 바로 우리의 삶을 더욱 더 편하게 만들어 줄 수 있는 프로그램의 본 역할이기 때문입니다.

스마트폰 게임을 하거나, 워드 엑셀 등 문서 작업을 하고 '저장'을 하게 되면 그 후에 재실행하더라도, 지금까지의 작업 내역이 보관되어 있는 것처럼 기억하고 저장하는 기능은 여러분이 만든 프로그램의 마지막 화룡점정이 될 것입니다.

이 장에서는 데이터를 보관할 수 있는 두 가지 방법을 살펴볼 것입니다.

먼저 가장 심플하게 보관할 수 있는 방법인 '파일 입출력'에 대해 살펴볼 것이고, '프로그래밍의 꽃'이라고 불리우는 '데이터베이스'에 대한 설명과 설치 방법에 대해 살펴볼 것입니다.

이러한 내용을 토대로 '데이터 저장'에 대한 프로그래밍을 직접 해보도록 하겠습니다.

#핵심_키워드

#파일 #LOG #XML #JSON #데이터베이스

7장까지 정말 열심히 기초를 다지며 달려온 여러분께 박수를 보냅니다. 7장까지 제대로 이해를 하며, 여러 가지 상황에 대해 응용을 할 수 있다면 여러분들도 C# 개발자가 되기 위한 '기본'은 몸에 익혔다고 할 수 있습니다. 이제는 더 나아가 실무에서 제대로 된 개발을 하기 위해서 꼭 짚고 넘어가야 할 내용이 바로 이번 장입니다.

지금까지 기본적인 프로그램을 만들면서 공통적인 성격은,

"프로그램이 종료되는 순간 데이터가 손실된다."

라는 부분이었습니다. 사실 여러분들이 만든 프로그램들이 2% 부족했던 이유가 바로 데이터의 보관이 없었기 때문일 수도 있습니다. 이번 장에서는 2% 부족했던 여러분들의 프로그램이, 종료되더라도 다시 실행했을 때 계속해서 작업을 이어 나갈 수 있도록 데이터를 유지할 수 있는 방법에 대해 살펴볼 것입니다.

그렇다면 데이터를 기록하는 방법은 어떤 것들이 있을까요?

잠시만 생각해봅시다

데이터를 보관하는 방법?

우리는 기억력에는 한계가 있기 때문에 메모하려는 습관이 있습니다. 프로그램도 마찬가지입니다. 메모를 하기 위해서는 사람은 노트 혹은 스마트폰의 메모장에 기록하듯이, 프로그램도 파일을 통해 데이터를 기록할 수 있습니다.

흔히 윈도우에서 많이 사용되는 '.txt' 파일 형태의 문서로 기록될 수도 있고, 개발자들이 많이 사용하는 확장자인 '.log' 파일 형태의 문서도 될 수 있습니다. 이처럼 '**파일**'을 이용하여 프로그램의 흐름에 대해 기록할 수 있는 것이 가장 기본적인 데이터 보관 방법입니다.

하지만 파일을 이용한 데이터 기록의 단점으로는, 다른 사람들이 직접 파일을 열어 볼 수도 있고 그 파일을 수정할 수도 있습니다. 이는, 치명적인 데이터 조작의 문제점으로 악용될 수도 있기 때문에 보안상으로 많이 취약한 방법입니다.

따라서, 대부분의 프로그램은 '**데이터베이스**'라는 프로그램을 이용하여 데이터를 보관합니다. 데이터베이스란 무엇인가에 대한 설명은 우선 기초적인 데이터 기록 방법인 '파일 입출력'에 대해 살펴보도록 한 후에 더 심도 있게 알아보도록 하겠습니다.

8.1 파일 확장자의 대표 종류: txt, log

앞서 얘기한 바와 같이, 데이터의 흐름(기록)에 대해서 파일을 이용하여 기억해 나갈 수 있습니다. 우리가 대학교에서 리포트를 쓸 때 사용하는 Microsoft Word 파일의 확장자인 '.docx', 발표를 할 때 사용하는 Microsoft PowerPoint 파일의 확장자인 'pptx'와 같이, 모든 파일에는 자신이 어떤 형태의 문서인지 기록하는 '확장자'를 가지고 있습니다.

프로그램에서 데이터를 기록하기 위해서는 가장 기본적으로 '.txt' 파일의 확장자를 사용할 수 있습니다. 다만 프로그램의 흐름에 대한 기록을 저장할 때는 '.log'라는 확장자를 사용하는 것이 관례입니다. 프로그래머들은 Log4Net이라는 상용 로그관리 라이브러리를 이용하여 프로그램의 흐름을 기록하여, 버그가 났을 때의 원인을 찾아 분석을 하기도 하고 어느 메소드에서 퍼포먼스 수행 능력이 급격히 떨어지고 있는지를 알아내기도 합니다. Log4Net에 대해서는 '부록'에서 다룰 예정이니 궁금하다면 해당 챕터를 참고하시기 바랍니다.

텍스트 파일.txt이나 로그 파일.log은 일반적으로 여러분들이 메모하는 내용 그대로 데이터가 입력됩니다. 프로그램의 흐름에 대해서는 아래와 같이 내용이 이루어질 것입니다.

```
[2019.02.07 11:33:03] [Main] Program Main Loading
[2019.02.07 11:33:04] [DataScanner] Scanning
.
.
[2019.02.07 11:33:05] Program End
```

만약, 여러분들이 '4장 연습문제 3번', '5장 연습문제 3번'에서 구현해봤던 '은행 프로그램'에서 나의 잔액을 파일로 저장하게 된다면 아래와 같이 잔액만 문서에 남기면 될 것입니다.

```
1000000000
```

프로그램이 실행되는 동안의 데이터 흐름에 대한 기록을 남기는 로그 파일 외에도, 다른 개발자에게 내가 구성해 놓은 데이터를 알맞은 규칙으로 제공해주는 API 파일도 있습니다. API 파일의 대표적인 종류는 XML 파일.xml과 JSON 파일.json이 있습니다. 여기서 API란, Application Programming Interface의 약자로 '프로그램을 구현하기 위한 규약' 이라고 생각하시면 됩니다. 예를 들어 5장에서 만들어본 '게시판' 데이터를 다른 프로그램에서 사용할 수 있도록 직관적으로 표현하는 방법을 말합니다.

```
<BoardList>
    <Item>
        <Number> 1 </Number>
        <Title> 첫 번째 글입니다. </Title>
        <Contents> 첫 번째 글입니다. 안녕하세요. </Contents>
        <Writer> 운영자 </Writer>
    </Item>
    <Item>
        <Number> 2 </Number>
        <Title> 두 번째 글입니다. </Title>
        <Contents> 두 번째 글입니다. 안녕하세요. </Contents>
        <Writer> 운영자 </Writer>
    </Item>
</BoardList>
```

위와 같은 표현 방식을 XML 표현 방식이라고 합니다. BoardList 안에 여러 개의 Item이 구성되어 있습니다. 그리고 하나 하나의 Item에는 '글 번호', '글 제목', '글 내용', '작성자'로 구성되어 있습니다. XML과 비슷하게, JSON 구조로도 위의 데이터를 표현할 수 있습니다.

```
"board_list": [
    {number:1, title:"첫 번째 글입니다.", contents:"첫 번째 글입니다. 안녕하세요.",
     writer:"운영자"},
    {number:2, title:"두 번째 글입니다.", contents:"두 번째 글입니다. 안녕하세요.",
     writer:"운영자"},
]
```

JSON 구조도 마찬가지입니다. board_list에 여러 개의 object로 구성되어 있는 구조입니다.

XML과 JSON은 마치 여러분이 5장, 6장에서 배웠던 '게시판' 클래스의 제네릭 List로 구성된 구조를 표현한 것과 같습니다. 특히 JSON의 구조는 지금까지 배워왔던 데이터 변수의 모양과 크게 다르지 않은 구조입니다. 5장에 표현했던 BoardService 클래스의 Read 메소드를 여러분 스스로 확인해보고 비교해본 후, 이제부터 직접 파일을 관리하고 있는 디렉토리 구조를 제어해보고 파일을 만들어보며 데이터를 저장하는 방법에 대해 알아보도록 하겠습니다.

8.2 파일의 입력과 출력

데이터를 저장하는 가장 쉬운 방법은 파일에 관리를 하는 것입니다. 파일은 어떤 프로그램이 설치되지 않아도 메모장을 이용하여 확인할 수 있고, 더 이상 필요하지 않을 때 휴지통에 삭제만 하면 되기 때문에 관리 및 접근의 용이성이 좋습니다.

먼저 파일을 생성하기 위해서는 디렉토리(폴더)가 필요합니다. C#에서는 크게

정보를 알기 위한, DirectoryInfo 클래스와 FileInfo 클래스

파일 입출력을 위한, StreamWriter 클래스와 StreamReader 클래스

로 나누어 프로그램을 구현할 수 있습니다. 먼저 파일이 저장될 위치부터 정리해보도록 하겠습니다.

여러분이 디렉토리를 다루기 위해 최소한 필요한 정보는

- 현재 디렉토리가 존재하는가?
- 디렉토리가 존재하지 않는다면, 디렉토리를 만든다.
- 디렉토리의 전체경로를 출력한다.

입니다.

DirectoryInfo와 FileInfo 클래스는 System.IO 네이스페이스에서 참조가 가능합니다. 선언하는 방법은 다음과 같습니다.

```
System.IO.DirectoryInfo 클래스명 = new System.IO.DirectoryInfo( 디렉토리 경로 );
System.IO.FileInfo 클래스명 = new System.IO.FileInfo( 파일 경로 );
```

만약 using 구문을 이용했다면 다음과 같이 선언할 수 있습니다.

```
using System.IO;
DirectoryInfo 클래스명 = new DirectoryInfo( 디렉토리 경로 );
FileInfo 클래스명 = new FileInfo( 파일 경로 );
```

DirectoryInfo로 선언된 클래스에서 해당 디렉토리 존재유무를 확인하기 위해서는 Exists 프로퍼티를 사용하면 됩니다. 만약 존재하면 True를 리턴해 줄 것이고, 존재하지 않는다면 False를 리턴해 줄 것입니다. 그리고 디렉토리를 생성하기 위해서는 Create 메소드를 사용하면 됩니다. 마지막으로, 디렉토리의 완전한(Full) 경로를 알기 위해서는 FullName 프로퍼티를 사용하면 됩니다.

위의 세 가지 공식만 기억하면 디렉토리 다루는 데 가장 기본적인 행위를 할 수 있습니다.

```csharp
01  using System;
02  using System.IO;
03
04  namespace RoadBook.CsharpBasic.Chapter08.Examples
05  {
06      public class Ex001
07      {
08          private readonly string currentDirectory = Environment.CurrentDirectory;
09
10          public void Run()
11          {
12              DirectoryInfo directoryInfo = new DirectoryInfo(
13                  currentDirectory + @"\data");
14
15              if (!directoryInfo.Exists)
16              {
17                  directoryInfo.Create();
18                  Console.WriteLine("디렉토리가 생성되었습니다.");
19              }
20
21              Console.WriteLine("생성 경로 : {0}", directoryInfo.FullName);
22          }
23      }
24  }
```

위의 예제는 방금 전 필자가 이야기 한 내용의 전부입니다. 여기서 한가지 짚고 넘어갈 부분이 있다면 readonly로 되어 있는 currentDirectory 문자열 변수에 저장된 Environment. CurrentDirectory에 대한 값입니다. 이는 여러분이 현재 구축해놓은 프로젝트 환경의 경로를 가지고 오는 기능입니다. 예를 들어 여러분이 "D:₩MyProject" 경로에 프로젝트 환경이 구성되어 있다면, "D:₩MyProject₩bin₩Debug" 환경을 가지고 올 것입니다.

Run 메소드에서는 DirectoryInfo 클래스를 선언하고, 해당 경로를 "프로젝트경로\data"로 설정을 합니다. 그리고 해당 디렉토리가 존재하는지 체크한 후에, 존재하지 않은 경우 Create()를 이용하여 디렉토리를 생성하고, 경로 정보를 출력하도록 하는 예제입니다.

다음으로는 파일을 생성해보도록 하겠습니다. Ex001에서 만들어진 디렉토리에 텍스트 파일을 만들기 위해서는 StreamWriter 클래스를 사용해야 합니다. StreamWriter 클래스도 System.IO에 포함되어 있는 기능이며 선언 방법은 아래와 같습니다.

```
System.IO.StreamWriter 클래스명 = new StreamWriter( 파일경로, 덮어쓸지 여부 )
```

선언할 때 첫번째 매개변수로는 파일 경로(디렉토리 + 파일명)를 입력합니다. 그리고 두번째 매개변수는 선택사항으로, 기존에 파일이 있는 경우 내용을 덮어쓸 것인지를 확인하는 True/False 형태를 넣어주면 됩니다. 클래스 선언 후에 해당 파일에 내용을 기록하기 위해서는 WriteLine() 메소드를 사용하면 됩니다. 여러분이 지금까지 프로그램에 출력했던 Console.WriteLine의 기능을 이제는 파일에 기록하는 것뿐입니다.

[함께 해봐요] **파일에 내용 입력해보기**   Ex002.cs

```csharp
01  using System;
02  using System.IO;
03
04  namespace RoadBook.CsharpBasic.Chapter08.Examples
05  {
06      public class Ex002
07      {
08          private readonly string currentDirectory = Environment.CurrentDirectory;
09
10          public void Run()
11          {
12              using (StreamWriter sw = new StreamWriter
                        (currentDirectory + @"\data\log.txt", true))
13              {
14                  sw.WriteLine("프로그램 실행 시간: {0}", DateTime.Now);
15              }
16          }
17      }
18  }
```

StreamWriter 클래스를 선언한 후에, 프로그램이 실행된 시간을 기록하는 예제입니다. 클래스 선언을 할 때, 파일 덮어쓰기 여부를 true로 선언했기 때문에 프로그램을 여러 번 실행하면, 여러분의 프로젝트 경로에 log.txt 파일은 여러 줄로 계속해서 기록될 것입니다.

위의 예제에서 중요한 점은 using 구문을 StreamWriter 클래스 선언문에 감싼 것입니다. using 은 네임스페이스의 기능을 불러오기 위해 사용하는 경우 외에도, 메모리 자원을 자동으로 할당하고 자동으로 제거하는 기능 또한 같이 수행합니다. using으로 묶여진 StreamWriter 클래스는 sw.WriteLine 문장을 실행한 후에 자동으로 자원이 해제됩니다. 만약 using 구문을 사용하지 않고 구현했다면 아래와 같이 더 긴 문법으로 구현될 것입니다.

```
StreamWriter sw = new StreamWriter(currentDirectory + @"\data\ex002.txt");
sw.WriteLine("프로그램 실행 시간: {0}", DateTime.Now);
sw.Close();
```

using 구문으로 감싸는 것에 대해서는 개발자들의 취향 차이가 있으며, 불필요한 메모리 자원은 반드시 끝나는 시점에서 해제만 잘 하면 되기 때문에 어떤 구문을 사용하든지 문제는 없습니다. 다만 using의 자동 자원 할당/해제 기능의 편리함 때문에 필자는 자주 사용할 뿐입니다.

파일 정보를 가지고 오기 위해서는 FileInfo 클래스를 사용하면 됩니다.

[함께 해봐요] **파일에 내용 출력해보기**   Ex003.cs

```
01  using System;
02  using System.IO;
03
04  namespace RoadBook.CsharpBasic.Chapter08.Examples
05  {
06      public class Ex003
07      {
08          private readonly string currentDirectory = Environment.CurrentDirectory;
09
10          public void Run()
11          {
12              FileInfo fileInfo = new FileInfo(currentDirectory + @"\data\log.txt");
13
14              Console.WriteLine("저장경로 : {0}", fileInfo.DirectoryName);
15              Console.WriteLine("파일명 : {0}", fileInfo.Name);
16
17              Console.WriteLine("=== 파일 내용 ===");
18              using (StreamReader sr = new StreamReader(fileInfo.FullName))
19              {
```

```
20              string line = string.Empty;
21              while ((line = sr.ReadLine()) != null)
22              {
23                  Console.WriteLine(line);
24              }
25          }
26      }
27  }
28 }
```

파일에 내용을 입력해서 관리하는 방법은 편리함이 장점이지만, 누구나 해당 문서의 위치를 알고 있다면 정보의 조작과 유출의 위험이 생깁니다. 따라서 빈감한 정보의 경우는, 특히 사용자들의 개인정보와 같이 남들에게 정보 유출되어서는 안 될 정보는 '데이터베이스'라는 시스템에서 관리를 하는 것이 보편적인 방법입니다. 다음은 데이터베이스에 대해 살펴보도록 하겠습니다.

8.3 데이터베이스란?

데이터베이스란 무엇일까요?

갑자기 C#을 공부하다가 뜬금없이 데이터베이스라는 분야로 넘어가니 뭔가 어색할 수도 있겠습니다. 하지만 모든 프로그램을 개발하면서 정말 빼놓을 수 없는 것이 바로 "알고리즘", "자료구조", 그리고 "데이터베이스"입니다.

현재 여러분이 자주 들어가는 커뮤니티 사이트가 있나요?

커뮤니티 사이트 안에는 여러 가지 게시판들이 있는 것을 확인할 수 있습니다. 이 게시판을 화면으로 뿌려주며 여러 가지 액션(미리 보기 혹은 작성자 정보 보기(레이어 팝업이라고 합니다))을 보여주는 기술을 "프론트엔드Front-End"라고 하고, 데이터를 가공해주기 위해 Array 혹은 List 등으로 담아주는 기술을 "백엔드Back-End"라고 합니다. 그리고 백Back단에서 데이터를 가공하기 위해 게시물들을 '조회'해야 하는데, 이렇게 조회되는 데이터들을 담고 있는 것을 바로 데이터베이스라고 합니다.

여러분이 웹 개발을 할 때도, 콘솔 개발을 할 때도 만나기 싫어도 꼭 만나야 되는 것이 바로 데이터베이스라고 해도 과장된 말이 아닙니다. 파일시스템의 보안적인 문제를 개선하며, 안정적으로 데이터를 보관할 수 있는 데이터베이스를 설치해보고, 게시판과 같이 C#을 이용하여 회원 명단을 데이터베이스에 담고, 데이터를 조회하며, 데이터를 수정하고 삭제하는 기능을 구현해보도록 하겠습니다.

8.4 MS-SQL 설치

먼저 여러분의 컴퓨터에 데이터베이스를 설치하는 것부터 진행하도록 하겠습니다.

국내에서 많이 사용되고 있는 데이터베이스는 MS-SQL, Oracle, MySQL이 있습니다. 그 중에 우리가 예제로 사용할 데이터베이스는 MS-SQL입니다.

이유는 간단합니다. MS-SQL이 바로 마이크로소프트사에서 만든 데이터베이스기 때문입니다. 마이크로소프트의 C# 언어와, 마이크로소프트의 MS-SQL의 조합이 실무에서도 가장 많이 사용되는 조합이기도 하고, 호환성 자체로 따졌을 때도 훨씬 더 좋은 궁합을 가지고 있기 때문입니다.

현재 원고 기준, 가장 최신 버전인 'MS-SQL 2017 Express'를 검색하여 다운로드를 받아보도록 합시다.

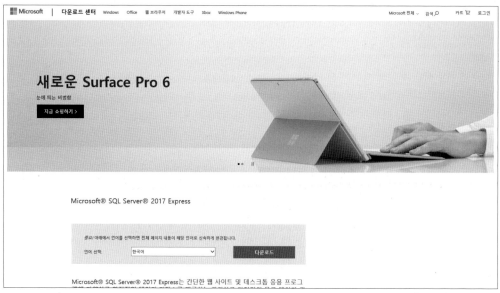

[그림 8-1] SQL Server 2017 Express 다운로드 화면

다운로드를 받은 후에, 관리자 권한으로 해당 설치 파일을 실행합니다.

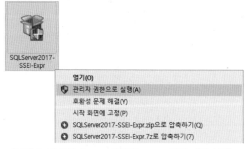

[그림 8-2] SQL Server 2017 Express 설치 파일 실행

파일을 실행하면 아래와 같이 Install 화면이 뜹니다. 우리는 데이터베이스의 질의와, 이를 통한 C# 연동을 하는 것이 목적이기 때문에 '기본' 설치를 진행하도록 하겠습니다.

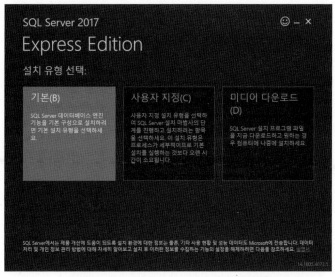

[그림 8-3] SQL Server 2017 Express 기본 설치

소프트웨어 사용에 대한 동의 절차 화면에서는, '수락' 버튼을 클릭하며 진행합니다.

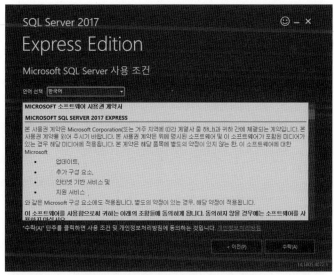

[그림 8-4] 소프트웨어 사용권 계약서 동의

Visual Studio를 설치한 것과 마찬가지로, 설치 경로는 마이크로소프트에서 지정해주는 위치에 설치하는 것을 추천합니다.

[그림 8-5] SQL Server 2017 Express 설치 경로

설치 경로까지 설정을 해주면 설치 프로그램이 알아서 필요한 패키지를 다운로드 하고 설치하게 됩니다.

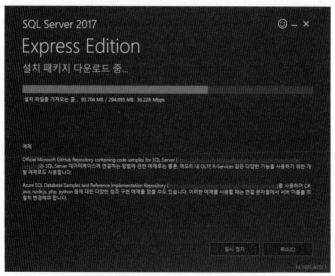

[그림 8-6] SQL Server 2017 Express 다운로드

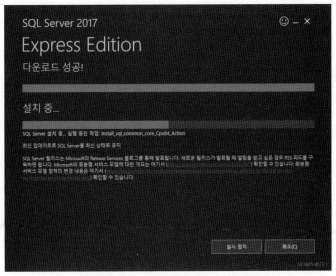

[그림 8-7] SQL Server 2017 Express 설치

설치가 완료된 후, 데이터베이스를 좀 더 손쉽게 관리할 수 있는 SSMS<small>SQL Server Management System</small>도 함께 설치해보도록 하겠습니다. 아래 설치 완료 화면에서 'SSMS 설치' 버튼을 클릭합니다. 지금 설치를 원하지 않을 경우, '닫기' 버튼을 클릭하여 Server 설치만 완료하여도 무방합니다.

8.5 SSMS(SQL Server Management System) 설치

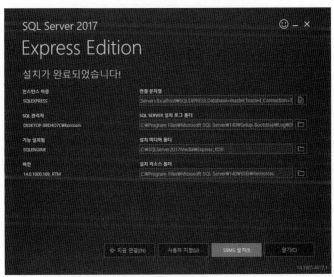

[그림 8-8] SQL Server Express 2017 설치 완료

SSMS 설치 버튼을 클릭하게 되면, 다운로드 받을 수 있는 페이지로 자동으로 연결됩니다. 최신 버전의 SSMS를 다운로드 합니다.

[그림 8-9] SSMS 다운로드 페이지

위의 다운로드 받은 설치 파일을 관리자 권한으로 실행합니다.

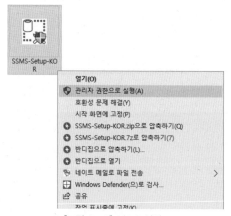

[그림 8-10] SSMS 설치

설치 버튼을 클릭하여 SSMS 설치를 진행합니다.

[그림 8-11] SSMS 설치 진행

SQL Server Express 2017 설치와 마찬가지로, SSMS 설치도 설치프로그램이 자동으로 패키지를 다운로드 하고 설치를 진행합니다.

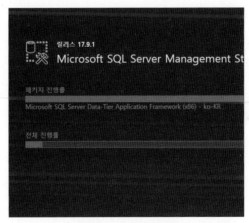

[그림 8-12] SSMS 설치

설치가 완료되면, **닫기** 버튼을 클릭하여 설치 종료를 합니다.

[그림 8-13] SSMS 설치 완료

8.6 MS-SQL 설정

설치가 완료되면 먼저 'SQL Server 2017 구성 관리자' 프로그램을 실행해보도록 하겠습니다. 이 프로그램은 우리가 설치한 서버에 대한 세부적인 설정을 할 수 있습니다.

[그림 8-14] SQL Server 2017 구성 관리자

먼저 'SQL Server 네트워크 구성 〉 SQLEXPRESS에 대한 프로토콜' 메뉴에서 'TCP/IP' 설정을 사용하도록 변경합니다. 이 설정은 여러분이 만든 C# 프로그램에서 해당 SQL Server에 접근할 수 있도록 네트워크 정의를 하는 부분입니다.

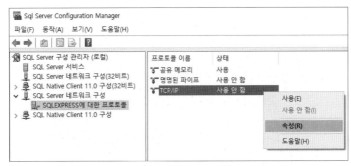

[그림 8-15] TCP/IP 설정

TCP/IP를 사용하도록 설정을 수정해주고, TCP 포트 번호를 MS-SQL의 기본 포트인 '1433'으로
변경해 줍니다.

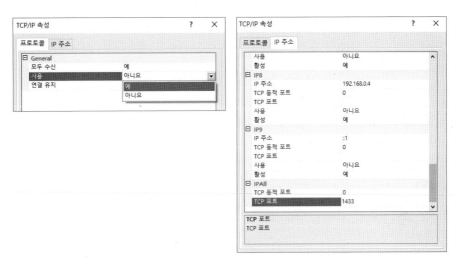

[그림 8-16] TCP/IP 설정

설정을 마친 후에 SQL Server를 다시 시작합니다.

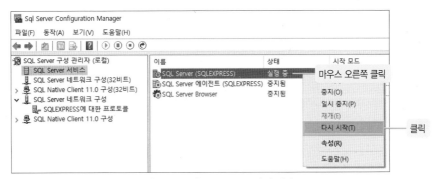

[그림 8-17] SQL Server 다시 시작

이제 SSMS를 실행해보도록 하겠습니다. 실행 초기 화면에서는 'Windows 인증'으로 서버에 접근
하도록 합니다.

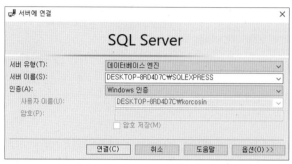

[그림 8-18] SQL Server 연결(Windows 인증)

여러분은 Super Administrator 계정인 'SA' 계정을 가지고 데이터베이스를 쉽게 다룰 것입니다.
해당 계정은 말 그대로 최고 관리자 계정으로, 테이블을 만들고, 수정하고, 삭제하는 권한까지 모
든 것을 가지고 있는 만능 관리자 계정입니다. 일단 이 책은 데이터베이스 관리에 대한 책이 아니
기 때문에, 기본적인 설정만 잡고 진행하도록 하겠습니다.

개체 탐색기에서 '보안 〉 로그인 〉 sa'에 오른쪽 마우스 클릭 후, 속성을 선택합니다.

[그림 8-19] Super Administrator 설정

로그인 속성 창의 일반 탭에서는 sa계정에 대한 암호를 재설정합니다. 암호는 여러분이 외우기 쉬운 암호로 설정을 하도록 합니다. 그리고 로그인 속성 창의 상태 탭을 클릭하여, 로그인 사용 여부에 대해 '사용'으로 설정을 수정한 후에 적용하도록 합니다.

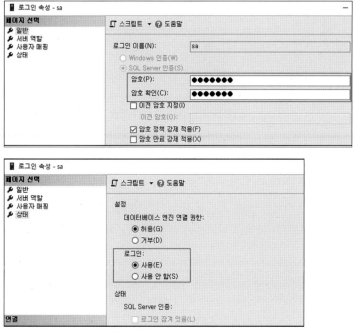

[그림 8-20] 로그인 속성 설정

로그인 설정이 완료되면, 마지막으로 해당 데이터베이스 서버의 설정을 수정하도록 하겠습니다.

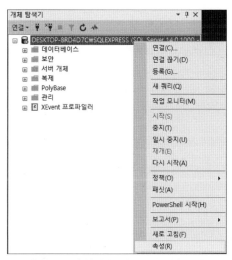

[그림 8-21] 데이터베이스 서버 설정 수정

서버 속성의 보안 탭에서 서버 인증 방식을 'SQL Server 및 Windows 인증 모드'로 변경을 합니다.

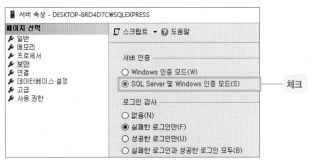

[그림 8-22] 서버 인증 설정 변경

설정 완료 후 [그림 8-23]과 같이 서버를 다시 시작하도록 합니다.

서버 재실행 후에, SSMS를 다시 실행하여, 'SQL Server 인증 방식'으로 서버 연결을 시도하도록 하겠습니다. 서버 이름은 자신의 로컬 호스트 IP인 '127.0.0.1'로 설정을 하고, 인증 방식은 'SQL Server 인증', 그리고 로그인과 암호를 여러분이 설정했던 sa 아이디와 암호를 입력하여 접근을 합니다.

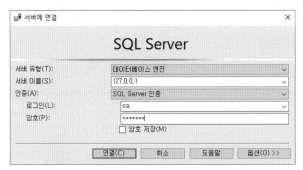

[그림 8-23] 서버에 연결(SQL Server 인증 방식)

서버 연결에 성공하면 문제없이 데이터베이스 설정이 완료된 것이지만, 가끔 설정이 잘못 되어 로그인에 실패할 수도 있습니다. 로그인에 실패했다면, 다시 한번 차근차근 SQL 설치 후의 설정 관련 화면을 보면서 다시 한번 따라해보도록 합니다.

8.7 SQL 기초지식 습득하기

가장 기초적인 데이터베이스의 개념부터 짚고 넘어가도록 하겠습니다.

객체 데이터를 담고 있는 구조인 '클래스'와 같이, 데이터베이스에서도 '테이블' 이라는 구조가 있습니다. 예를 들어 학교 데이터를 구현하기 위해서 '학생' 클래스와 '전공' 클래스, '학점' 클래스가 있듯이 데이터베이스에서도 '학생' 테이블, '전공' 테이블, '학점' 테이블이 있습니다. 최소한의 개념인 '테이블'이라도 알아야 C# 데이터베이스 프로그래밍을 할 때 내가 무엇을 하고 있는건지 혼란이 생기지 않을 것이고 이번 장도 수월하게 진행될 것입니다. 이 책의 주된 목적은 데이터베이스에 접속하여 데이터를 계속해서 쌓아가는 부분을 심도 있게 살펴볼 것입니다. 관리나 고급 질의문에 대해서는 다루지 않도록 하겠습니다. 만약 데이터베이스에 대해 더 알고 싶으시다면 데이터베이스 전문서를 한 권 같이 읽어보는 것도 추천합니다.

먼저 테이블을 만들기에 앞서, 데이터베이스를 하나 만들어보겠습니다. 여러분이 방금 전 설치했던 SSMS를 실행하고 saSystem Admin 계정으로 접속하도록 하겠습니다.

화면 상단의 "새쿼리"를 클릭하면, 빈 화면의 창이 생성됩니다.

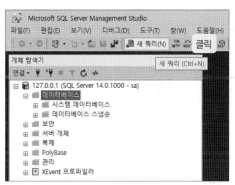

[그림 8-24] SSMS 새 쿼리 실행 하기

이곳에서 테이블 생성 및 데이터 추가/삭제/수정 명령을 할 수 있는 SQL문을 작성할 수 있습니다. 우선 testdb 데이터베이스를 만들어보도록 하겠습니다.

[함께 해봐요] **데이터베이스 만들기**　　　　　　　　　　　　　　　SQL/SQL001.sql

```
01  CREATE DATABASE testdb
02  GO
```

위의 구문을 새 쿼리 창에 입력한 후 F5키(실행)를 누르면 됩니다. 이 때 "명령이 완료되었습니다" 문구가 출력된다면 정상적으로 데이터베이스가 만들어진 것입니다.

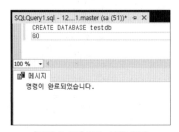

[그림 8-25] SQL 실행 화면

SSMS의 개체탐색기에서 데이터베이스 루트 〉 마우스 오른쪽 클릭 후, 새로 고침을 하게 되면 여러분이 방금 전에 실행해서 만들어진 testdb가 만들어진 것을 확인할 수 있습니다.

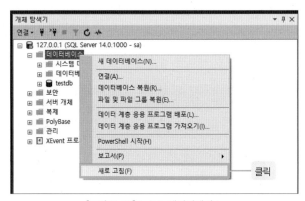

[그림 8-26] testdb 데이터베이스

여러분이 만든 이 testdb는 하나의 프로젝트라고 생각하시면 됩니다. 마치 "RoadBook. CsharpBasic.Chapter08"과 같은 하나의 프로젝트 저장 공간입니다.

참고로 SQL문은 대문자/소문자 구별을 하지 않습니다. 취향에 따라 소문자로 작성해도 무방합니다. 다음으로는 테이블을 만들어보도록 하겠습니다.

[함께 해봐요] **테이블 만들기**   SQL/SQL002.sql

```
01   USE testdb
02
03   CREATE TABLE TB_USER
04   (
05       ID VARCHAR(100),
```

```
06     NAME VARCHAR(100),
07     AGE INT,
08     JOB VARCHAR(100)
09  )
```

위의 Query문은 데이터를 담을 테이블을 만드는 명령입니다. TB_USER라는 테이블 명에 ID, NAME, AGE, JOB에 대한 정보를 가지고 있습니다.

테이블 안에 담겨 있는 데이터가 없으므로, 데이터를 생성해보도록 하겠습니다.

```
01  USE testdb
02
03  INSERT INTO TB_USER ( ID, NAME, AGE, JOB )
04  VALUES ( 'U001', '유저', '20', '학생' )
05
06  INSERT INTO TB_USER ( ID, NAME, AGE, JOB )
07  VALUES ( 'U002', '유저', '28', '디자이너' )
08
09  INSERT INTO TB_USER ( ID, NAME, AGE, JOB )
10  VALUES ( 'U003', '유저', '30', '프로그래머' )
11
12  INSERT INTO TB_USER ( ID, NAME, AGE, JOB )
13  VALUES ( 'U004', '유저', '25', '요리사' )
14
15  INSERT INTO TB_USER ( ID, NAME, AGE, JOB )
16  VALUES ( 'U005', '유저', '32', '교사' )
```

입력된 데이터를 한번 질의해 보도록 하겠습니다.

```
01  USE testdb
02
03  SELECT
04     ID, NAME, AGE, JOB
05  FROM
06     TB_USER
```

위의 쿼리를 실행해 보면, 방금 전 입력했던 데이터가 쭉 보이는 것을 확인할 수 있습니다.

[그림 8-27] 데이터 질의 결과

지금까지 우리는 SQL의 초간단 Query 문법을 배웠습니다.

테이블 생성에 필요한 'CREATE'문, 테이블 데이터 입력에 필요한 'INSERT'문, 데이터 조회에 필요 한 'SELECT'문을 배웠는데, 이 외에도 많이 사용되는 Query 문법은 'UPDATE'와 'DELETE' 문이 있습니다. 해당 문법은 C#과 데이터베이스를 연동하는 코드에서 다뤄보도록 하겠습니다.

8.8 C# 언어를 이용하여 데이터베이스에 접근하기

지금까지 C#을 배우는 것도 힘들 텐데, SQL 문법까지 다루어 보느라 수고 많으셨습니다.

이제 본론으로 돌아와 C# 언어를 이용하여 데이터베이스에 접근하고, 데이터베이스의 테이블을 질의하는 방법에 대해 살펴보도록 하겠습니다.

데이터베이스에 접근하기 위해서는 '기본 정보'가 필요합니다.

- 어떤 IP와 Port를 가진 서버인지
- 데이터베이스 이름은 무엇인지,
- 데이터베이스에 접근하는 계정 정보는 무엇인지

프로그램에 알려주어야 접근할 수 있습니다. 우선 MS-SQL에 접근하기 위한 정보는 아래와 같이 문자열로 정의하면 됩니다.

```
Data Source=[아이피],[포트];Initial Catalog=[데이터베이스이름];User ID=[계정];
    Password=[비밀번호]
```

Data Source에 IP주소와 Port번호를, Initial Catalog에 데이터베이스이름을, User ID에 계정명을, Password에 비밀번호 정보를 입력하도록 해봅시다.

필자의 SQL Server 계정은 sa이고 패스워드는 test123!@# 이기 때문에 SQL 정보는 아래와 같이 입력될 것입니다.

```
String connectionStr = "Data Source=127.0.1,1433:Initial Catalog=testdb:User
ID=sa;Password=test123!@#
```

다음으로는 정의된 문자열 정보를 가지고, 연결 객체를 생성해보도록 하겠습니다.

연결 객체를 사용하기 위해서는 'SqlConnection'이라는 키워드를 사용해야 합니다. 해당 클래스는 System.Data.SqlClient 네임스페이스에 포함되어 있으며, 선언하는 방법은 다음과 같습니다

```
SqlConnection 객체명 = new SqlConnection(커넥션 문자);
```

위와 같이 SqlConnection 객체를 생성한 후에, '객체명.Open()'을 하게 되면 데이터베이스에 연결 요청을 하는 명령을 내리게 되고, '객체명.Close()'를 하게 되면 데이터베이스에 연결된 것을 끊어버리는 명령을 내리게 됩니다.

데이터베이스의 정보를 객체에 담고, 연결까지 하는 코드는 아래와 같습니다.

[함께 해봐요] 데이터베이스에 접근하기   Ex004.cs

```
01  using System;
02  using System.IO;
03  using System.Data.SqlClient;
04
05  namespace RoadBook.CsharpBasic.Chapter08.Examples
06  {
07      public class Ex004
08      {
09          private readonly string currentDirectory = Environment.CurrentDirectory;
10          private readonly string connectionStr =
11              string.Format("Data Source={0},{1};
                             Initial Catalog={2};User ID={3};Password={4}",
12                  "127.0.0.1", 1433, "testdb", "sa", "test123!@#");
13
```

```
14        public void Run()
15        {
16            CheckedDirectory();
17            TryConnectToDatabase();
18        }
19
20        private void CheckedDirectory()
21        {
22            DirectoryInfo directoryInfo = new DirectoryInfo
                                        (currentDirectory + @"\data");
23
24            if (!directoryInfo.Exists) { directoryInfo.Create(); }
25        }
26
27        private void TryConnectToDatabase()
28        {
29            SqlConnection connection = new SqlConnection(connectionStr);
30
31            string fileName = string.Format(@"\data\db{0}.log",
                        DateTime.Now.ToString("yyyyMMddHHmmss"));
32
33            using (StreamWriter sw = new StreamWriter
                    (currentDirectory + fileName, true))
34            {
35                sw.WriteLine("[{0}] 데이터베이스 연결 시도...", DateTime.Now);
36                connection.Open();
37                sw.WriteLine("[{0}] 데이터베이스 연결 OK...", DateTime.Now);
38
39                sw.WriteLine("[{0}] 데이터베이스 연결 끊기 시도...", DateTime.Now);
40                connection.Close();
41                sw.WriteLine("[{0}] 데이터베이스 연결 끊기 OK...", DateTime.Now);
42            }
43        }
44    }
45 }
```

connectionStr 문자열 변수에는 방금 전에 살펴보았던 데이터베이스 정보를 입력해줍니다. 그리고 Run 메소드에서는 두 가지 함수를 호출합니다. 첫번째는 CheckedDirectory() 메소드로, 데이터베이스 접속 기록을 파일로 남기기 위한 디렉토리 경로 설정 및 존재 여부를 판단합니다. 그리고 TryConnectToDataBase() 메소드를 호출하여, SqlConnection 객체를 이용한 데이터베이스 접근 시도에 대한 기록을 StreamWriter 클래스를 이용하여 파일로 남겨둡니다.

8.9 C# 언어를 이용하여 데이터를 집어넣고 조회하기

데이터베이스에 연결이 성공적으로 이루어졌다면, 여러분이 SQL Management Studio에서 작성했던 쿼리문을 프로그램상에서 처리해보도록 하겠습니다.

데이터베이스에 접근할 수 있도록 지원해주는 객체가 'SqlConnection'이라면, 쿼리문 질의 담당 객체는 'SqlCommand'입니다. 이 객체 안에 쿼리문 정보를 넣어주면 데이터베이스에 저장됩니다. SqlCommand 또한 System.Data.DataClient 네임스페이스에 속해 있으며 이를 선언하는 방법은 아래와 같습니다.

```
SqlCommand 객체명 = new SqlCommand(Query문, SqlConnection 객체);
```

위와 같이 Query문과 SqlConnection 객체를 담은 SqlCommand 객체가 생성된 후에,

객체명.ExecuteNonQuery()와 객체명.ExecuteReader()

을 이용하여 데이터 입력 및 조회가 이루어집니다.

ExecuteNonQuery() 메소드는 데이터 입력/수정/삭제를 담당하는 메소드이며, ExecuteReader()는 데이터 조회를 담당하는 메소드입니다. Query문 형태에 따라 사용하는 메소드를 잘 사용하기 바랍니다. 먼저 여러분이 만들었던 TB_USER 테이블의 데이터 구조에 맞게 User 모델 클래스를 만들어 볼 것이고, 바로 이어서 데이터 추가 생성을 진행해 보도록 하겠습니다.

[함께 해봐요] 유저 클래스 만들기　　　　　　　　　　　Model/User.cs

```
46   namespace RoadBook.CsharpBasic.Chapter08.Model
01   {
02       public class User
03       {
04           public string userID { get; set; }
05           public string Name { get; set; }
06           public int Age { get; set; }
07           public string Job { get; set; }
08       }
09   }
```

```
01  using System;
02  using System.IO;
03  using System.Data.SqlClient;
04
05  namespace RoadBook.CsharpBasic.Chapter08.Examples
06  {
07      public class Ex005
08      {
09          private readonly string currentDirectory = Environment.CurrentDirectory;
10          private readonly string connectionStr =
11              string.Format("Data Source={0},{1};Initial Catalog={2};
                              User ID={3};Password={4}",
12                  "127.0.0.1", 1433, "testdb", "sa", "test123!@#");
13
14          public void Run()
15          {
16              CheckedDirectory();
17              TryConnectToDatabase();
18          }
19
20          private void CheckedDirectory()
21          {
22              DirectoryInfo directoryInfo = new DirectoryInfo
                                              (currentDirectory + @"\data");
23
24              if (!directoryInfo.Exists) { directoryInfo.Create(); }
25          }
26
27          private void TryConnectToDatabase()
28          {
29              SqlConnection connection = new SqlConnection(connectionStr);
30
31              string fileName = string.Format(@"\data\db{0}.log",
                                  DateTime.Now.ToString("yyyyMMddHHmmss"));
32
33              using (StreamWriter sw = new StreamWriter(currentDirectory +
                                          fileName, true))
34              {
35                  sw.WriteLine("[{0}] 데이터베이스 연결 시도...", DateTime.Now);
36                  connection.Open();
```

```
37                    sw.WriteLine("[{0}] 데이터베이스 연결 OK...", DateTime.Now);
38
39                    Model.User user = SetUser();
40                    string insertSQL = string.Format(" INSERT INTO TB_USER
                                        ( ID, NAME, AGE, JOB ) VALUES ( '{0}',
                                        '{1}', '{2}', '{3}' ) ",
41                        user.userID, user.Name, user.Age, user.Job);
42
43                    using (SqlCommand command = new SqlCommand(insertSQL, connection))
44                    {
45                        int activeNumber = command.ExecuteNonQuery();
46
47                        sw.WriteLine("영향 받은 데이터 : " + activeNumber);
48                    }
49
50                    sw.WriteLine("[{0}] 데이터베이스 연결 끊기 시도...", DateTime.Now);
51                    connection.Close();
52                    sw.WriteLine("[{0}] 데이터베이스 연결 끊기 OK...", DateTime.Now);
53                }
54            }
55
56        private Model.User SetUser()
57        {
58            Model.User user = new Model.User();
59
60            bool validate = false;
61            do
62            {
63                Console.Write("신규 회원의 아이디를 입력하세요: ");
64                user.userID = Console.ReadLine();
65                Console.Write("신규 회원의 이름을 입력하세요: ");
66                user.Name = Console.ReadLine();
67                Console.Write("신규 회원의 나이를 입력하세요: ");
68                user.Age = Convert.ToInt32(Console.ReadLine());
69                Console.Write("신규 회원의 직업을 입력하세요: ");
70                user.Job = Console.ReadLine();
71
72                Console.WriteLine("신규 회원 : {0} / {1} / {2} / {3} 이 맞습니까? (y/n)",
73                    user.userID, user.Name, user.Age, user.Job);
74
75                validate = Console.ReadLine().ToLower() != "y";
76            } while (validate);
```

```
77
78              return user;
79          }
80      }
81  }
```

처음 시나리오는 Ex004 코드와 같은 시나리오입니다. 여기서 추가된 메소드로는 SetUser() 메소드가 있고, 이 메소드의 기능은 User 모델 클래스를 생성하여, 사용자에게 User 정보를 입력하도록 유도합니다. 신규 회원의 ID와 Name, Age, Job 정보를 입력 받은 후에, TryConnectToDataBase 메소드에서 입력 받은 데이터의 정보를 가지고 Insert문을 수행하였습니다. 이 추가된 코드는 아래와 같습니다.

```
Model.User user = SetUser();
string insertSQL = string.Format(" INSERT INTO TB_USER ( ID, NAME, AGE, JOB )
VALUES ( '{0}', '{1}', '{2}', '{3}' ) ",
    user.userID, user.Name, user.Age, user.Job);

using (SqlCommand command = new SqlCommand(insertSQL, connection))
{
    int activeNumber = command.ExecuteNonQuery();
    sw.WriteLine("영향 받은 데이터 : " + activeNumber);
}
```

위와 같이, SqlCommand 객체 안에, 데이터 신규 생성 Query문을 담은 insertSQL 문자열 변수와, SqlConnection 객체인 connection을 집어넣고 선언한 후에, ExecuteNonQuery()를 진행하면 정상적으로 데이터 한 건이 신규 추가되는 것을 확인할 수 있습니다(ExecuteNonQuery의 리턴형은 Int 형입니다. Query문을 실행한 후에 영향을 받는 행의 수를 리턴해 줍니다).

프로그램의 실행은 다음과 같습니다.

```
신규 회원의 아이디를 입력하세요: U007(입력)
신규 회원의 이름을 입력하세요: 덱스터(입력)
신규 회원의 나이를 입력하세요: 34(입력)
신규 회원의 직업을 입력하세요: 프로그램(입력)
프로그램 종료...
```

실제로 들어갔는지 확인하기 위해서, SQL Management Studio에서 Query문 질의를 해보도록 하겠습니다(Select Query문은 아래 그림 참고).

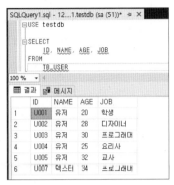

[그림 8-28] Ex005 프로그램 실행 후 SQL 결과

프로그램이 실행하면서 영향을 준

U007/ 덱스터 / 34 / 프로그래머

데이터가 테이블 안에 입력된 것이 보입니다.

다음 예제는 SqlCommand 객체를 이용하여, SELECT문을 프로그램상에서 출력하는 예제를 살펴보도록 하겠습니다. 데이터 조회를 위해서는 ExecuteReader() 메소드를 이용해야 한다고 위에서 언급한 바 있습니다.

ExecuteReader() 메소드의 리턴형은 SqlDataReader라는 '객체'를 반환하게 됩니다. SqlDataReader 객체에는 질의된 데이터 정보를 가지게 됩니다.

이 객체에서 중요한 메소드는 Read()입니다. 이 메소드는 SqlDataReader에 남긴 데이터를 한 줄씩 꺼내오는 역할을 합니다. 만약 한 줄씩 꺼내오면서, 데이터가 있는 경우 True를, 데이터가 없는 경우 False를 반환합니다.

[함께 해봐요] **데이터 조회**　　　　　　　　　　　　　　　　　　　　　　Ex006.cs

```
01  using System;
02  using System.Data.SqlClient;
03
04  namespace RoadBook.CsharpBasic.Chapter08.Examples
05  {
```

```
06      public class Ex006
07      {
08          private readonly string connectionStr =
09              string.Format("Data Source={0},{1};Initial Catalog={2};
                            User ID={3};Password={4}",
10                  "127.0.0.1", 1433, "testdb", "sa", "test123!@#");
11
12          public void Run()
13          {
14              string selectSQL = " SELECT ID, NAME, AGE, JOB FROM TB_USER ";
15
16              using (SqlConnection connection = new SqlConnection(connectionStr))
17              {
18                  connection.Open();
19                  using (SqlCommand command = new SqlCommand(selectSQL, connection))
20                  {
21                      SqlDataReader reader = command.ExecuteReader();
22
23                      while (reader.Read())
24                      {
25                          Console.WriteLine("회원ID : {0}", reader["ID"]);
26                          Console.WriteLine("회원이름 : {0}", reader["NAME"]);
27                          Console.WriteLine("회원나이 : {0}", reader["AGE"]);
28                          Console.WriteLine("회원직업 : {0}", reader["JOB"]);
29                          Console.WriteLine("=====");
30                      }
31                  }
32                  connection.Close();
33              }
34          }
35      }
36  }
```

ExecuteReader()에 의해 생성된 SqlDataReader 객체의 데이터를 출력하기 위해 while문을 사용하였습니다.

Read() 메소드는 데이터 존재 여부를 리턴해주는 bool 형태이기 때문에, "데이터가 있는 동안~" 질의문 결과를 출력해주게 됩니다.

질의문의 컬럼을 출력하기 위해서는 reader["컬럼명"]을 사용했는데, reader[인덱스]를 이용하여 숫자로 표현해도 무방합니다.

8.10 C# 언어를 이용한 데이터 수정과 삭제

지금까지 Management Studio에서 질의했던 Query문을 이용하여 프로그램상에서 제어하는 방법을 배웠습니다.

추가로, 데이터를 수정하는 방법과 데이터를 삭제하는 방법에 대한 Query문을 살펴보도록 하겠습니다.

[함께 해봐요] 데이터 수정	SQL/SQL005.sql

```
01  USE testdb
02
03  UPDATE
04      TB_USER
05  SET
06      NAME = '유저_수정'
07  WHERE
08      ID = 'U001'
```

UPDATE~SET 문법을 이용하여 특정 컬럼의 값을 변경할 수 있습니다.

여기서 새롭게 등장한 WHERE 키워드는 특정 컬럼을 "필터링"하는 데 사용됩니다. 즉, ID='U001'이라면, ID가 U001인 데이터만 영향을 받도록 조건을 내놓는 것입니다.

F5 실행 후, SELECT 쿼리를 질의해 보면 아래와 같이 결과가 나오는 것을 확인할 수 있습니다.

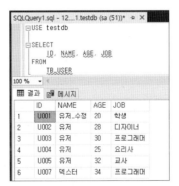

[그림 8-29] UPDATE 구문 실행 후 반영된 데이터

ID가 U001인 회원의 NAME이 "유저_수정"으로 바뀐 것을 확인할 수 있습니다.

```
01  USE testdb
02
03  DELETE FROM TB_USER WHERE ID = 'U001'
```

다음으로는 DELETE 구문을 이용하여 회원정보를 삭제할 수 있습니다.

여기서도 마찬가지로 WHERE 키워드를 이용하여 ID가 U001인 회원을 삭제하는 명령을 내렸습니다. DELETE문 질의 후, SELECT 결과는 아래와 같습니다.

[그림 8-30] DELETE 구문 실행 후 반영된 데이터

ID가 U001인 회원이 삭제된 것을 확인할 수 있습니다.

데이터 수정 및 삭제는 Insert 구문을 사용했을 때와 같이 SqlCommand의 ExecuteNonQuery() 메소드를 사용하면 됩니다.

```
01  using System;
02  using System.IO;
03  using System.Data.SqlClient;
04
05  namespace RoadBook.CsharpBasic.Chapter08.Examples
06  {
07      public class Ex007
08      {
09          private readonly string currentDirectory = Environment.CurrentDirectory;
10          private readonly string connectionStr =
11              string.Format("Data Source={0},{1};Initial Catalog={2};
                            User ID={3};Password={4}",
```

```
12                    "127.0.0.1", 1433, "testdb", "sa", "test123!@#");
13
14          public void Run()
15          {
16              CheckedDirectory();
17              TryConnectToDatabase();
18          }
19
20          private void CheckedDirectory()
21          {
22              DirectoryInfo directoryInfo = new DirectoryInfo
                                        (currentDirectory + @"\data");
23
24              if (!directoryInfo.Exists) { directoryInfo.Create(); }
25          }
26
27          private void TryConnectToDatabase()
28          {
29              SqlConnection connection = new SqlConnection(connectionStr);
30
31              string fileName = string.Format(@"\data\db{0}.log",
                          DateTime.Now.ToString("yyyyMMddHHmmss"));
32
33              using (StreamWriter sw = new StreamWriter
                                    (currentDirectory + fileName, true))
34              {
35                  sw.WriteLine("[{0}] 데이터베이스 연결 시도...", DateTime.Now);
36                  connection.Open();
37                  sw.WriteLine("[{0}] 데이터베이스 연결 OK...", DateTime.Now);
38
39                  Model.User user = SetUser();
40                  string updateSQL = string.Format
                                    (" UPDATE TB_USER SET NAME='{0}',
                                    Age='{1}', Job='{2}' WHERE ID='{3}' ",
41                  user.Name, user.Age, user.Job, user.userID);
42
43                  using (SqlCommand command = new SqlCommand())
44                  {
45                      command.Connection = connection;
46                      command.CommandText = updateSQL;
47                      int activeNumber = command.ExecuteNonQuery();
48
49                      sw.WriteLine("영향 받은 데이터 : " + activeNumber);
```

```
50                     }
51
52                     sw.WriteLine("[{0}] 데이터베이스 연결 끊기 시도...", DateTime.Now);
53                     connection.Close();
54                     sw.WriteLine("[{0}] 데이터베이스 연결 끊기 OK...", DateTime.Now);
55                 }
56             }
57
58         private Model.User SetUser()
59         {
60             Model.User user = new Model.User();
61
62             bool validate = false;
63             do
64             {
65                 Console.Write("정보 수정 할 회원의 아이디를 입력하세요: ");
66                 user.userID = Console.ReadLine();
67                 Console.Write("회원의 이름을 입력하세요: ");
68                 user.Name = Console.ReadLine();
69                 Console.Write("회원의 나이를 입력하세요: ");
70                 user.Age = Convert.ToInt32(Console.ReadLine());
71                 Console.Write("회원의 직업을 입력하세요: ");
72                 user.Job = Console.ReadLine();
73
74                 Console.WriteLine("수정 된 회원 : {0} / {1} / {2} / {3}
                                 이 맞습니까? (y/n)",
75                     user.userID, user.Name, user.Age, user.Job);
76
77                 validate = Console.ReadLine().ToLower() != "y";
78             } while (validate);
79
80             return user;
81         }
82     }
83 }
```

위의 예제에서 달라진 부분은 SqlCommand 객체 생성 방식입니다.

```
SqlCommand 객체명 = new SqlCommand();
```

와 같이 아무런 데이터를 넘겨주지 않고, 빈 껍데기의 객체를 생성한 후에,

```
객체명.Connection = SqlConnection;
객체명.CommandText = SQL질의문
```

과 같이 속성을 설정해주는 방식으로 변경했습니다.

만약 INSERT/UPDATE/DELETE/SELECT문을 여러 가지 다중으로 사용하는 경우에는 빈 껍데기의 객체로 시작해서 속성을 변경해주는 방식으로 코드를 작성하는 것이 더욱 간결한 코드가 됩니다. 마지막으로 데이터 삭제 기능도 구현해보고 이번 장을 마무리하도록 하겠습니다.

[함께 해봐요] 데이터 삭제   Ex008.cs

```
01  using System;
02  using System.IO;
03  using System.Data.SqlClient;
04
05  namespace RoadBook.CsharpBasic.Chapter08.Examples
06  {
07      public class Ex008
08      {
09          private readonly string currentDirectory = Environment.CurrentDirectory;
10          private readonly string connectionStr =
11              string.Format("Data Source={0},{1};Initial Catalog={2};
                                  User ID={3};Password={4}",
12                  "127.0.0.1", 1433, "testdb", "sa", "test123!@#");
13
14          public void Run()
15          {
16              CheckedDirectory();
17              TryConnectToDatabase();
18          }
19
20          private void CheckedDirectory()
21          {
22              DirectoryInfo directoryInfo = new DirectoryInfo
                                          (currentDirectory + @"\data");
23
24              if (!directoryInfo.Exists) { directoryInfo.Create(); }
25          }
26
```

```
27      private void TryConnectToDatabase()
28      {
29          SqlConnection connection = new SqlConnection(connectionStr);
30
31          string fileName = string.Format(@"\data\db{0}.log",
                            DateTime.Now.ToString("yyyyMMddHHmmss"));
32
33          using (StreamWriter sw = new StreamWriter(currentDirectory +
                                fileName, true))
34          {
35              sw.WriteLine("[{0}] 데이터베이스 연결 시도...", DateTime.Now);
36              connection.Open();
37              sw.WriteLine("[{0}] 데이터베이스 연결 OK...", DateTime.Now);
38
39              Console.Write("삭제 할 유저의 아이디를 입력하세요: ");
40              string userID = Console.ReadLine();
41              string deleteSQL = string.Format
                                (" DELETE FROM TB_USER WHERE ID=
                                '{0}' ", userID);
42
43              using (SqlCommand command = new SqlCommand())
44              {
45                  command.Connection = connection;
46                  command.CommandText = deleteSQL;
47                  int activeNumber = command.ExecuteNonQuery();
48
49                  sw.WriteLine("영향 받은 데이터 : " + activeNumber);
50              }
51
52              sw.WriteLine("[{0}] 데이터베이스 연결 끊기 시도...", DateTime.Now);
53              connection.Close();
54              sw.WriteLine("[{0}] 데이터베이스 연결 끊기 OK...", DateTime.Now);
55          }
56      }
57  }
58 }
```

● 이번에 우리가 얻은 것

이번 장에서 여러분은 프로그램이 종료되어도 데이터를 계속 유지할 수 있는 방법에 대해 알아보았고, 가장 간단한 '파일 입출력' 기능부터 '데이터베이스'를 다루는 부분까지 알아보 았으며, 몇 가지 의미 있는 프로그램도 개발해보았습니다.

● 이것만은 알고 갑시다.

1. 프로그램이 종료되어도, 혹은 시스템이 재부팅 되어도 데이터는 계속 유지시켜야 합니다.

2. 프로그램 데이터를 유지하는 방법으로는 '파일'을 이용한 데이터 저장 방법과 '데이터베이 스' 시스템을 이용한 데이터 저장 방법이 있습니다.

3. '파일 입출력'에 필요한 객체는 StreamWriter와 StreamReader가 있습니다. 또한 파일과 디 렉토리의 정보를 다루기 위해서는 FileInfo 클래스와 DirectoryInfo 클래스가 있습니다.

4. 데이터베이스란, 파일시스템의 보안적 한계를 해결하기 위해 데이터를 효과적이고 안전하 게 저장하는 시스템을 말합니다.

5. 데이터베이스에 있는 데이터를 질의하는 기본적인 표현법(키워드)은 4가지가 있습니다.

   ● SELECT문 : 데이터를 질의합니다.
   ● INSERT문 : 데이터를 신규 생성합니다.
   ● UPDATE문 : 기존 데이터를 수정합니다.
   ● DELETE문 : 기존 데이터를 삭제합니다.

6. 데이터베이스에 접근하기 위해서는 SqlConnection 객체를 사용합니다.

7. 데이터베이스의 테이블을 제어하기 위해서는 SlqCommand 객체를 사용합니다.

8. SqlCommand 객체에서 단순 데이터 읽기를 위해서는 ExecuteReader 메소드를 사용하며, 데 이터의 신규/수정/삭제를 제어하기 위해서는 ExecuteNonQuery 메소드를 사용합니다.

1. 여러분의 프로젝트 디렉토리에 속해 있는 파일 리스트 정보를 가지고 오는 프로그램을 만들어 보세요. 여러분이 이번 장의 예제를 많이 실행하면 실행할수록 파일은 많이 쌓였을 것입니다.

   프로그램을 만들기 위해서는 다음과 같은 지식이 필요해요

   - DirectoryInfo
   - FileInfo

   힌트!
   - 프로젝트의 현재 디렉토리를 가지고 오는 기능은 이번 장에서 readonly로 많이 구현해 보았죠?
   - DirectroyInfo 객체에는 GetFiles라는 메소드가 있습니다. 이는 특정 디렉토리에 저장되어 있는 파일을 가지고 오는 기능을 수행합니다.

2. 은행 계좌관리 프로그램을 만들어보세요. 4장과 5장의 프로그램 문제의 심화 버전으로, 데이터가 초기화하지 않도록 잔액을 '파일'에 관리하도록 합니다.

   '계좌' 클래스의 속성은 다음과 같습니다.

   ```
   계좌
   {
           고유이름
           개설자 이름
           잔액
   }
   ```

프로그램에서 출력 안내문은 다음과 같습니다.

```
******** 안녕하세요 Road Bank입니다 ********
1: 계좌 만들기
2. 잔액 조회
3: 입금
4: 출금
0: 종료
**************************************************
```

프로그램의 시뮬레이션은 다음과 같습니다.

```
사용자: 1 (입력)
통장 고유이름을 입력하세요
사용자: 로드은행통장(입력)
통장 개설자의 이름을 입력하세요
사용자: 로드북(입력)
'로드북'님의 '로드은행통장'이 개설되었습니다.

사용자: 3 (입력)
입금할 금액을 입력하세요
사용자: 20000 (입력)
입금되었습니다.

사용자: 2 (입력)
잔액은 '20000'원입니다.

사용자: 4 (입력)
출금할 금액을 입력하세요
사용자: 15000 (입력)
출금되었습니다.

사용자: 2 (입력)
잔액은 '5000'원입니다.
```

```
사용자: 4 (입력)
출금할 금액을 입력하세요
사용자: 100000 (입력)
잔액이 부족합니다!

사용자: 0 (입력)
감사합니다.
```

중요한 기능!

종료됨과 동시에 '로드북-로드은행통장.txt' 텍스트 파일이 생성되며, 파일 내용에는 잔액 '5000'이 저장됩니다.

다시 프로그램을 실행할 경우, 다음과 같은 시뮬레이션이 이루어집니다.

```
'로드북-로드은행통장'이 이미 개설되어 있습니다.
사용자: 3 (입력)
입금할 금액을 입력하세요
사용자: 20000 (입력)
입금되었습니다.
사용자: 0 (입력)
감사합니다.
```

중요한 기능!

두 번째 종료 후부터는, '로드북-로드은행통장.txt' 텍스트 파일에, 잔액이 데이터가 갱신되어 저장됩니다.

프로그램을 만들기 위해서는 다음과 같은 지식이 필요해요

- 반복문 사용 방법
- 조건문 사용 방법
- 산술 연산
- 클래스 설계
- 파일 입출력

3. 성적 테이블을 testdb 데이터베이스에 만들어보세요.

성적 테이블
컬럼: 학생이름, 학생학번, 수강과목, 성적

프로그램을 만들기 위해서는 다음과 같은 지식이 필요해요

- 데이터베이스 쿼리문

4. 성적 테이블을 만든 후, 학생 성적을 입력 받아 데이터베이스에 기록하는 프로그램을 만들어 보세요.

[기능명세]

1. 프로그램 실행 시, 학생의 성적을 입력 받는 메뉴와, 학생의 성적을 조회하는 메뉴를 만든다.
2. 학생의 성적을 입력 받는 경우, 데이터베이스 테이블에 명시되어 있는 순서대로 입력을 받아 등록하도록 한다.
3. 학생의 성적을 조회하는 경우, 지금까지 입력된 학생들의 성적을 모두 조회할 수 있도록 한다.
4. 이때 성적 수정이 필요하다면 해당 학번을 입력하여 수정할 수 있는 기능까지 추가하도록 한다.

수백 번 본들 한번 만들어볼만 하리?

百見不如一打

백견불여일타

C# 입문

9장

함수형 프로그래밍, 람다와 링큐

9장에서 만나볼 내용은?

공장에서 동작중인 인형 만드는 컨베이어벨트를 상상해봅시다.

컨베이어벨트에서 인형을 만드는 기계들은 각자의 역할을 수행하며, 분주히 움직입니다.

첫 번째 레일에서는 인형의 전체적인 형태를 만들어줍니다.

그리고 두 번째 레일에서는 인형의 눈을 정확하게 붙여줍니다.

세 번째 레일에서는 인형의 옷을 입혀줍니다.

각각의 역할이 완료된 후, 최종 레일에서는 살균 소독을 합니다.

마치 어떠한 시나리오를 써 나가는 것처럼...

최근 IT에서 점점 수면 위로 떠오르는 것이 바로 위와 같은 프로그래밍 방법론입니다.

쉽게 말해서 이를 '함수형 프로그래밍'이라고 합니다.

이 장에서는 함수형 프로그래밍이란 무엇인가에 대해 알아볼 것입니다.

먼저 C#의 함수형 프로그래밍의 발전 과정별로 '델리게이트'를 시작으로

'람다'와 '링큐'에 대한 설명과 문법에 대해 살펴볼 것입니다.

이러한 내용을 토대로 '함수형 프로그래밍'을 직접 해보도록 하겠습니다.

#핵심_키워드

#함수형_프로그래밍 #Delegate #Lambda #LINQ #LINQ_TO_PROVIDER

9.1 수학적 함수

2015년에 접어들면서(실제로는 2014년부터라고 필자는 느끼고 있습니다) 함수형 프로그래밍에 대한 관심과 수요가 급증하게 되었습니다. 여기서 함수형 프로그래밍이란 무엇일까요? WIKI에는 아래와 같이 설명되어 있습니다.

> 자료 처리를 "수학적 함수"의 계산으로 취급하고 상태와 가변 데이터를 멀리하는
> 프로그래밍 패러다임의 하나이다.

여기서 중요한 것은 '수학적 함수'라는 용어입니다. 수학적 함수에 대해서는 아래의 두 가지 예제를 보고 설명하겠습니다.

[함께 해봐요] 짝수와 홀수 찾기 Ex001.cs

```csharp
01  using System;
02  using System.Collections.Generic;
03  using System.Linq;
04
05  namespace RoadBook.CsharpBasic.Chapter09.Examples
06  {
07      public class Ex001
08      {
09          public void Run()
10          {
11              int[] numbers = new int[10] { 1, 2, 3, 4, 5, 6, 7, 8, 9, 10 };
12              List<int> tmpNumbers = new List<int>();
13
14              // 짝수찾기
15              for (int idx = 0; idx < numbers.Length; idx++)
16              {
17                  if (numbers[idx] % 2 == 0)
18                  {
19                      tmpNumbers.Add(numbers[idx]);
20                  }
21              }
22
23              for (int idx = 0; idx < tmpNumbers.Count; idx++)
24              {
25                  Console.WriteLine(tmpNumbers[idx]);
26              }
```

```
27
28            tmpNumbers.Clear();
29
30            // 홀수 찾기
31            tmpNumbers = numbers.Where(n => (n % 2) == 1).ToList();
32
33            for (int idx = 0; idx < tmpNumbers.Count; idx++)
34            {
35                Console.WriteLine(tmpNumbers[idx]);
36            }
37        }
38    }
39 }
```

위의 예제에서 "짝수 찾기" 로직을 살펴 봅시다. 지금까지 여러분들이 써내려 왔던 방식의 코드라서 쉽게 읽을 수 있을 것이라 믿습니다. 정수 리스트를 담고 있는 numbers 배열에는 1~10까지의 숫자가 담겨 있습니다. 여기서 for문을 이용하여 숫자 배열을 스캔(scan)하고, 2로 나누어서 0으로 나머지가 떨어지는 숫자 즉, 짝수인 숫자를 tmpNumber 리스트에 담는 로직입니다.

우리가 지금까지 구현한 방식의 프로그래밍을

'절차형 프로그래밍', '명령형 프로그래밍'

이라고 정의할 수 있습니다. 말 그대로 '절차'에 의해서, numbers에 들어 있는 개수만큼 반복하여 '조건에 맞는 명령'을 내리는 프로그래밍 방식입니다.

여러분이 다음으로 살펴볼 라인(홀수 찾기)들은 다소 생소한 방식의 코딩 스타일이 보이는데, 이를

'함수형 프로그래밍', '람다(Lambda Expression)'

라 합니다. 필자가 다음에 설명하는 문장을 살펴보겠습니다.

"숫자를 담는 배열에서, 홀수인 숫자가 어디 있는지 찾아내고, 이를 List로 변환하시오."

타겟이 되는 것은 '배열'입니다. 이 '배열'에서

'홀수 숫자 찾기' → '찾은 수를 List로 변환하기' → '두 개의 함수(Where, ToList)'

를 이용하여 홀수 찾기를 진행하였습니다.

짝수 찾기 예제에서 살펴봤던 조건문의 역할을 'Where' 함수가 대체했고, tmpList에 Add하는 역할을 'ToList' 함수가 역할을 대체했습니다.

이처럼 "함수"만을 사용하여 프로그래밍을 제어하는 방식을 "함수형 프로그래밍"이라고 합니다.

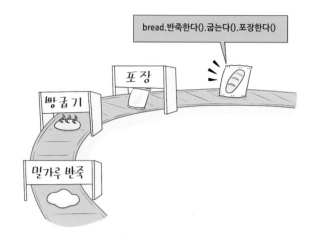

좀더 쉽게 접근하겠습니다.

'빵을 굽고 포장을 하는 공장'이 있다고 가정해보겠습니다. 이 공장에는 당연히 '컨베이어벨트'가 사람들의 손을 대신하여 열심히 일을 하고 있습니다.

'밀가루를 반죽하여 -〉 빵을 굽고 -〉 구워진 빵을 포장한다.'

이를 함수형 프로그래밍 언어로 구현해본다면 다음과 같습니다. bread라는 객체가 있다고 가정해 보겠습니다.

'bread.반죽한다().굽는다().포장한다();'

'함수형 프로그래밍'도 '컨베이어 벨트'와 마찬가지입니다. 각 함수마다 자신의 역할을 확실하게 가지고 있습니다. 내 할 일이 끝나면 다음 함수에게 전달을 해주는 것입니다. 마치 컨베이어 벨트가 흘러가듯이 말입니다.

이와 같은 '함수형 프로그래밍'의 대표적인 언어로는 'Lisp'이라는 언어가 있습니다. 그리고 후발 주자로 Scala와 Python 같은 언어들이 생겨났고, C#에서는 3.0 버전부터 '람다'라는 개념을 발표함으로써, 함수형 프로그래밍을 지원해주는 도구가 생겨나게 되었습니다. 참고로 자바는 C#보다 더 늦게 최근 버전인 Java 8에 람다 문법을 지원하게 되었습니다.

람다(Lambda)는 수학 용어로 많이 들어 보셨을 것입니다. 이 람다 계산법을 만든 분은 '알론 조 처치'라는 분인데, 스승의 가르침을 받은 제자가 '수학적 용어'의 람다를 '프로그래밍 식'으로 만들어 냈습니다. 마치 '청출어람'과도 같습니다.

이렇게 만들어진 언어가 방금 전에 언급한 'Lisp'이며, 이 언어를 만든 창시자는 '존 맥카시'라는 분입니다. 여담으로 '알론조 처치'의 제자 중에는 또 한 명의 천재가 있었는데, 이름하여 '튜링 명제'를 만들어 낸 천재 수학자 '앨런 튜링(영화 이미테이션게임 주인공)'입니다.

역시, 좋은 스승 밑에는 좋은 제자가 있듯이, 좋은 책을 읽는 여러분들은 좋은 개발자가 되리라 믿어 의심치 않습니다.

이번 장에서는 C#에서 제공하는 람다의 기초 문법 설명과 함께, 조금 더 '절차적 코드'에서 벗어난 '집합형 코드'를 지원하는 LINQ에 대해서도 알아보도록 하겠습니다. 이번 장은 다른 장에 비해 예제 코드가 많습니다. 이유는 함수형 프로그래밍을 공부할 때, 개념을 잡고 코드를 보는 것보다는 코드를 보면서 개념을 잡는 것 그리고 몸으로 직접 느껴보는 것이 중요하기 때문입니다.

9.2 람다 탄생의 이전, 델리게이트

C# 3.0 이전에는 람다와 같은 기능이 있었을까요? 아니면 버전이 올라가면서 하늘에서 뚝 떨어지듯이 람다가 구세주와 같이 등장을 했을까요? 정답은 전자입니다.

C#에서는 람다가 나오기 전에 익명 함수라는 개념으로 등장한 '델리게이트'와 '확장 메소드(Extend Method)'가 있었습니다. 람다를 설명하기 앞서 이 두 개념을 이해하면서 람다에 접근하게 된다면, 얼마나 위대한 기능인지 체감상으로도 많이 느끼실 수 있을 것입니다.

먼저 델리게이트란 무엇일까요?

쉽게 말해

> *'대신 일을 해주는 수행 비서'*

와 같은 역할을 합니다.

즉, 구현되어 있는 메소드를 참조하여, 참조 받은 메소드의 역할을 대신 수행해주는 것입니다. 그럼 어떻게 다른 특정 메소드를 대신하여 일을 하는 것인지 예제 소스를 살펴 보면서 알아보겠습니다.

[함께 해봐요] Delegate의 계산기 예제   Ex002.cs

```
01  using System;
02
03  namespace RoadBook.CsharpBasic.Chapter09.Examples
04  {
05      public class Ex002
06      {
07          private delegate int RunCalc(int a, int b);
08
09          private static int Sum(int number1, int number2)
10          {
11              return number1 + number2;
12          }
13
14          private static int Multiply(int number1, int number2)
15          {
16              return number1 * number2;
17          }
18
19          public void Run()
20          {
21              RunCalc calc = Sum;
22              Console.WriteLine(calc(1, 2));
23              calc = Multiply;
24              Console.WriteLine(calc(1, 2));
25          }
26      }
27  }
```

RunCalc 부분을 살펴보겠습니다.

delegate 선언은 속이 비어 있고, 껍데기만 있는 메소드 형식으로 되어 있습니다. RunCalc는 정수형 변수 a와 b를 매개변수로 받는 메소드 형식으로 선언되어 있습니다. 그런데 한 가지 다른 메소드와는 다른 부분 하나가 확실하게 눈에 띕니다.

RunCalc(int a, int b);

메소드처럼 선언된 줄 알았는데 세미콜론(;)으로 문장의 마침이 선언되었습니다. 그 다음 라인은 여러분이 계속 봐 왔던 두 수의 합을 구하는 Sum 메소드, 두 수의 곱을 구하는 Multiply 메소드가 선언되어 있습니다. 여기서 또 하나 살펴볼 점은, RunCalc라는 delegate 선언과 마찬가지로 Sum, Multiply 메소드는 두 개의 매개변수를 받는다는 것입니다. 그리고 실제 Run 메소드에서 RunCalc 의 용도를 사용하기 시작합니다.

RunCalc calc = Sum;

지금까지 변수에만 값을 할당하는 줄 알았는데, 델리게이트에서는 메소드를 할당시켰습니다. 정확히 표현하자면, 메소드를 참조하게 되는 것입니다.

Run 메소드의 첫 번째 RunCalc는 Sum을 참조하게 되어 출력문에는 1 + 2의 값인 '3'이 출력됩니다. 그 다음으로 Multiply를 참조하게 되어 1 * 2의 값인 '2'가 출력됩니다.

델리게이트는 위와 같이 형식이 같은 특정 메소드를 참조하여 사용하는 것 외에도 상황에 따라 카멜레온처럼 자신의 역할을 바꿀 수도 있습니다. 아래의 예제를 살펴보겠습니다.

[함께 해봐요] Delegate의 계산기 예제　　　　　　　　　　　　　　　Ex003.cs

```csharp
01  using System;
02
03  namespace RoadBook.CsharpBasic.Chapter09.Examples
04  {
05      public class Ex003
06      {
07          private delegate int RunCalc(int a, int b);
08
09          private static int Sum(int number1, int number2)
10          {
11              return number1 + number2;
12          }
13
14          private static int Multiply(int number1, int number2)
15          {
16              return number1 * number2;
17          }
18
19          public void Run()
20          {
21              RunCalc calc = delegate (int a, int b)
```

```
22              {
23                  return a / b;
24              };
25
26          Console.WriteLine(calc(10, 2));
27      }
28   }
29 }
```

위의 코드는 앞선 예제와 같이 Sum, Multiply 메소드와 RunCalc 델리게이트가 존재합니다. 한 가지 다른 점은 위의 예제와 같이 특정 메소드를 참조하는 것이 아니라 자신이 직접 메소드 형태를 지정할 수 있다는 점입니다.

Run 메소드에 RunCalc 델리게이트를 선언하는데, return형을

b를 a로 나눈 값

형태로 지정했습니다. 이와 같이 메소드 이름이 없는 형태를 익명 메소드_{Anonymous Method}라고 부릅니다.

이 예제까지 따라하기는 했는데, 여러분들은

"이 기능이 과연 필요할까?"

라는 의문이 생길 수도 있습니다. 예전에 익숙함이 남아있기도 하고, 불필요한 작업을 하는 듯한 느낌을 지울 수 없기 때문입니다. 필자 또한 처음 Delegate를 접했을 때, 혼란이 있었던 것과 마찬가지입니다.

그렇다면 왜 Delegate를 써야 할까요?

> **잠시만 생각해봅시다**
>
> **델리게이트의 활용법?**
>
> 먼저 첫 번째 근본적인 이유는
>
> *'별도로 메소드를 만들지 않고, 한번 사용하면 불필요해지는 기능을 사용할 때'*
>
> 유용하게 쓰입니다.
>
> 지금은 아직 델리게이트의 용도에 대해, 그리고 아름다움에 대해 깊게 느끼실 필요는 없습니다. 나중에 알게 될 '네트워크 프로그래밍'이나 '게임 프로그래밍'에서 이 델리게이트를 많이 사용하게 될 것입니다.

고급 프로그래밍에 대해서는 아직 배울 때가 아니지만, 굳이 델리게이트의 최적화한 용도에 대해 알고 싶다면

'델리게이트 체이닝(Delegate Chaining)'

에 대한 개념을 알아볼 필요가 있습니다. 아래는 필자가 방금 언급한 '델리게이트 체이닝'에 대한 예제입니다.

[함께 해봐요] **델리게이트 체이닝 예제**   Ex004.cs

```
01  using System;
02
03  namespace RoadBook.CsharpBasic.Chapter09.Examples
04  {
05      public class Ex004
06      {
07          private delegate void RunCalc(int a, int b);
08
09          private static void Sum(int number1, int number2)
10          {
11              Console.WriteLine("SUM : {0}", number1 + number2);
12          }
13
14          private static void Multiply(int number1, int number2)
15          {
16              Console.WriteLine("MULTI : {0}", number1 * number2);
17          }
18
19          private static void Divide(int number1, int number2)
20          {
21              Console.WriteLine("DIV : {0}", number1 / number2);
22          }
23
24          public void Run()
25          {
26              RunCalc calc = (RunCalc)Delegate.Combine
                              (new RunCalc(Sum), new RunCalc(Multiply),
                              new RunCalc(Divide));
27
```

```
28              calc(20, 4);
29          }
30      }
31  }
```

앞의 예제와 선언 부분은 똑같습니다. RunCalc 델리게이트와 세 개의 똑 같은 형태의 메소드 (Sum, Multiply, Divide)가 있습니다.

제일 중요한 Run 메소드의 RunCalc 선언 쪽을 자세히 살펴보겠습니다.

Delegate.Combine 메소드가 등장합니다. 이 메소드는 두 개 이상의 메소드 참조 목록을 연결 시켜주는 역할을 합니다. 즉 Combine 메소드에 Sum, Multiply, Divide를 참조하는 RunCalc 델리게이트를 담아 내어, 마지막 라인의 calc를 한 번만 호출하여 세 개의 메소드를 한꺼번 에 불러올 수 있습니다.

위와 같이,

> *여러 개의 메소드가 하나의 '체인'으로 묶여 있어, 함께 움직이도록 할 수 있는 것*

이 바로 델리게이트 체이닝 기법입니다.

훨씬 더 간결해진 코드가 구현되었다는 것을 느낄 수 있을 것입니다.

9.3 람다의 등장

위와 같이 델리게이트 기본 문법과, 델리게이트를 직접 선언하는 익명 메소드를 사용하던 도중, 한 가지 의문 부호가 생겼습니다.

> *"같은 메소드 형태이고, 기능도 간단하게 구현되는 것이 목적인데,*
> *너무 두 번 일을 하는 것은 아닐까?"*

맞습니다.

단지 합을 구하는 식인데, 실제 메소드를 구현하고, 이를 델리게이트에 참조시키는 행위, 그리고 익명 함수를 사용할 때도 단순 작업이 많이 이루어지는데, return 형태에 대해 다시 재정의를 하는 행위가 너무 비효율적인 코딩 기법이라고 느낀 마이크로소프트는 3.0 버전부터 '람다Lambda' 개념 을 도입하였습니다.

방금 전에 살펴본 첫 번째 예제 RunCalc를 람다를 이용하여 재구성을 해보도록 하겠습니다.

```
01  using System;
02
03  namespace RoadBook.CsharpBasic.Chapter09.Examples
04  {
05      public class Ex005
06      {
07          private delegate int RunCalc(int a, int b);
08
09          public void run()
10          {
11              RunCalc calc = (a, b) => a + b;
12              Console.WriteLine(calc(1, 2));
13
14              calc = (a, b) => a * b;
15              Console.WriteLine(calc(1, 2));
16          }
17      }
18  }
```

앞의 델리게이트 코드보다 훨씬 더 간결해짐을 느낄 수 있을 것입니다.

람다의 본질은 키워드 '=>'를 기준으로 진행됩니다.

(매개변수 형태) => (리턴 형식)

위와 같이 매개변수를 받아, 단순히 리턴해 주는 것뿐만 아니라, 여러 가지 조건에 따라 다른 방식으로 작동할 수 있도록 구현 또한 가능합니다. 아래의 예제 코드를 살펴보겠습니다.

```
RunCalc calc = (a,b) => {
                    if(a > b) { return a + b; }
                    else if(a < b) { return a / b; }
                }
```
"식 람다"

위와 같이 리턴 형식을 제공해 주는 부분, 즉 오른쪽에 해당 하는 식을 '식 람다'라 합니다.

람다는 델리게이트와 익명 메소드_{Anonymous Method}를 호출하는 데도 쓰이지만, 실제로 많이 사용되는 케이스는

'리스트(제네릭)' 타입

을 다룰 때 많이 사용됩니다.

지금부터 보여드리는 람다는 기존에 우리가 구현해야 할 '절차적' 프로그래밍과 어떻게 다르고, 얼마나 더 간결하고 가독성이 있는지 느낄 수 있는 예제를 준비해 보았습니다. 여기서 익명 메소드 (Anonymous Method)란 다음 말로 무명 메소드, 즉 이름이 없는 메소드를 의미합니다. 위의 예제에서 "식 람다"를 보면 무엇인가 리턴을 해주는 메소드와 같은 형태이지만, 이름이 없는 메소드인 것을 확인할 수 있습니다. 익명 메소드의 장점은 임시로 사용하는 것이기 때문에, 재활용성이 없는 단발성 기능을 구현할 때 가장 큰 장점을 가질 수 있습니다.

9.4 제네릭과 람다의 꿀 조합

먼저 List 형식을 갖추기 위해서, 학생 객체를 만들어보도록 하겠습니다.

[함께 해봐요] **학생 클래스**   Model/Student.cs

```
01  namespace RoadBook.CsharpBasic.Chapter09.Model
02  {
03      public class Student
04      {
05          public string Id { get; set; }
06          public string Name { get; set; }
07          public int Grade { get; set; }
08          public string Major { get; set; }
09      }
10  }
```

간단한 학생 클래스를 만들어 보았습니다.

지금부터는 이 학생 클래스에서 List<Student> 데이터를 가공한 후에, 여러분이 지금까지 배웠던 지식을 토대로 구현해보도록 하겠습니다. 간단한 데이터 조회 문제이므로, 쉽게 빨리 풀어볼 수 있을 것입니다. 그리고 여러분이 구현했던 코드와 람다식을 이용한 코드를 비교해보면서 '간결함'에 대해 많이 느껴보면 좋겠습니다.

먼저 Student List는 다음과 같습니다.

Student	Student	Student	Student	Student
id: "S001"	id: "S002"	id: "S003"	id: "S004"	id: "S005"
Name: "Dexter"	Name: "Jeffrey"	Name: "Pil"	Name: "Khan"	Name: "Sven"
Grade: 3	Grade: 4	Grade: 4	Grade: 2	Grade: 2
Major: "Software"	Major: "Software"	Major: "Software"	Major: "Software"	Major: "Software"
Student	**Student**	**Student**	**Student**	**Student**
id: "D001"	id: "D002"	id: "S006"	id: "A001"	id: "T001"
Name: "Ellin"	Name: "Sienna"	Name: "Clint"	Name: "Mike"	Name: "Peter"
Grade: 3	Grade: 4	Grade: 3	Grade: 2	Grade: 1
Major: "Design"	Major: "Design"	Major: "Software"	Major: "Advertisement"	Major: "Theater"

[그림 9-1] 학생 List 구조

첫 번째 문제입니다.

스스로 해결해보세요

[그림 9-1]의 학생 List 구조를 만들어보고,

1학년과 3학년인 학생을 찾아 출력하세요.

문제를 풀어 보셨나요? 이제 여러분이 직접 짠 코드와 비교하면서 다음 코드를 살펴보도록 합시다.

[함께 해봐요] **1학년과 3학년인 학생 찾기**   Ex006.cs

```
01  using System;
02  using System.Collections.Generic;
03
04  namespace RoadBook.CsharpBasic.Chapter09.Examples
05  {
06      public class Ex006
```

```
07      {
08          public void Run()
09          {
10              List<Model.Student> students = new List<Model.Student>()
11              {
12                  new Model.Student { Id = "S001", Name = "Dexter",
                                        Grade = 3, Major = "Software" },
13                  new Model.Student { Id = "D001", Name = "Ellin", Grade = 3,
                                        Major = "Design" },
14                  new Model.Student { Id = "S002", Name = "Jeffrey",
                                        Grade = 4, Major = "Software" },
15                  new Model.Student { Id = "D002", Name = "Sienna",
                                        Grade = 4, Major = "Design" },
16                  new Model.Student { Id = "S003", Name = "Pil", Grade = 4,
                                        Major = "Software" },
17                  new Model.Student { Id = "S006", Name = "Clint", Grade = 3,
                                        Major = "Software" },
18                  new Model.Student { Id = "S004", Name = "Khan", Grade = 2,
                                        Major = "Software" },
19                  new Model.Student { Id = "A001", Name = "Mike", Grade = 2,
                                        Major = "Advertisement" },
20                  new Model.Student { Id = "S005", Name = "Sven", Grade = 2,
                                        Major = "Software" },
21                  new Model.Student { Id = "T001", Name = "Peter", Grade = 1,
                                        Major = "Theater" },
22              };
23
24              for (int idx = 0; idx < students.Count; idx++)
25              {
26                  if (students[idx].Grade == 1 || students[idx].Grade == 3)
27                  {
28                      Console.WriteLine(students[idx].Name);
29                  }
30              }
31
32          }
33      }
34  }
```

students 리스트를 for문으로 반복하여, Grade가 1 또는 3인 student를 찾는 예제입니다. 위의 예제를 람다식을 이용해서 구현해보도록 하겠습니다.

```csharp
01  using System;
02  using System.Collections.Generic;
03  using System.Linq;
04
05  namespace RoadBook.CsharpBasic.Chapter09.Examples
06  {
07      public class Ex007
08      {
09          public void Run()
10          {
11              List<Model.Student> students = new List<Model.Student>()
12              {
13                  new Model.Student { Id = "S001", Name = "Dexter", Grade = 3,
                                        Major = "Software" },
14                  new Model.Student { Id = "D001", Name = "Ellin", Grade = 3,
                                        Major = "Design" },
15                  new Model.Student { Id = "S002", Name = "Jeffrey", Grade = 4,
                                        Major = "Software" },
16                  new Model.Student { Id = "D002", Name = "Sienna", Grade = 4,
                                        Major = "Design" },
17                  new Model.Student { Id = "S003", Name = "Pil", Grade = 4,
                                        Major = "Software" },
18                  new Model.Student { Id = "S006", Name = "Clint", Grade = 3,
                                        Major = "Software" },
19                  new Model.Student { Id = "S004", Name = "Khan", Grade = 2,
                                        Major = "Software" },
20                  new Model.Student { Id = "A001", Name = "Mike", Grade = 2,
                                        Major = "Advertisement" },
21                  new Model.Student { Id = "S005", Name = "Sven", Grade = 2,
                                        Major = "Software" },
22                  new Model.Student { Id = "T001", Name = "Peter", Grade = 1,
                                        Major = "Theater" },
23              };
24
25              students.Where(
26                  s => s.Grade == 1 || s.Grade == 3
27              ).ToList().ForEach(
28                  s => Console.WriteLine(s.Name)
```

```
29                    );
30            }
31        }
32  }
```

이 장의 앞부분에 나왔던 Where 메소드가 눈에 보입니다.

함수형 프로그래밍으로 된 코드를 잘 읽는 방법은

'소설 책 읽듯이'

읽는 것입니다.

여러분이 중학교 고등학교 때 영어 독해를 어떻게 했나요? 필자는 각 문장에서 중요한 단락 별로 '/'로 끊어서 해석을 했습니다.

람다식은 '.'을 기준으로 읽으면 됩니다.

students에서, Grade가 1학년 또는 3학년인 학생을 찾아, List로 변환한 후에,
반복문을 이용하여 이름을 출력한다.

두 번째 문제입니다.

스스로 해결해보세요

[그림 9-1]의 학생 List 구조를 만들어보고,

고학년(3~4학년)인 학생이 몇명인지 계산하세요

문제를 풀어 보셨나요? 이제 여러분이 직접 짠 코드와 비교하면서 다음 코드를 살펴보도록 합시다.

[함께 해봐요] 고학년 학생 수 계산하기   Ex008.cs

```
01  using System;
02  using System.Collections.Generic;
03
04  namespace RoadBook.CsharpBasic.Chapter09.Examples
05  {
06      public class Ex008
07      {
```

```
08          public void Run()
09          {
10              List<Model.Student> students = new List<Model.Student>()
11              {
12                  new Model.Student { Id = "S001", Name = "Dexter", Grade = 3,
                                        Major = "Software" },
13                  new Model.Student { Id = "D001", Name = "Ellin", Grade = 3,
                                        Major = "Design" },
14                  new Model.Student { Id = "S002", Name = "Jeffrey", Grade = 4,
                                        Major = "Software" },
15                  new Model.Student { Id = "D002", Name = "Sienna", Grade = 4,
                                        Major = "Design" },
16                  new Model.Student { Id = "S003", Name = "Pil", Grade = 4,
                                        Major = "Software" },
17                  new Model.Student { Id = "S006", Name = "Clint", Grade = 3,
                                        Major = "Software" },
18                  new Model.Student { Id = "S004", Name = "Khan", Grade = 2,
                                        Major = "Software" },
19                  new Model.Student { Id = "A001", Name = "Mike", Grade = 2,
                                        Major = "Advertisement" },
20                  new Model.Student { Id = "S005", Name = "Sven", Grade = 2,
                                        Major = "Software" },
21                  new Model.Student { Id = "T001", Name = "Peter", Grade = 1,
                                        Major = "Theater" },
22              };
23
24              int higherCount = 0;
25              for (int idx = 0; idx < students.Count; idx++)
26              {
27                  if (students[idx].Grade >= 3)
28                  {
29                      higherCount++;
30                  }
31              }
32              Console.WriteLine(higherCount);
33          }
34      }
35  }
```

students 리스트를 for문으로 반복하여, Grade가 3 이상인 student를 찾아 카운팅하는 예제입니다. 위의 예제를 람다식을 이용해서 구현해보도록 하겠습니다.

```csharp
01  using System;
02  using System.Collections.Generic;
03
04  namespace RoadBook.CsharpBasic.Chapter09.Examples
05  {
06      public class Ex009
07      {
08          public void Run()
09          {
10              List<Model.Student> students = new List<Model.Student>()
11              {
12                  new Model.Student { Id = "S001", Name = "Dexter", Grade = 3,
                                        Major = "Software" },
13                  new Model.Student { Id = "D001", Name = "Ellin", Grade = 3,
                                        Major = "Design" },
14                  new Model.Student { Id = "S002", Name = "Jeffrey", Grade = 4,
                                        Major = "Software" },
15                  new Model.Student { Id = "D002", Name = "Sienna", Grade = 4,
                                        Major = "Design" },
16                  new Model.Student { Id = "S003", Name = "Pil", Grade = 4,
                                        Major = "Software" },
17                  new Model.Student { Id = "S006", Name = "Clint", Grade = 3,
                                        Major = "Software" },
18                  new Model.Student { Id = "S004", Name = "Khan", Grade = 2,
                                        Major = "Software" },
19                  new Model.Student { Id = "A001", Name = "Mike", Grade = 2,
                                        Major = "Advertisement" },
20                  new Model.Student { Id = "S005", Name = "Sven", Grade = 2,
                                        Major = "Software" },
21                  new Model.Student { Id = "T001", Name = "Peter", Grade = 1,
                                        Major = "Theater" },
22              };
23
24              Console.WriteLine(students.Where(s => s.Grade >= 3).Count());
25          }
26      }
27  }
```

개수를 구하는 코드는 눈에 띄게 훨씬 더 보기 편해졌습니다.

students에서, Grade가 3보다 크거나 같은 학생을 찾아, 개수(Count)를 출력한다.

세 번째 문제입니다.

스스로 해결해보세요

[그림 9-1]의 학생 List 구조를 만들어보고,

학년 순으로 오름차순 하여 출력하세요

문제를 풀어 보셨나요? 이제 여러분이 직접 짠 코드와 비교하면서 다음 코드를 살펴보도록 합시다.

[함께 해봐요] 낮은 학년 순으로 학생 정렬하기　　　　　　　　　　Ex010.cs

```
01  using System;
02  using System.Collections.Generic;
03
04  namespace RoadBook.CsharpBasic.Chapter09.Examples
05  {
06      public class Ex010
07      {
08          public void Run()
09          {
10              List<Model.Student> students = new List<Model.Student>()
11              {
12                  new Model.Student { Id = "S001", Name = "Dexter", Grade = 3,
                                        Major = "Software" },
13                  new Model.Student { Id = "D001", Name = "Ellin", Grade = 3,
                                        Major = "Design" },
14                  new Model.Student { Id = "S002", Name = "Jeffrey", Grade = 4,
                                        Major = "Software" },
15                  new Model.Student { Id = "D002", Name = "Sienna", Grade = 4,
                                        Major = "Design" },
16                  new Model.Student { Id = "S003", Name = "Pil", Grade = 4,
                                        Major = "Software" },
17                  new Model.Student { Id = "S006", Name = "Clint", Grade = 3,
                                        Major = "Software" },
```

```
18              new Model.Student { Id = "S004", Name = "Khan", Grade = 2,
                              Major = "Software" },
19              new Model.Student { Id = "A001", Name = "Mike", Grade = 2,
                              Major = "Advertisement" },
20              new Model.Student { Id = "S005", Name = "Sven", Grade = 2,
                              Major = "Software" },
21              new Model.Student { Id = "T001", Name = "Peter", Grade = 1,
                              Major = "Theater" },
22          };
23
24          dynamic tmpStudents;
25
26          for (int idx = 0; idx < students.Count; idx++)
27          {
28              for (int idx_j = idx + 1; idx_j < students.Count; idx_j++)
29              {
30                  if (students[idx].Grade > students[idx_j].Grade)
31                  {
32                      tmpStudents = students[idx];
33                      students[idx] = students[idx_j];
34                      students[idx_j] = tmpStudents;
35                  }
36              }
37          }
38
39          for (int idx = 0; idx < students.Count; idx++)
40          {
41              Console.WriteLine("{0} : {1}", students[idx].Name,
                              students[idx].Grade);
42          }
43      }
44  }
45 }
```

'선택 정렬' 알고리즘을 이용해서, 낮은 학년 순으로 students 리스트를 재가공하였습니다.

선택 정렬은 대표적인 정렬 알고리즘의 하나이며, 제자리 정렬 알고리즘으로 불리기도 합니다.

정렬을 하는 순서는 다음과 같습니다.

1. 주어진 리스트 중에 최솟값을 찾습니다.
2. 그 값을 맨 앞에 위치한 값과 교체를 합니다.
3. 맨 처음 위치를 뺀 나머지 리스트를 같은 방법으로 1, 2 번의 작업을 반복해서 수행합니다.

가장 단순한 알고리즘이며, 메모리가 제한적인 경우 사용할 때 성능 이점이 있습니다.

위의 예제를 람다식을 이용해서 구현해보도록 하겠습니다.

[함께 해봐요] 람다식을 이용한 낮은 학년 순으로 학생 정렬하기　　　　　Ex011.cs

```
01  using System;
02  using System.Collections.Generic;
03  using System.Linq;
04
05  namespace RoadBook.CsharpBasic.Chapter09.Examples
06  {
07      public class Ex011
08      {
09          public void Run()
10          {
11              List<Model.Student> students = new List<Model.Student>()
12              {
13                  new Model.Student { Id = "S001", Name = "Dexter", Grade = 3,
                                        Major = "Software" },
14                  new Model.Student { Id = "D001", Name = "Ellin", Grade = 3,
                                        Major = "Design" },
15                  new Model.Student { Id = "S002", Name = "Jeffrey", Grade = 4,
                                        Major = "Software" },
16                  new Model.Student { Id = "D002", Name = "Sienna", Grade = 4,
                                        Major = "Design" },
```

```
17                    new Model.Student { Id = "S003", Name = "Pil", Grade = 4,
                                          Major = "Software" },
18                    new Model.Student { Id = "S006", Name = "Clint", Grade = 3,
                                          Major = "Software" },
19                    new Model.Student { Id = "S004", Name = "Khan", Grade = 2,
                                          Major = "Software" },
20                    new Model.Student { Id = "A001", Name = "Mike", Grade = 2,
                                          Major = "Advertisement" },
21                    new Model.Student { Id = "S005", Name = "Sven", Grade = 2,
                                          Major = "Software" },
22                    new Model.Student { Id = "T001", Name = "Peter", Grade = 1,
                                          Major = "Theater" },
23              };
24
25              students.OrderBy(
26                  s => s.Grade
27              ).ToList().ForEach(
28                  s => Console.WriteLine("{0} : {1}", s.Grade, s.Name)
29              );
30          }
31      }
32  }
```

OrderBy 메소드는 리스트의 특정 프로퍼티를 기준으로 오름차순 정렬을 하는 함수입니다. 위의 예제에서는 students의 Grade 값을 기준으로 오름차순을 한 결과가 출력됩니다. 만약 반대로 내림차순 정렬을 하고자 한다면 OrderByDescending 메소드를 사용하면 간단히 정렬이 진행됩니다. 람다식을 해석하도록 하겠습니다.

students에서, Grade를 기준으로 오름차순 정렬하여, List로 변환 후에,
반복문을 이용하여 출력한다.

네 번째 문제입니다.

스스로 해결해보세요

[그림 9-1]의 학생 List 구조를 만들어보고,

각 전공별 학생 수를 출력하세요.

문제를 풀어 보셨나요? 이제 여러분이 직접 짠 코드와 비교하면서 다음 코드를 살펴보도록 합시다.

```csharp
01  using System;
02  using System.Collections.Generic;
03
04  namespace RoadBook.CsharpBasic.Chapter09.Examples
05  {
06      public class Ex012
07      {
08          public void Run()
09          {
10              List<Model.Student> students = new List<Model.Student>()
11              {
12                  new Model.Student { Id = "S001", Name = "Dexter", Grade = 3,
                                        Major = "Software" },
13                  new Model.Student { Id = "D001", Name = "Ellin", Grade = 3,
                                        Major = "Design" },
14                  new Model.Student { Id = "S002", Name = "Jeffrey", Grade = 4,
                                        Major = "Software" },
15                  new Model.Student { Id = "D002", Name = "Sienna", Grade = 4,
                                        Major = "Design" },
16                  new Model.Student { Id = "S003", Name = "Pil", Grade = 4,
                                        Major = "Software" },
17                  new Model.Student { Id = "S006", Name = "Clint", Grade = 3,
                                        Major = "Software" },
18                  new Model.Student { Id = "S004", Name = "Khan", Grade = 2,
                                        Major = "Software" },
19                  new Model.Student { Id = "A001", Name = "Mike", Grade = 2,
                                        Major = "Advertisement" },
20                  new Model.Student { Id = "S005", Name = "Sven", Grade = 2,
                                        Major = "Software" },
21                  new Model.Student { Id = "T001", Name = "Peter", Grade = 1,
                                        Major = "Theater" },
22              };
23
24              int softCnt = 0;
25              int designCnt = 0;
26              int theaterCnt = 0;
27              int adCnt = 0;
```

```
28
29            for (int idx = 0; idx < students.Count; idx++)
30            {
31                switch (students[idx].Major)
32                {
33                    case "Software":
34                        softCnt++;
35                        break;
36                    case "Design":
37                        designCnt++;
38                        break;
39                    case "Theater":
40                        theaterCnt++;
41                        break;
42                    case "Advertisement":
43                        adCnt++;
44                        break;
45                    default:
46                        break;
47                }
48            }
49
50            Console.WriteLine("SoftWare : {0}", softCnt);
51            Console.WriteLine("Design : {0}", designCnt);
52            Console.WriteLine("Theater : {0}", theaterCnt);
53            Console.WriteLine("Advertisement : {0}", adCnt);
54        }
55    }
56 }
```

students를 반복하여, 각각의 Grade별로 카운팅한 후에, 개수를 출력하는 예제입니다. 위의 예제를 람다를 이용해서 구현해보도록 하겠습니다.

[함께 해봐요] 람다식을 이용한 전공별 학생 수 계산하기   Ex013.cs

```
01 using System;
02 using System.Collections.Generic;
03 using System.Linq;
04
```

```
05  namespace RoadBook.CsharpBasic.Chapter09.Examples
06  {
07      public class Ex013
08      {
09          public void Run()
10          {
11              List<Model.Student> students = new List<Model.Student>()
12              {
13                  new Model.Student { Id = "S001", Name = "Dexter", Grade = 3,
                                        Major = "Software" },
14                  new Model.Student { Id = "D001", Name = "Ellin", Grade = 3,
                                        Major = "Design" },
15                  new Model.Student { Id = "S002", Name = "Jeffrey", Grade = 4,
                                        Major = "Software" },
16                  new Model.Student { Id = "D002", Name = "Sienna", Grade = 4,
                                        Major = "Design" },
17                  new Model.Student { Id = "S003", Name = "Pil", Grade = 4,
                                        Major = "Software" },
18                  new Model.Student { Id = "S006", Name = "Clint", Grade = 3,
                                        Major = "Software" },
19                  new Model.Student { Id = "S004", Name = "Khan", Grade = 2,
                                        Major = "Software" },
20                  new Model.Student { Id = "A001", Name = "Mike", Grade = 2,
                                        Major = "Advertisement" },
21                  new Model.Student { Id = "S005", Name = "Sven", Grade = 2,
                                        Major = "Software" },
22                  new Model.Student { Id = "T001", Name = "Peter", Grade = 1,
                                        Major = "Theater" },
23              };
24
25              students.GroupBy(
26                  s => s.Major, (key, g) => new { Major = key, Count = g.Count() }
27              ).ToList().ForEach(
28                  s => Console.WriteLine("{0} : {1}", s.Major, s.Count)
29              );
30          }
31      }
32  }
```

이번 코드는 다소 복잡하다고 느낄 수도 있는 람다입니다.

GroupBy라는 메소드는

'특정 프로퍼티의 값을 기준으로' 그룹화

할 수 있는 함수입니다.

즉, 위의 코드에서는 students의 Major 값을 기준으로 그룹화하였으며, 새로운 프로퍼티Property를 선언하였습니다. Major와 Count인데, 이는 key가 되는 student.Major 값을 Major에 재선언을 하였으며, Count라는 프로퍼티에는 그룹의 개수를 담았습니다. 이번 예제는 어찌 보면 절차지향적으로 구현하는 것이 더 가독성이 높아 보일 수 있습니다. 하지만 '전공이 어떤 것들이 있는지 모르고 있다'라는 가정을 했을 때, 과연 여러분은 "softCount, designCount"와 같은 변수를 가지고 그룹화한 개수를 제대로 셀 수 있을까요? 물론 방법이 없지는 않습니다. Dictionary를 사용하여 key, value 값을 묶어서 한다든가 하는 방법을 떠올릴 수 있습니다.

[함께 해봐요] **Dictionary에 전공별 학생 수를 담아 계산하기**　　　Ex014.cs

```
01  using System;
02  using System.Collections.Generic;
03
04  namespace RoadBook.CsharpBasic.Chapter09.Examples
05  {
06      public class Ex014
07      {
08          public void Run()
09          {
10              List<Model.Student> students = new List<Model.Student>()
11              {
12                  new Model.Student { Id = "S001", Name = "Dexter", Grade = 3,
                                        Major = "Software" },
13                  new Model.Student { Id = "D001", Name = "Ellin", Grade = 3,
                                        Major = "Design" },
14                  new Model.Student { Id = "S002", Name = "Jeffrey", Grade = 4,
                                        Major = "Software" },
15                  new Model.Student { Id = "D002", Name = "Sienna", Grade = 4,
                                        Major = "Design" },
16                  new Model.Student { Id = "S003", Name = "Pil", Grade = 4,
                                        Major = "Software" },
17                  new Model.Student { Id = "S006", Name = "Clint", Grade = 3,
                                        Major = "Software" },
```

```
18                new Model.Student { Id = "S004", Name = "Khan", Grade = 2,
                                    Major = "Software" },
19                new Model.Student { Id = "A001", Name = "Mike", Grade = 2,
                                    Major = "Advertisement" },
20                new Model.Student { Id = "S005", Name = "Sven", Grade = 2,
                                    Major = "Software" },
21                new Model.Student { Id = "T001", Name = "Peter", Grade = 1,
                                    Major = "Theater" },
22            };
23
24            Dictionary<string, int> dictMajorCount
                = new Dictionary<string, int>();
25
26            for (int idx = 0; idx < students.Count; idx++)
27            {
28                if (!dictMajorCount.ContainsKey(students[idx].Major))
29                {
30                    dictMajorCount.Add(students[idx].Major, 1);
31                }
32                else
33                {
34                    dictMajorCount[students[idx].Major]
                        = dictMajorCount[students[idx].Major] + 1;
35                }
36            }
37
38            foreach (var key in dictMajorCount.Keys)
39            {
40                Console.WriteLine("{0} : {1}", key, dictMajorCount[key]);
41            }
42        }
43    }
44 }
```

Dictionary를 사용해도 좋고, 람다를 사용해도 좋지만, 확실히 람다를 사용할 경우(Ex013.cs) 아래와 같이 스토리가 잘 해석되어 로직을 이해하는 데 쉽게 도움이 되는 것은 사실입니다.

students에서, Major를 기준으로 그룹화하여, List로 변환 후에, 전공별 학생 수를 출력한다.

마지막 문제입니다.

스스로 해결해보세요

[그림 9-1]의 학생 List 구조를 만들어보고,

학년의 합, 최고 학년, 최저 학년, 평균 학년을 구하세요

문제를 풀어 보셨나요? 이제 여러분이 직접 짠 코드와 비교하면서 다음 코드를 살펴보도록 합시다.

[함께 해봐요] 학생들의 학년 합과 최고 학년, 최저 학년, 평균 학년을 계산하기 Ex015.cs

```
01  using System;
02  using System.Collections.Generic;
03
04  namespace RoadBook.CsharpBasic.Chapter09.Examples
05  {
06      public class Ex015
07      {
08          public void Run()
09          {
10              List<Model.Student> students = new List<Model.Student>()
11              {
12                  new Model.Student { Id = "S001", Name = "Dexter", Grade = 3,
                                        Major = "Software" },
13                  new Model.Student { Id = "D001", Name = "Ellin", Grade = 3,
                                        Major = "Design" },
14                  new Model.Student { Id = "S002", Name = "Jeffrey", Grade = 4,
                                        Major = "Software" },
15                  new Model.Student { Id = "D002", Name = "Sienna", Grade = 4,
                                        Major = "Design" },
16                  new Model.Student { Id = "S003", Name = "Pil", Grade = 4,
                                        Major = "Software" },
17                  new Model.Student { Id = "S006", Name = "Clint", Grade = 3,
                                        Major = "Software" },
18                  new Model.Student { Id = "S004", Name = "Khan", Grade = 2,
                                        Major = "Software" },
19                  new Model.Student { Id = "A001", Name = "Mike", Grade = 2,
                                        Major = "Advertisement" },
```

```
20              new Model.Student { Id = "S005", Name = "Sven", Grade = 2,
                                Major = "Software" },
21              new Model.Student { Id = "T001", Name = "Peter", Grade = 1,
                                Major = "Theater" },
22          };
23
24          int sum = 0;
25          int max = 0;
26          int min = 100;
27          double avg = 0;
28
29          for (int idx = 0; idx < students.Count; idx++)
30          {
31              int grade = students[idx].Grade;
32
33              sum += grade;
34
35              if (max < grade)
36              {
37                  max = grade;
38              }
39
40              if (min > grade)
41              {
42                  min = grade;
43              }
44          }
45
46          avg = sum / (double)students.Count;
47          Console.WriteLine("SUM : {0}", sum);
48          Console.WriteLine("Max : {0}", max);
49          Console.WriteLine("Min : {0}", min);
50          Console.WriteLine("Avg : {0}", avg);
51      }
52   }
53 }
```

students를 반복하여, 각각의 Grade를 더합니다. 그리고 최고 학년과 최저 학년을 계산하여 갱신하였으며, 마지막으로 평균 학년을 계산하는 예제입니다. 위의 예제를 람다식을 이용하여 구현해 보도록 하겠습니다.

```
01  using System;
02  using System.Collections.Generic;
03  using System.Linq;
04
05  namespace RoadBook.CsharpBasic.Chapter09.Examples
06  {
07      public class Ex016
08      {
09          public void Run()
10          {
11              List<Model.Student> students = new List<Model.Student>()
12              {
13                  new Model.Student { Id = "S001", Name = "Dexter", Grade = 3,
                                        Major = "Software" },
14                  new Model.Student { Id = "D001", Name = "Ellin", Grade = 3,
                                        Major = "Design" },
15                  new Model.Student { Id = "S002", Name = "Jeffrey", Grade = 4,
                                        Major = "Software" },
16                  new Model.Student { Id = "D002", Name = "Sienna", Grade = 4,
                                        Major = "Design" },
17                  new Model.Student { Id = "S003", Name = "Pil", Grade = 4,
                                        Major = "Software" },
18                  new Model.Student { Id = "S006", Name = "Clint", Grade = 3,
                                        Major = "Software" },
19                  new Model.Student { Id = "S004", Name = "Khan", Grade = 2,
                                        Major = "Software" },
20                  new Model.Student { Id = "A001", Name = "Mike", Grade = 2,
                                        Major = "Advertisement" },
21                  new Model.Student { Id = "S005", Name = "Sven", Grade = 2,
                                        Major = "Software" },
22                  new Model.Student { Id = "T001", Name = "Peter", Grade = 1,
                                        Major = "Theater" },
23              };
24
25              Console.WriteLine("SUM : {0}", students.Select(s => s.Grade).Sum());
26              Console.WriteLine("Max : {0}", students.Select(s => s.Grade).Max());
27              Console.WriteLine("Min : {0}", students.Select(s => s.Grade).Min());
28              Console.WriteLine("Avg : {0}",
                                  students.Select(s => s.Grade).Average());
```

```
29          }
30      }
31  }
```

람다식의 확장 메소드를 사용하여 간단한 수식을 계산하는 예제입니다. 가장 대표적인 수식 계산으로 Sum, Max, Min, Average를 사용하여 데이터를 추출해 냈습니다.

지금까지 간단한 람다를 이용하여 간단한 List를 다루는 방법에 대해 살펴보았습니다. 이 외에도 고급적인 람다식이 존재합니다. 예를 들면 두 개의 List를 합치는 Join, Union 기법도 있고, 특정 구간을 뛰어 넘어서 리스트를 필터링 하는 Skip 기법도 존재합니다.

위의 람다식 함수들을 보면서, 만약 여러분들 중에 데이터베이스 쿼리 문을 자주 접해본 분이라면

"어? 이거 뭔가 데이터베이스 쿼리랑 비슷한 형태인데?"

라는 느낌을 받을 수 있을 것입니다. 그렇게 느꼈다면 맞게 느낀 겁니다. 필자가 이번 장 처음에 '절차적 코드'가 아닌 '집합적 코드'의 의미가 바로 데이터베이스 형식에 맞는 코드를 의미한 것입니다. Where, Select, Group By 메소드 등은 SQL에서 많이 접하는 용어입니다.

좀 더 데이터베이스 쿼리 문법과 비슷하게 접근하는 기법이 있습니다. 이를 '링큐LINQ'라 합니다.

9.5 DBA도 이해하기 쉬운 코드, 링큐

LINQ는 Language Integrated Query의 약자로

'통합 질의 언어'

라는 의미입니다. 링큐는 컬렉션Collection 형태로 되어 있는 모든 데이터를 필터링하고 질의할 수 있습니다. 여러분은 "데이터베이스 연동" 관련 챕터에서 다음과 같은 쿼리문을 수행했습니다.

```
SELECT
    컬럼
FROM
    테이블
WHERE
    조건
```

위의 데이터베이스 SQL 쿼리 구문 형태처럼 C#에서도 링큐를 사용하면 코드를 녹여낼 수 있습니다. 이번 예제는 앞선 람다식 예제를 링큐 쿼리 형식으로 바꾼 예제로 설명을 드리도록 하겠습니다.

달콤한 꿀 팁 | LINQ는 어떻게 읽나요?

일반적으로 필자는 '링큐'라고 부르지만, '링크' 라고 부르는 개발자분들도 많이 있습니다.

발음에 정답은 없습니다. 개발자들끼리 의사소통만 잘 되면 문제가 없기 때문입니다.

마치 SQL을 '에스큐엘'이라고 부르는 사람도 있고, '스퀄'이라고 부르는 사람도 있듯이, 그리고 AJAX를 '에이젝스'라고 부르는 사람도 있고, '아작스', '아약스(축구좋아하는분들)'라고 부르는 사람도 있듯이…

개발자들은 특정 범위 내 발음만 한다면, 얼마든지 다 알아들을 수 있습니다.^^

[함께 해봐요] LINQ를 이용한 1학년과 3학년인 학생 찾기   Ex017.cs

```csharp
01  using System;
02  using System.Collections.Generic;
03  using System.Linq;
04
05  namespace RoadBook.CsharpBasic.Chapter09.Examples
06  {
07      public class Ex017
08      {
09          public void Run()
10          {
11              List<Model.Student> students = new List<Model.Student>()
12              {
13                  new Model.Student { Id = "S001", Name = "Dexter", Grade = 3,
                                        Major = "Software" },
14                  new Model.Student { Id = "D001", Name = "Ellin", Grade = 3,
                                        Major = "Design" },
15                  new Model.Student { Id = "S002", Name = "Jeffrey", Grade = 4,
                                        Major = "Software" },
```

```
16              new Model.Student { Id = "D002", Name = "Sienna", Grade = 4,
                                    Major = "Design" },
17              new Model.Student { Id = "S003", Name = "Pil", Grade = 4,
                                    Major = "Software" },
18              new Model.Student { Id = "S006", Name = "Clint", Grade = 3,
                                    Major = "Software" },
19              new Model.Student { Id = "S004", Name = "Khan", Grade = 2,
                                    Major = "Software" },
20              new Model.Student { Id = "A001", Name = "Mike", Grade = 2,
                                    Major = "Advertisement" },
21              new Model.Student { Id = "S005", Name = "Sven", Grade = 2,
                                    Major = "Software" },
22              new Model.Student { Id = "T001", Name = "Peter", Grade = 1,
                                    Major = "Theater" },
23          };
24
25          var resultList = from s in students
26                           where s.Grade == 1 || s.Grade == 3
27                           select s;
28
29          foreach (var result in resultList)
30          {
31              Console.WriteLine("{0} : {1}", result.Name, result.Major);
32          }
33      }
34    }
35 }
```

마치 데이터베이스 쿼리를 질의하는 것과 비슷하게 명령을 내렸습니다.

링큐의 기본 구조는

> '*from – in – (where) – select*'

입니다.

링큐도 '람다식'처럼 '소설 책 읽듯이~' 해석하면 됩니다.

> *students 안에(in), s 객체로부터(from), Grade가 1 또는 3인 학생을 조회(select)한다.*

```csharp
01  using System;
02  using System.Collections.Generic;
03  using System.Linq;
04
05  namespace RoadBook.CsharpBasic.Chapter09.Examples
06  {
07      public class Ex018
08      {
09          public void Run()
10          {
11              List<Model.Student> students = new List<Model.Student>()
12              {
13                  new Model.Student { Id = "S001", Name = "Dexter", Grade = 3,
                                        Major = "Software" },
14                  new Model.Student { Id = "D001", Name = "Ellin", Grade = 3,
                                        Major = "Design" },
15                  new Model.Student { Id = "S002", Name = "Jeffrey", Grade = 4,
                                        Major = "Software" },
16                  new Model.Student { Id = "D002", Name = "Sienna", Grade = 4,
                                        Major = "Design" },
17                  new Model.Student { Id = "S003", Name = "Pil", Grade = 4,
                                        Major = "Software" },
18                  new Model.Student { Id = "S006", Name = "Clint", Grade = 3,
                                        Major = "Software" },
19                  new Model.Student { Id = "S004", Name = "Khan", Grade = 2,
                                        Major = "Software" },
20                  new Model.Student { Id = "A001", Name = "Mike", Grade = 2,
                                        Major = "Advertisement" },
21                  new Model.Student { Id = "S005", Name = "Sven", Grade = 2,
                                        Major = "Software" },
22                  new Model.Student { Id = "T001", Name = "Peter", Grade = 1,
                                        Major = "Theater" },
23              };
24
25              var resultList = from s in students
26                               where s.Grade >= 3
27                               select s;
28
```

```
29          Console.WriteLine(resultList.Count());
30      }
31   }
32 }
```

위의 예제 역시

students 안에(*in*), *s* 객체로부터(*from*), *Grade*가 *3*학년 이상인 학생을 조회(*select*)한다.

로 해석됩니다.

```
01 using System;
02 using System.Collections.Generic;
03 using System.Linq;
04
05 namespace RoadBook.CsharpBasic.Chapter09.Examples
06 {
07     public class Ex019
08     {
09         public void Run()
10         {
11             List<Model.Student> students = new List<Model.Student>()
12             {
13                 new Model.Student { Id = "S001", Name = "Dexter", Grade = 3,
                                       Major = "Software" },
14                 new Model.Student { Id = "D001", Name = "Ellin", Grade = 3,
                                       Major = "Design" },
15                 new Model.Student { Id = "S002", Name = "Jeffrey", Grade = 4,
                                       Major = "Software" },
16                 new Model.Student { Id = "D002", Name = "Sienna", Grade = 4,
                                       Major = "Design" },
17                 new Model.Student { Id = "S003", Name = "Pil", Grade = 4,
                                       Major = "Software" },
18                 new Model.Student { Id = "S006", Name = "Clint", Grade = 3,
                                       Major = "Software" },
19                 new Model.Student { Id = "S004", Name = "Khan", Grade = 2,
                                       Major = "Software" },
```

```
20              new Model.Student { Id = "A001", Name = "Mike", Grade = 2,
                                    Major = "Advertisement" },
21              new Model.Student { Id = "S005", Name = "Sven", Grade = 2,
                                    Major = "Software" },
22              new Model.Student { Id = "T001", Name = "Peter", Grade = 1,
                                    Major = "Theater" },
23          };
24
25          var resultList = from s in students
26                           orderby s.Grade
27                           select s;
28
29          foreach (var result in resultList)
30          {
31              Console.WriteLine("{0},{1}", result.Grade, result.Name);
32          }
33
34      }
35    }
36 }
```

링큐의 중요한 점은,

> *from-in 구문은 가장 처음 제시가 되어야 하고, select 구문은 가장 마지막에 제시*

가 되어야 하는 것입니다.

위의 예제에서도 select 구문이 가장 마지막에 표현됨을 확인할 수 있습니다.

> *students 안에(in), s 객체로부터(from), Grade를 오름차순으로 학생을 조회(select)한다.*

[함께 해봐요] LINQ를 이용한 전공별 학생 수 계산하기   Ex020.cs

```
01  using System;
02  using System.Collections.Generic;
03  using System.Linq;
04
05  namespace RoadBook.CsharpBasic.Chapter09.Examples
06  {
07      public class Ex020
08      {
```

```
09        public void Run()
10        {
11            List<Model.Student> students = new List<Model.Student>()
12            {
13                new Model.Student { Id = "S001", Name = "Dexter", Grade = 3,
                                         Major = "Software" },
14                new Model.Student { Id = "D001", Name = "Ellin", Grade = 3,
                                         Major = "Design" },
15                new Model.Student { Id = "S002", Name = "Jeffrey", Grade = 4,
                                         Major = "Software" },
16                new Model.Student { Id = "D002", Name = "Sienna", Grade = 4,
                                         Major = "Design" },
17                new Model.Student { Id = "S003", Name = "Pil", Grade = 4,
                                         Major = "Software" },
18                new Model.Student { Id = "S006", Name = "Clint", Grade = 3,
                                         Major = "Software" },
19                new Model.Student { Id = "S004", Name = "Khan", Grade = 2,
                                         Major = "Software" },
20                new Model.Student { Id = "A001", Name = "Mike", Grade = 2,
                                         Major = "Advertisement" },
21                new Model.Student { Id = "S005", Name = "Sven", Grade = 2,
                                         Major = "Software" },
22                new Model.Student { Id = "T001", Name = "Peter", Grade = 1,
                                         Major = "Theater" },
23            };
24
25            var groups = from s in students
26                         group s by s.Major into grp
27                         select new { Major = grp.Key, Count = grp.Count() };
28
29            foreach (var group in groups)
30            {
31                Console.WriteLine("{0} : {1}", group.Major, group.Count);
32            }
33        }
34    }
35 }
```

위의 예제에서도 groups 계산에 대한 해석은 다음과 같습니다.

*students 안에(in), s 객체로부터(from), Major별로 그룹화하고,
그룹화한 데이터의 개수를 계산한다..*

지금까지 람다식과 링큐의 기본적인 예제를 살펴보았습니다. 어떤 쿼리식이 더 편하게 느껴지나요?

링큐를 사용하든지 람다식을 사용하든지, 여러분의 취향에 맞게 사용하면 됩니다.

마지막으로 링큐의 꽃인 LINQ to SQL에 대해 설정하는 방법에 대해 살펴보고 이번 장을 마무리하려 합니다.

9.6 LINQ to SQL 맛보기

링큐는 컬렉션 형태로 되어 있는 모든 데이터를 필터링 하고 질의할 수 있습니다. 이 뜻은 데이터베이스도 질의할 수 있으며, 심지어 XML, Object, Entity까지 모두 다 질의할 수 있습니다. 마이크로소프트는 링큐를 출시하면서, 프로바이더를 제공하였습니다. 여기서 프로바이더란, 관리 툴을 말합니다. 그 중 가장 대중화 되어 사용하는 프로바이더가 바로

'LINQ TO SQL'

입니다. 이번 장의 마지막 미션으로, LINQ TO SQL을 세팅하고 질의하는 방법에 대해 설명하겠습니다.

먼저 [새 항목]-[추가]를 클릭하여 〉 LINQ to SQL 클래스 템플릿을 검색합니다.

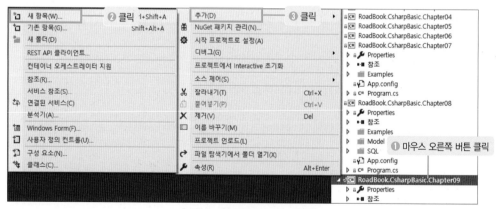

[그림 9-2] LINQ TO SQL 만들기

이 때 생성되는 파일의 확장자는 'dbml' 파일입니다. 필자는 Users.dbml 파일로 만들었습니다.

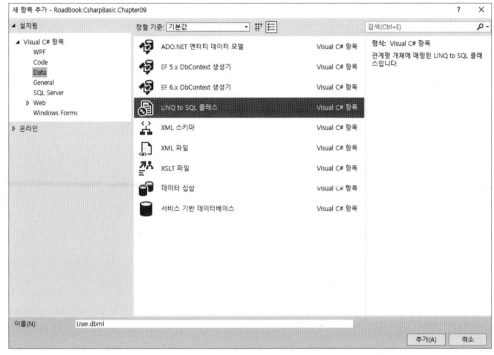

[그림 9-3] LINQ TO SQL dbml 파일 만들기

dbml 파일을 열어보면 흰 공백으로 아무것도 보이지 않습니다.

먼저 서버 탐색기를 클릭하여 나타난 화면에서 '데이터 연결'에 오른쪽 마우스 클릭 후, '연결 추가'를 클릭합니다.

[그림 9-4] dbml 연결 추가

데이터 소스 선택은, 지금까지 MS-SQL을 사용했기 때문에, Microsoft SQL Server를 선택하고 '계속' 버튼을 클릭합니다.

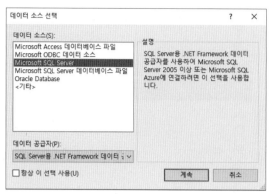

[그림 9-5] Microsoft SQL Server 데이터 소스 선택하기

데이터베이스 연결에 대한 설정을 진행합니다. 여러분이 설치 한 SQL의 서버 이름과 인증 방식, 그리고 8장에서 사용했던 데이터베이스인 'testdb'를 선택하여 설정하도록 합니다.

모두 설정이 완료된 후 '연결테스트' 버튼을 클릭했을 때 정상 메시지를 반환한다면 제대로 DB에 연결된 것입니다. 확인을 누르면 DB 설정이 완료됩니다.

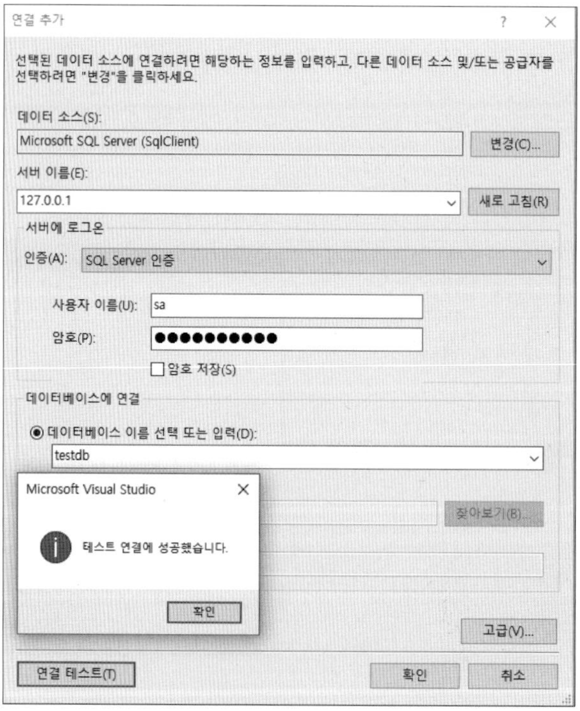

[그림 9-6] 연결 테스트에 성공한 SQL 설정

여기서 가장 중요한 부분은, LINQ TO SQL을 사용하기 위해서는 데이터베이스 테이블이 어느 정도 구조가 갖춰져 있어야 한다는 점입니다. TB_USER 테이블에 Primary Key(고유값 설정)를 설정하도록 하겠습니다.

[함께 해봐요] TB_USER 테이블 수정　　　　　　　　　　　　　　　　　　　　`sql001.sql`

```
01  use testdb
02
03  ALTER TABLE TB_USER
04  ALTER COLUMN ID VARCHAR(100) NOT NULL
05  GO
06
07  ALTER TABLE TB_USER
08  ADD CONSTRAINT PK_USER_ID PRIMARY KEY ( ID )
09  GO
```

다시 한번 서버탐색기를 확인해 봅시다. 아래와 같이 테이블 폴더에 TB_USER라는 테이블이 보이면 해당 테이블을 dbml 파일로 Drag&Drop 해봅니다.

[그림 9-7] TB_USER 테이블

Users.dbml 파일에 연결된 testdb 데이터베이스의 USER 테이블 정보가 보여집니다.

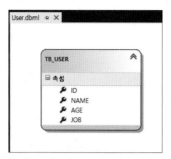

[그림 9-8] User.dbml 스키마 디자인

이제 모든 설정은 완료되었습니다. 바로 LINQ TO SQL을 이용하여 USER 데이터를 가지고 오도록 해보겠습니다.

[함께 해봐요] LINQ TO SQL을 이용한 UESR 데이터 가져오기   Ex021.cs

```
01  using System;
02  using System.Linq;
03
04  namespace RoadBook.CsharpBasic.Chapter09.Examples
05  {
06      public class Ex021
07      {
08          public void Run()
09          {
10              using (UserDataContext context = new UserDataContext())
11              {
12                  var query = context.TB_USER.Select(u => u);
13
14                  foreach (TB_USER item in query)
15                  {
16                      Console.WriteLine(item.NAME);
17                  }
18              }
19          }
20      }
21  }
```

실행 결과, 데이터베이스 쿼리 질의한 결과가 제대로 나온다면 설정이 완료됩니다. UserDataContext 객체는 방금 전 여러분이 만든 User.dbml 모델(그림 9-8 참고)에 대해 설계된 클래스입니다. 이 클래스는 testdb 데이터베이스 자체를 담고 있으며, 데이터베이스 안에 존재하는 TB_USER 테이블도 자동으로 모두 클래스화하여 접근이 가능하게 됩니다.

```
Context.TB_USER.Select(u => u)
```

위의 람다식은 바로 LINQ 프로바이더에 저장된 SQL 클래스를 조회하는 역할을 합니다.

위와 같이 SQL에 접근이 가능하기 때문에, 데이터 신규 입력, 수정, 삭제 또한 가능합니다. 이 부분은 여러분이 직접 해보시기 바랍니다.

이번 장을 끝으로 여러분은 C#의 기초에 대해서는 어느 정도 몸으로 익히게 되었습니다. 정말 많은 발전을 하신 것과 같습니다. 다음 장부터는 지금까지 배운 C#의 기술을 가지고 여러 가지 프로젝트를 만들어보도록 하겠습니다.

● 이번에 우리가 얻은 것

이번 장에서 여러분은 함수형 프로그래밍이란 무엇인가에 대해 알아보았고, 마이크로소프트 C#의 함수형 패러다임의 변화에 대해 살펴보았으며, 델리게이트, 람다식, 링큐에 대해 여러 가지 의미 있는 프로그램도 개발해보았습니다.

● 이것만은 알고 갑시다.

1. 함수형 프로그래밍(Functional Programming)이란, 자료 처리를 "수학적 함수"의 계산으로 취급하고 상태와 가변 데이터를 멀리하는 프로그래밍 페러다임의 하나입니다.

2. 델리게이트는 메소드의 역할을 대신 수행해주는 '대리자', '비서'와 같은 기능입니다.

3. 델리게이트의 표현식을 조금 더 자유롭고 간편하게 발전한 코드가 '람다식'입니다.

4. 람다식의 수학적 함수(Group By, Where 등등)는 SQL 쿼리문의 모티브가 되는 함수들입니다. 이를 좀더 SQL Query 문법화한 기능을 링큐라고 합니다.

5. 링큐는 다양한 대상과 공존할 수 있습니다. XML을 처리하는 LINQ to XML, 데이터베이스를 처리하는 LINQ to SQL이 가장 큰 예입니다.

6. 함수형 프로그래밍 기법을 해석하는 가장 좋은 방법은 '소설 책 읽듯이' 코드를 읽어 나가면 됩니다.

1. [그림 9-1]의 학생 List 구조를 만들어보고, Software 전공 학생을 찾아서 출력하세요.

   프로그램을 만들기 위해서는 다음과 같은 지식이 필요해요
   - 람다식
   - 링큐

2. [그림 9-1]의 학생 List 구조를 만들어보고, 이름에 'e'가 포함된 학생을 찾아서 출력하세요.

   프로그램을 만들기 위해서는 다음과 같은 지식이 필요해요
   - 람다식
   - 링큐

3. 이번 챕터에서 만든 User.dbml 모델을 가지고, 데이터를 추가해보세요.

   프로그램을 만들기 위해서는 다음과 같은 지식이 필요해요
   - 람다식
   - 링큐
   - LINQ TO SQL

   힌트!
   SQL 쿼리문이 필요 없이, 객체를 만들고 InsertOnSubmit 메소드만 호출하면 됩니다.

   ```
   contenxt.TB_USER.InsertOnSubmit( user );
   ```

4. 이번 챕터에서 만든 User.dbml 모델을 가지고, 데이터를 수정해보세요.

프로그램을 만들기 위해서는 다음과 같은 지식이 필요해요

- 람다식
- 링큐
- LINQ TO SQL

힌트!

SQL 쿼리문 필요 없이, 객체를 찾아 수정하고, SubmitChanges 메소드만 호출하면 됩니다.

```
context.SubmitChanges();
```

5. 이번 챕터에서 만든 User.dbml 모델을 가지고, 데이터를 삭제해보세요.

프로그램을 만들기 위해서는 다음과 같은 지식이 필요해요

- 람다식
- 링큐
- LINQ TO SQL

힌트!

SQL 쿼리문 필요 없이, 객체를 찾아 DeleteOnSubmit 메소드만 호출하면 됩니다.

```
context.TB_USER.DeleteOnSubmit(user);
```

10장

프로젝트#1: 웹 프로그래밍 (게시판)

프로그래밍의 세계에 첫 발을 내딛은 여러분들과 함께,

간단한 출력문과 변수 선언의 기초부터 함수형 프로그래밍의 골격이 되는 람다와 링큐의 고급 기능까

쉴 새 없이 프로그래밍의 재미를 찾기 위한 여정이 끝나가고 있습니다.

이 장까지 포기하지 않고 함께 따라와 주신 분들은 이미 미래의 IT리더이지 않을까 싶습니다.

닷넷 프로그래밍의 세계는 워낙 방대한 분야이기 때문에,

이 책에서 다루는 기본적인 내용 외에도 언급하지 못한 문법과 개념은 많이 존재합니다.

그렇기 때문에, 여러분이 더욱 더 스스로 관심을 가지고 공부를 해야만 합니다.

그리고 C#을 이용해서 내 자신이 어느 분야로 발전해 나갈지(웹? 데이터? 앱? 게임?) 모색해야 합니다.

앞으로 이어지는 나머지 챕터에서는 여러분들이 어떤 흥미를 가지게 될지 갈피를 조금이나마 잡을 수 있도록

간단한 실전 프로젝트 챕터를 다루고자 합니다.

이번 장에서는 IT에서 가장 수요가 많기도 하고, 없어서는 안 될 '웹 개발'에 대해 살펴볼 것입니다.

우선 웹 개발의 가장 기초가 되는 '게시판'의 형태와 로직을 살펴볼 것이고,

간단한 웹 화면을 띄울 수 있도록 하겠습니다.

#사전_기초지식

#클래스 #데이터베이스

이번 장은 데이터베이스를 이용하여, 웹에서 보이는 커뮤니티 사이트의 게시판을 만들어보는 것입니다.

필자가 어떤 특정 언어를 공부할 때, 한 번도 빠짐없이 해봤던 것이 바로 '게시판 만들기'입니다.

이유는 데이터베이스를 이용하여 CRUD(Create/Read/Update/Delete: 데이터를 만들고, 데이터를 읽고, 데이터를 수정하고, 데이터를 삭제하기)를 해 봄으로써 기본적인 데이터 다루기에 대한 정리가 되기 때문입니다. 실무에서도 데이터를 다루는 일이 비일비재하므로, 이러한 예제들을 만들어 놓으면 쉽게 적용할 수 있기도 합니다.

[그림 10-1] 게시판의 구조

위 그림과 같이 게시판의 기본 골격은, 게시글의 특징별로 그룹화할 수 있는 '카테고리'와, 게시글의 속성인 '날짜', '제목', '내용'이 가장 최소한의 정보로 포함되어 있을 것입니다. 이 챕터에서는 이 기본 골격에 '태그', '좋아요' 까지 구현을 해보도록 하겠습니다.

10.1 게시판 테이블 설계

앞서 설명한 바와 같이 게시판에는 크게,

카테고리

게시글 속성

이 두 가지로 나눌 수 있습니다.

우선 게시판 카테고리 테이블과, 게시판 테이블을 만들기 전에, 일반 게시판의 흐름에 대해 잠시 생각해봅시다.

잠시만 생각해봅시다

게시판 테이블의 흐름

게시판을 이용하는 사용자가 되어 생각해봅시다. 어떠한 액션이 떠오르나요?

먼저 사용자는 자신이 글을 쓰기 위해, 메뉴를 선택할 것입니다. 이 메뉴는 '공지사항', '자유게시판', '질문하기' 등등 특정 '카테고리'별로 나누어져 있을 것입니다. 자유게시판 메뉴에 들어가서 글을 작성합니다. 작성한 내용은 '게시판' 테이블로 데이터가 저장될 것입니다. 다시한번 더 글을 작성합니다. 작성한 내용은 '게시판' 테이블로 데이터가 저장될 것입니다. 이러한 과정이 반복된다면 다음과 같은 데이터 구조가 테이블에 쌓이게 될 것입니다.

게시글 제목 – 게시글 내용 – 게시글 작성자 – 게시글 날짜 – 게시글 타입(카테고리)

게시글 제목 – 게시글 내용 – 게시글 작성자 – 게시글 날짜 – 게시글 타입(카테고리)

.

.

.

게시글 제목 – 게시글 내용 – 게시글 작성자 – 게시글 날짜 – 게시글 타입(카테고리)

위의 구조의 가장 중요한 특징. 이것만은 꼭 기억하고 설계를 해보도록 하겠습니다.

하나의 카테고리에는, 여러 개의 게시글이 저장된다.

(카테고리와 게시글의 관계는 1:N 관계다.)

카테고리 테이블의 기본적인 데이터 구조는

'카테고리 번호', '카테고리 제목', '카테고리 설명'

과 같이 나눌 수 있습니다. 이에 대한 테이블을 설계해보고, 데이터를 집어넣어보도록 하겠습니다.

[함께 해봐요] 카테고리 테이블 설계	SQL/SQL001.sql

```
01  -- RoadbookDB 데이터베이스 만들기
02  CREATE DATABASE RoadbookDB
03  GO
04
05  -- RoadbookDB 사용하기
06  USE RoadbookDB
07  GO
08
09  -- TB_CATEGORY 테이블 만들기
10  CREATE TABLE TB_CATEGORY
11  (
12      IDX INT IDENTITY(1,1),
13      TITLE VARCHAR(20),
14      SUMMARY VARCHAR(100)
15  )
16  GO
17
18  -- TB_CATEGORY 테이블에 데이터 집어넣기
19  INSERT INTO TB_CATEGORY( TITLE, SUMMARY )
        VALUES ( '공지사항', '회원들에게 꼭 전달해야 할 내용입니다.' )
20  INSERT INTO TB_CATEGORY( TITLE, SUMMARY )
        VALUES ( '자유게시판', '하고싶은 말을 마음껏 하세요.' )
21  GO
```

위의 SQL 문법에 대해 이해가 되지 않는 분들은 8장의 내용을 다시 한번 읽어보고 예제를 실행해보길 바랍니다. 여기서 한 가지 추가적으로 설명드릴 부분은, TB_CATEGORY 테이블을 만들 때 IDX 컬럼에 'IDENTITY(1, 1)' 라는 구문을 추가로 집어넣었습니다. 이는 데이터가 생성될 때, **'자동 증가 값'** 기능을 실행하겠다는 뜻입니다. 즉, INSERT 구문을 입력할 때 IDX의 값은 명시하지 않아도 된다는 뜻입니다. 위의 INSERT 구문에서도 TITLE과 SUMMARY 컬럼에 대한 내용만

명시한 것을 확인할 수 있습니다. 이렇게 데이터가 추가될 때마다 IDX 컬럼에는 증가 값 형태로 자동으로 데이터가 매핑됩니다. 이 자동 증가 값 옵션은 데이터베이스를 설계할 때 유용하게 쓰이는 부분으로, Primary Key(고유 값)을 구분 지을 수 있어 절대로 중복 값이 들어가지 않는다는 장점이 있습니다.

다음으로는 게시판 테이블을 만들어보도록 하겠습니다. 게시판 테이블의 기본적인 구조는,

'게시글 번호', '게시글 제목', '게시글 내용', '게시글 시간', '게시글 작성자',
'게시글 태그', '좋아요 카운트'
그리고 해당 게시글과 1:N 관계로 매핑될 '카테고리 번호'

와 같이 나눌 수 있습니다. 이에 대한 테이블을 설계해 보노톡 하셨습니다.

[함께 해봐요] 게시판 테이블 설계　　　　　　　　　　　　　　　SQL/SQL002.sql

```
01  -- RoadbookDB 사용하기
02  USE RoadbookDB
03  GO
04
05  -- TB_CONTENTS 테이블 만들기
06  CREATE TABLE TB_CONTENTS
07  (
08      IDX INT IDENTITY(1,1),
09      TITLE VARCHAR(20),
10      SUMMARY VARCHAR(MAX),
11      CREATE_DT DATETIME,
12      CREATE_USER_NM VARCHAR(10),
13      TAGS VARCHAR(MAX),
14      LIKE_CNT INT DEFAULT 0,
15      CATEGORY_IDX INT
16  )
17  GO
```

이제 테이블이 정상적으로 만들어졌으니, C#을 이용하여 게시판을 만들어보도록 하겠습니다.

10.2 "확장성"을 고려하여 DBManager를 만들어 보기

먼저 데이터베이스에 접근하기 위해, 데이터베이스 모델을 만들어보도록 하겠습니다. 물론 '8장'에서와 같이 string 형태의 DB 정보를 만들어도 좋지만, 조금 더 구조화를 시키는 습관을 들여야 나중에 유지보수를 하거나 다른 사람들이 자신의 코드를 살펴볼 때도 좋은 코드로 거듭날 수 있습니다.

데이터베이스 접근을 하기 위해서는

IP, PORT, 사용할 데이터베이스 이름, 데이터베이스 접근 계정(아이디, 패스워드)

가 필요합니다. 이 정보를 담는 DatabaseInfo 클래스 모델을 설계해보도록 하겠습니다.

[함께 해봐요] **데이터베이스 정보를 관리하는 모델 설계**　　　Model/DatabaseInfo.cs

```
01  namespace RoadBook.CsharpBasic.Chapter10.Examples.Model
02  {
03      public class DatabaseInfo
04      {
05          public string Ip { get; set; }
06          public int Port { get; set; }
07          public string Name { get; set; }
08          public string UserId { get; set; }
09          public string UserPassword{ get; set; }
10      }
11  }
```

다음으로는 데이터베이스에 접근하는 로직을 구현해보도록 하겠습니다. 데이터베이스에 접근하기 위해서는 역시 '8장'에서 살펴본 코드를 그대로 가져다 써도 좋습니다. 하지만 데이터베이스는 MS-SQL만 존재하는 것이 아닙니다. 크게 Oracle이라는 데이터베이스도 있고 MySQL이라는 데이터베이스도 있고, 더 살펴본다면 수많은 데이터베이스 벤더들이 존재합니다.

이 많은 데이터베이스들에 접근하기 위해서는 'SqlConnection' 객체만 사용하는 것은 아닙니다.

가장 가까운 예로 Oracle 데이터베이스에 접근하기 위해서는 'Oracle.DataAccess.dll'을 이용하여 'OracleConnection' 객체로 접근을 해야만 합니다. 이처럼 많은 데이터베이스를 한꺼번에 관리하기 위해서는 '약속'이 필요합니다. 바로 객체지향 개념인 '인터페이스'를 이용하여 '약속'의 껍데기를 만들어 보도록 하겠습니다.

```
01  using System.Data;
02  using RoadBook.CsharpBasic.Chapter10.Examples.Model;
03
04  namespace RoadBook.CsharpBasic.Chapter10.Examples.Manager
05  {
06      public interface IDatabaseManager
07      {
08          void Open(DatabaseInfo dbInfo);
09          DataTable Select(string sql);
10          int Insert(string sql);
11          int Update(string sql);
12          int Delete(string sql);
13          void Close();
14      }
15  }
```

새로운 개념인 '인터페이스'에 대해 잠시 살펴보고 넘어가도록 하겠습니다. '인터페이스'가 필요한 이유는 말 그대로 '약속'을 정해 놓는 역할입니다. 나중에 다른 팀원들과 협업을 할 때에도, 각자 의 코드 작성 스타일이 다르고 메소드 이름을 만드는 스타일도 다릅니다. 나는 MS-SQL 데이터 베이스를 관리하는 기능을 만들고, 다른 사람은 MySQL 데이터베이스를 관리하는 기능을 만들었 을 때, 두 사람의 코드 명명 규칙이 달라지게 된다면 프로젝트를 결합하기가 힘든 상태로 됩니다. 또한, MS-SQL과 Oracle, MySQL의 Query문 기법에서 표준 문법은 같으나, 사용하는 키워드가 다른 경우가 있습니다. 예를 들어 MS-SQL에서는 상위 10개의 데이터를 가지고 오기 위해서는 'TOP' 구문을 사용하지만, MySQL에서는 'LIMIT' 구문을 사용합니다. 절대로 SQL을 하나의 매 니저 기능에서 담당할 수가 없습니다.

그렇기 때문에 인터페이스라는 약속을 만들어 놓고, 이 인터페이스에 맞게 클래스를 설계해 나가 는 것입니다.

데이터베이스를 이용하는 작업으로는, 우리가 8장에서 배웠던 것을 생각해보았을 때,

1. 데이터베이스 연결
2. 데이터 조회
3. 데이터 생성
4. 데이터 수정
5. 데이터 삭제
6. 데이터베이스 끊기

이렇게 크게 6가지로 나눌 수 있습니다. 이는 각각의 역할이기도 합니다. 위의 IDatabaseManager 인터페이스를 보면 확실하게 '약속'을 정했습니다.

"데이터베이스 관리는 Open, Select, Insert, Update, Delete, Close를 기본으로 하자"

로 정해 놓은 것입니다.

먼저 IDatabaseManager 인터페이스를 상속받은 MsSqlManager를 만들어보도록 하겠습니다. 인터페이스를 상속받는 클래스를 표현하기 위해서는 아래와 같이 표현을 합니다.

```
public class MsSqlManager : IDatabaseManager
```

위와 같이 인터페이스를 참조하게 된다면, 무조건 약속된 메소드인 Open~Close를 구현해야 합니다.

먼저 데이터베이스 연결하는 기능부터 살펴보겠습니다. IDatabaseManager에서는 Open 메소드 매개변수로, DatabaseInfo 클래스를 받아오도록 설계되어 있습니다. DatabaseInfo 클래스에 명시된 정보를 가지고 connectionString을 만들어보도록 하겠습니다.

```
string conStr = string.Format("Data Source={0},{1};Initial Catalog={2};User
ID={3};Password={4}",
                        dbInfo.Ip,
                        dbInfo.Port,
                        dbInfo.Name,
                        dbInfo.UserId,
                        dbInfo.UserPassword);

connection = new SqlConnection(conStr);
connection.Open();
```

단순 string.Format을 이용하여, 데이터베이스 접속 정보를 매핑 시켜준 후, SqlConnectino 객체를 오픈합니다.

다음으로는 데이터 조회 기능을 만들어보도록 하겠습니다.

```
DataTable dt = new DataTable();

using (SqlCommand command = new SqlCommand(sql, connection))
{
    using (SqlDataReader reader = command.ExecuteReader())
    {
        for (int idx = 0; idx < reader.FieldCount; idx++)
        {
            dt.Columns.Add(new DataColumn(reader.GetName(idx)));
        }

        while (reader.Read())
        {
            DataRow row = dt.NewRow();

            for (int idx = 0; idx < dt.Columns.Count; idx++)
            {
                row[dt.Columns[idx]] = reader[dt.Columns[idx].ColumnName];
            }

            dt.Rows.Add(row);
        }
    }
}

return dt;
```

sql 문자열을 매개변수로 받아, SqlCommand, SqlDataReader 객체 생성 및 조회를 하여 DataTable 객체에 조회된 데이터를 집어넣은 후 리턴을 해주는 역할을 합니다. 여기서 처음으로 등장한 객체 가 있습니다. 바로 DataTable인데, 이 객체는 앞으로도 데이터베이스는 물론 여러 가지 변수 값 혹 은 리스트들을 형식에 맞춰 규격화하여 보관할 수 있는 기능을 제공합니다.

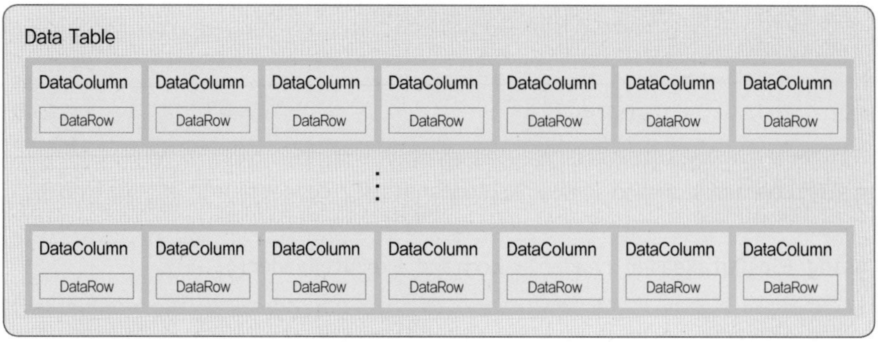

[그림 10-2] DataTable의 구조

DataTable의 구조는 위와 같습니다.

DataTable 안에는 DataColumn과 DataRow가 존재합니다. DataColumn은 헤더를 나타내며, DataRow는 한 줄의 Data를 나타냅니다. 쉽게 설명해서, 게시판 테이블을 예로 들어보겠습니다.

'TB_Contents'라는 테이블 자체는 DataTable이라 할 수 있고, 테이블 안에 있는 컬럼은 DataColumn이라고 표현할 수 있습니다. 또한 테이블 안에 저장되어 있는 데이터는 DataRow로 표현할 수 있습니다.

다시 본론으로 다시 돌아와서 Select 메소드의 로직을 살펴보도록 하겠습니다.

SqlCommand 객체를 'SQL 쿼리문'과 'SqlConnection 객체(데이터베이스에 접근하여 오픈되어 있는 객체)'를 넘겨서 만들어 줍니다. 그리고 SQL 쿼리문 결과를 ExecuteReader() 메소드를 이용하여 SqlDataReader 객체에 담아내는 것까지는 8장에서 봐왔던 예제와 같습니다. 그 이후에, SqlDataReader에 담긴 필드 개수만큼 반복문을 돌려서 DataTable 객체에 새로운 DataColumn을 추가합니다. 만약 SQL Query가,

```
SELECT
    Column_1,
    Column_2,
    Column_3,
    Column_4,
    …
    Column_10
FROM
    TB_1
```

인 경우, 10번의 반복문을 거쳐, 10개의 DataColumn이 DataTable에 추가될 것입니다.

SqlDataReader의 Read() 메소드를 이용하여 데이터를 한줄씩 꺼내 오는 작업을 진행하여, DataRow 객체에 DataTable에 설정된 DataColumn 개수만큼 반복하여, 컬럼(Key)과 값(Value)을 담아내어 DataTable 객체에 새로운 DataRow를 추가합니다. 이렇게 가공된 DataTable을 마지막으로 리턴해 주며 해당 로직은 종료됩니다.

다음으로는 데이터를 입력하고 수정하고 삭제하는 Insert, Update, Delete 기능을 만들어보도록 하겠습니다.

```
int activeNumber = 0;

using (SqlCommand command = new SqlCommand(sql, connection))
{
    activeNumber = command.ExecuteNonQuery();
}

return activeNumber;
```

Insert 메소드와 Update 메소드, Delete 메소드는 사실 똑같은 로직을 지향하고 있습니다. 그럼에도 불구하고 메소드를 분리한 이유는 '메소드 역할의 명확화'에 있습니다.

'SQL 문법'과 'SqlConnection 객체(데이터베이스에 접근하여 오픈되어 있는 객체)'를 넘겨서 만들어 줍니다. 그리고 ExecuteNonQuery()를 이용하여 데이터 적용(생성, 수정, 삭제)을 진행합니다. 진행 후에는 영향 받는 결과 개수를 계산하여 결과 값을 리턴해 줍니다.

마지막으로 데이터베이스 작업이 완료된 후 완전히 접속을 끊어 자원 낭비를 피하도록 하는 기능을 구현해보도록 하겠습니다.

```
if (connection != null)
{
    connection.Close();
    connection.Dispose();
}
```

Close 메소드는, SqlConnection 객체가 연결되어 있는 경우(null이 아닌 경우), SqlConnection을 Close 및 Dispose하여 자원(Resource)을 완벽히 해제해 줍니다.

지금까지 살펴보았던 내용을 하나의 코드로 합치면 다음과 같이 데이터베이스 매니저 역할이 구성됩니다.

```
01  using System.Data;
02  using System.Data.SqlClient;
03  using RoadBook.CsharpBasic.Chapter10.Examples.Model;
04
05  namespace RoadBook.CsharpBasic.Chapter10.Examples.Manager
06  {
07      public class MsSqlManager : IDatabaseManager
08      {
09          SqlConnection connection = null;
10
11          public void Open(DatabaseInfo dbInfo)
12          {
13              string conStr = string.Format("Data Source={0},{1};
                    Initial Catalog={2};User ID={3};Password={4}",
14                                      dbInfo.Ip,
15                                      dbInfo.Port,
16                                      dbInfo.Name,
17                                      dbInfo.UserId,
18                                      dbInfo.UserPassword);
19
20              connection = new SqlConnection(conStr);
21              connection.Open();
22          }
23
24          public DataTable Select(string sql)
25          {
26              DataTable dt = new DataTable();
27
28              using (SqlCommand command = new SqlCommand(sql, connection))
29              {
30                  using (SqlDataReader reader = command.ExecuteReader())
31                  {
32                      for (int idx = 0; idx < reader.FieldCount; idx++)
33                      {
34                          dt.Columns.Add(new DataColumn(reader.GetName(idx)));
35                      }
```

```
36
37                 while (reader.Read())
38                 {
39                     DataRow row = dt.NewRow();
40
41                     for (int idx = 0; idx < dt.Columns.Count; idx++)
42                     {
43                         row[dt.Columns[idx]] =
                                 reader[dt.Columns[idx].ColumnName];
44                     }
45
46                     dt.Rows.Add(row);
47                 }
48             }
49         }
50
51         return dt;
52     }
53
54     public int Insert(string sql)
55     {
56         int activeNumber = 0;
57
58         using (SqlCommand command = new SqlCommand(sql, connection))
59         {
60             activeNumber = command.ExecuteNonQuery();
61         }
62
63         return activeNumber;
64     }
65
66     public int Update(string sql)
67     {
68         int activeNumber = 0;
69
70         using (SqlCommand command = new SqlCommand(sql, connection))
71         {
72             activeNumber = command.ExecuteNonQuery();
73         }
74
75         return activeNumber;
76     }
```

```
77
78          public int Delete(string sql)
79          {
80              int activeNumber = 0;
81
82              using (SqlCommand command = new SqlCommand(sql, connection))
83              {
84                  activeNumber = command.ExecuteNonQuery();
85              }
86
87              return activeNumber;
88          }
89
90          public void Close()
91          {
92              if (connection != null)
93              {
94                  connection.Close();
95                  connection.Dispose();
96              }
97          }
98      }
99 }
```

확장성 있게 만들어 낸 인터페이스를 상속받아, 나중에 사용될 수도 있는 OracleManager와 MySqlManager도 만들어보도록 하겠습니다(로직은 제외, 껍데기만).

[함께 해봐요] Oracle 데이터베이스를 관리하는 매니저 만들기 Manager/OracleManager.cs

```
01  using System.Data;
02  using RoadBook.CsharpBasic.Chapter10.Examples.Model;
03
04  namespace RoadBook.CsharpBasic.Chapter10.Examples.Manager
05  {
06      public class OracleManager : IDatabaseManager
07      {
08          public void Open(DatabaseInfo dbInfo)
09          {
10              //TODO
11          }
```

```
12
13          public DataTable Select(string sql)
14          {
15              //TODO
16              return new DataTable();
17          }
18
19          public int Insert(string sql)
20          {
21              //TODO
22              return 0;
23          }
24
25          public int Update(string sql)
26          {
27              //TODO
28              return 0;
29          }
30
31          public int Delete(string sql)
32          {
33              //TODO
34              return 0;
35          }
36
37          public void Close()
38          {
39              //TODO
40          }
41      }
42 }
```

```
01  using System.Data;
02  using RoadBook.CsharpBasic.Chapter10.Examples.Model;
03
04  namespace RoadBook.CsharpBasic.Chapter10.Examples.Manager
05  {
```

```
06    public class MySqlManager : IDatabaseManager
07    {
08        public void Open(DatabaseInfo dbInfo)
09        {
10            //TODO
11        }
12
13        public DataTable Select(string sql)
14        {
15            //TODO
16            return new DataTable();
17        }
18
19        public int Insert(string sql)
20        {
21            //TODO
22            return 0;
23        }
24
25        public int Update(string sql)
26        {
27            //TODO
28            return 0;
29        }
30
31        public int Delete(string sql)
32        {
33            //TODO
34            return 0;
35        }
36
37        public void Close()
38        {
39            //TODO
40        }
41    }
42 }
```

위와 같이 하나의 "약속"으로 세 가지의 데이터베이스 매니저를 만들 수 있게 되었습니다. Oracle 이나 MySQL 관리 클래스는 현재 프로젝트에서는 실질적으로 사용을 하지 않기 때문에, 메소드 껍데기들만 만들고 넘어가도록 하겠습니다.

10.3 잘 만들어진 DBManager 클래스를 이용한 프로그램 실행 로직 만들기

데이터베이스에 접근해서 데이터를 제어할 수 있는 MsSqlManager 클래스를 만들었으니, 해당 클래스를 이용하여 프로그램에서 호출하는 로직(Main Logic)을 추가해보도록 합시다.

시나리오는 다음과 같습니다.

스스로 해결해보세요

1. 사용자가 프로그램을 실행하면 메시지가 출력된다(1: 조회, 2: 데이터주가, …).

2. 사용자가 메시지에 해당하는 번호를 입력한다.

3. 만약 "종료"를 선택한 경우 프로그램이 종료된다.

4. 만약 "종료"가 아닌 경우, 선택한 액션이 수행된다.

5. 선택된 액션이 수행된 후에, 다시 1번으로 돌아간다.

위의 프로세스를 데이터 워크 플로우Data Work Flow로 정리하면 아래와 같은 그림으로 표현할 수 있습니다.

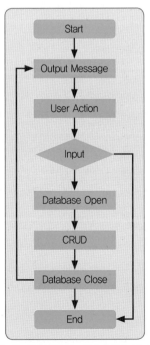

[그림 10-3] 데이터베이스 매니저 호출 워크 플로우

문제를 풀어 보셨나요? 이제 여러분이 직접 짠 코드와 비교하면서 다음 코드를 살펴보도록 합시다.

[함께 해봐요] **데이터베이스 매니저 호출 실전 예제**　　　　　　　　　　　　　Ex001.cs

```
01  using System;
02  using System.Data;
03  using System.Text;
04  using RoadBook.CsharpBasic.Chapter10.Examples.Model;
05  using RoadBook.CsharpBasic.Chapter10.Examples.Manager;
06
07  namespace RoadBook.CsharpBasic.Chapter10.Examples
08  {
09      public class Ex001
10      {
11          public void Run()
12          {
13              DatabaseInfo dbInfo = new DatabaseInfo();
14              dbInfo.Name = "RoadbookDB";
15              dbInfo.Ip = "127.0.0.1";
16              dbInfo.Port = 1433;
17              dbInfo.UserId = "sa";
18              dbInfo.UserPassword = "test123!@#";
19
20              MsSqlManager ms = new MsSqlManager();
21              ms.Open(dbInfo);
22
23              StringBuilder sbMessage = new StringBuilder();
24              sbMessage.AppendLine("*****************************");
25              sbMessage.AppendLine("1. SELECT");
26              sbMessage.AppendLine("2. INSERT");
27              sbMessage.AppendLine("3. UPDATE");
28              sbMessage.AppendLine("4. DELETE");
29              sbMessage.AppendLine("0. QUIT");
30              sbMessage.AppendLine("*****************************");
31
32              while (true)
33              {
34                  Console.WriteLine(sbMessage.ToString());
35                  string input = Console.ReadLine();
36
```

```csharp
37              if (input == "0")
38              {
39                  ms.Close();
40
41                  Console.WriteLine("BYE!!");
42                  break;
43              }
44              else
45              {
46                  string index = string.Empty;
47                  string title = string.Empty;
48                  string summary = string.Empty;
49                  string createUserNm = string.Empty;
50                  string tags = string.Empty;
51                  string createDate = string.Empty;
52
53                  StringBuilder sbSQL = new StringBuilder();
54
55                  switch (input)
56                  {
57                      case "1":   // SELECT
58                          DataTable dt = ms.Select("SELECT IDX, TITLE,
                                SUMMARY, CREATE_DT, CREATE_USER_NM, TAGS,
                                LIKE_CNT, CATEGORY_IDX FROM TB_CONTENTS");
59
60                          if (dt.Rows.Count > 0)
61                          {
62                              string[] columns =
                                    new string[dt.Columns.Count];
63
64                              for (int idx = 0; idx < dt.Columns.Count; idx++)
65                              {
66                                  columns[idx] = dt.Columns[idx].ToString();
67
68                                  Console.Write(dt.Columns[idx] + "\t");
69                              }
70
71                              Console.WriteLine();
72
73                              for (int idx = 0; idx < dt.Rows.Count; idx++)
74                              {
```

```
75                        for (int idx_j = 0; idx_j <
                              dt.Columns.Count; idx_j++)
76                        {
77                            Console.Write(dt.Rows[idx]
                                  [columns[idx_j]] + "\t");
78                        }
79
80                        Console.WriteLine();
81                    }
82                }
83                else
84                {
85                    Console.WriteLine("No Data!!");
86                }
87
88                break;
89            case "2":    // INSERT
90                Console.Write("TITLE : ");
91                title = Console.ReadLine();
92                Console.Write("SUMMARY : ");
93                summary = Console.ReadLine();
94                Console.Write("CREATE_USER_NM : ");
95                createUserNm = Console.ReadLine();
96                Console.Write("TAGS : ");
97                tags = Console.ReadLine();
98
99                createDate = DateTime.Now.ToString("yyyy-MM-dd");
100
101                sbSQL.Append(" INSERT TB_CONTENTS ( TITLE, SUMMARY,
                      CREATE_DT, CREATE_USER_NM, TAGS,
                      CATEGORY_IDX ) ");
102                sbSQL.Append(
103                    string.Format(" VALUES( '{0}', '{1}', '{2}',
                                '{3}', '{4}', '{5}' )",
104                        title, summary, createDate,
                            createUserNm, tags, 2
105                    )
106                );
107
108                ms.Insert(sbSQL.ToString());
109
110                break;
```

```
111                    case "3":    // UPDATE
112                        ms.Open(dbInfo);
113
114                        Console.Write("Changed IDX : ");
115                        index = Console.ReadLine();
116                        Console.Write("TITLE : ");
117                        title = Console.ReadLine();
118                        Console.Write("SUMMARY : ");
119                        summary = Console.ReadLine();
120
121                        sbSQL.Append(" UPDATE TB_CONTENTS SET ");
122                        sbSQL.Append(
123                            string.Format(" TITLE = '{0}', SUMMARY = '{1}' ",
124                                title, summary
125                            )
126                        );
127                        sbSQL.Append(
128                            string.Format(" WHERE IDX = {0}",
129                                index
130                            )
131                        );
132
133                        ms.Update(sbSQL.ToString());
134
135                        break;
136                    case "4":    // DELETE
137                        ms.Open(dbInfo);
138
139                        Console.Write("DELETED IDX : ");
140                        index = Console.ReadLine();
141
142                        sbSQL.Append(" DELETE FROM TB_CONTENTS ");
143                        sbSQL.Append(
144                            string.Format(" WHERE IDX = {0}",
145                                index
146                            )
147                        );
148
149                        ms.Update(sbSQL.ToString());
150
151                        break;
152                    default:
```

```
153                        Console.WriteLine("Invalid");
154
155                        break;
156                    }
157                }
158            }
159        }
160    }
161 }
```

매우 복잡한 로직이네요. 코드 라인이 너무 길어졌나요?

하지만 한줄 한줄 읽어보면 어려운 코드는 아닙니다. 지금까지의 챕터를 잘 숙지하였다면, 소설책 읽듯이 코드가 보일 것 같습니다. 메인 시작과 동시에, DatabaseInfo 클래스에 속성을 설정하는 코드가 보입니다(13~18행). 위의 속성에 선언된 값(Value)은 여러분이 설치하고 설정했던 데이터 베이스의 정보를 적어주면 됩니다.

MS-SQL 유저인 저와 여러분은 MsSqlManager를 선언할 것이고, StringBuilder에 메시지 정보를 입력해줍니다(20~30행).

그리고 '참'일 때까지 while문을 반복합니다. while(true)이므로, 무한루프에 빠지게 됩니다. 만약 사용자가 '0'을 입력한 경우, QUIT이므로, "BYE!!"라는 문구를 출력하고 무한 루프에서 빠져나 오게 됩니다(break)(32~43행).

그 외의 문자를 입력한 경우, else 구문으로 로직이 들어가게 되게 됩니다. 각각의 문자열 변수를 선언한 후(이 문자열 변수의 용도는 데이터 생성, 데이터 수정, 데이터 삭제에 필요한 변수입니다), switch문으로 각 input data 별 상황을 정리했습니다. 위에서 언급했던 상황 별로 switch문에 대한 로직을 다시 정리하겠습니다(43~156행).

● case "1"

　SELECT를 선택한 경우, MSManager의 select() 메소드를 호출합니다. 만약 리턴 받은 DataTable에서 DataRow의 개수가 0이 아닌 경우(0보다 큰 경우), 조회된 데이터가 존재하는 것 으로 간주하여, 데이터를 한 줄씩 출력해 줍니다. 그 이후에는 DataRow의 개수, 즉 SELECT 된 데이터의 개수만큼 다시 반복문을 실행하여 출력을 합니다.

　만약 DataTable에 Row 개수가 0개인 경우, "No Data!!"라는 메시지를 출력하면서 조건문에서 벗어나게 됩니다.

- case "2"

  INSERT를 선택한 경우,

  각각의 컬럼(IDX, TITLE, CONTENT, WRITER)의 값을 사용자가 입력을 합니다. 모든 입력이 완료되면, MsSqlManager의 Insert 메소드를 호출하여 데이터 생성 작업을 진행하게 됩니다.

- case "3"

  UPDATE를 선택한 경우, INSERT와 같이 각각의 컬럼의 값을 사용자가 입력을 하여, MsSqlManager의 Update 메소드를 호출하여 데이터 수정 작업을 진행하게 됩니다

- case "4"

  DELETE를 선택한 경우, 삭제할 IDX를 사용자가 입력을 하여, MsSqlManager의 Delete 메소드를 호출하여 데이터 삭제 작업을 진행하게 됩니다.

- 그 외의 문자를 입력한 경우

  "INVALID"라는 메시지를 출력하고 switch문을 종료하게 됩니다.

지금까지 데이터베이스와 연동하여, 콘솔을 이용한 게시판을 만들어 나가는 예제를 함께 만들어봤습니다. 직접 실행을 해보면서, 여러분이 개발한 콘솔 게시판을 자랑스럽게 테스트를 진행해보도록 합시다. 어느 정도 구조에 대한 이해가 잘 된다면, 이제 실제 웹에서 게시판을 보이도록 하겠습니다.

10.4 웹 페이지에서 게시판 리스트 생성하기

콘솔로 된 게시판 프로그램을 개발해보면서 여러분들은 조금 더 욕심이 생기셨을 것이라 생각이 됩니다.

> *"사실 게시판 기능은 이렇게 사용되는 사례가 없는데...*
> *나도 웹 페이지에서 게시판을 띄워보고 싶어!"*

맞습니다.

게시판 기능은 사실상 우리가 가장 많이 이용하고 있는 인터넷 브라우저 안에서, 웹 페이지(학교 홈페이지, 커뮤니티 사이트 등등)에서 적용되는 기술이기 때문입니다. 지금 우리는 C#의 기본이 되는 문법 위주의 공부를 하고 있는 시점에서, 웹 프로그래밍까지 설명을 하기에는 한계가 있는 것은 사실입니다.

실제로 시중에 서점을 가보면 C#프로그래밍/ASP.NET프로그래밍 등등 기술 책의 분야가 나뉘어 있다는 것을 볼 수 있습니다. 이 책에서는 웹 개발 방법에 대해 간단하게 알아볼 예정입니다.

먼저 솔루션탐색기에서 [오른쪽 마우스 클릭]–[새 프로젝트 만들기] – [ASP.NET 웹 응용 프로그램]을 선택한 후 프로젝트를 만듭니다.

[그림 10-4] ASP.NET 웹 응용 프로그램 만들기

프로젝트를 만들면 어떤 웹 프로그래밍을 할 것인지 선택을 합니다. 우리는 가장 간단하고 초보자가 접근하기 쉬운 '웹 폼' 방식의 프로그래밍을 실행하도록 하겠습니다.

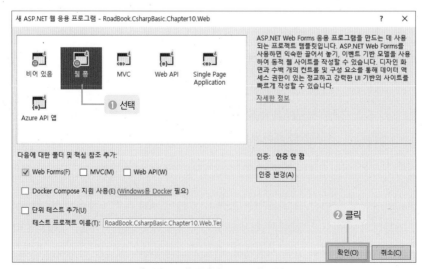

[그림 10-5] 웹 응용 프로그램 선택

만들어진 웹 응용 프로그램 프로젝트에서, 방금 전에 구현했던 DatabaseManager를 사용하기 위해
프로젝트 참조를 설정하도록 합니다.

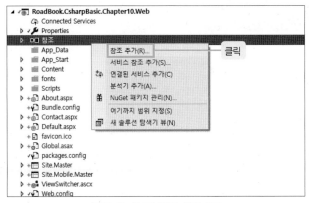

[그림 10-6] 프로젝트 참조 추가

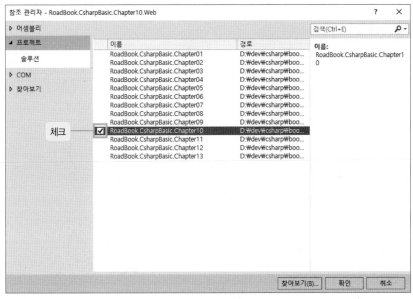

[그림 10-7] Chapter10 참조 추가

위와 같이 Chapter10 프로젝트를 참조하게 된다면, 지금 만들어진 웹 프로그램에서 MsSqlManager
를 사용할 수 있습니다. 즉, 동일한 기능을 똑같이 만들 필요가 없다는 뜻입니다.

만들어진 프로젝트에서 Board 폴더를 만들고, [오른쪽 마우스 클릭]-[추가]-[웹 폼]을 선택합니다.

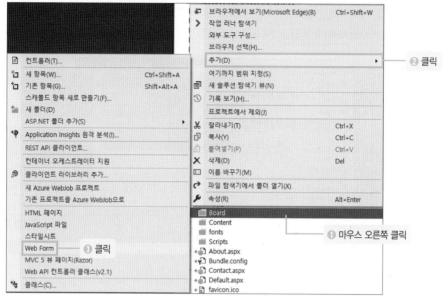

[그림 10-8] 웹 폼 만들기

웹 폼 파일명은 'Default'로 만듭니다.

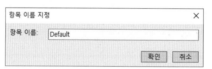

[그림 10-9] Default 파일명

해당 Default.aspx를 열어보면 다음과 같이 HTML 페이지를 볼 수 있습니다.

```
1   <%@ Page Language="C#" AutoEventWireup="true" CodeBehind="Default.aspx.cs" Inherits="RoadBook.CsharpBasic.Chapter10.Web.Board.Default" %>
2
3   <!DOCTYPE html>
4
5   <html xmlns="http://www.w3.org/1999/xhtml">
6   <head runat="server">
7     <meta http-equiv="Content-Type" content="text/html; charset=utf-8"/>
8       <title></title>
9   </head>
10  <body>
11      <form id="form1" runat="server">
12          <div>
13          </div>
14      </form>
15  </body>
16  </html>
17
```

[그림 10-10] 기본 Default.aspx 화면

확장자에 대해서는 두 가지만 우선 알고 넘어가시면 됩니다. aspx는 웹 페이지의 골격이 되는 HTML을 구성해주는 프론트 페이지입니다. aspx.cs는 웹 페이지에서 보여 줄 데이터를 핸들링 해주는 C# 코드를 구성하는 파일입니다. 아래 화면을 확인하기 바랍니다.

[그림 10-11] 웹 구조

첫 번째로 작업을 할 페이지는 aspx 파일입니다. 해당 파일을 오픈한 후, 도구상자를 클릭하면, "데이터" 항목에 "GridView"라는 콤포넌트가 있습니다. 이를 더블 클릭 혹은 Drag&Drop을 해봅시다. 아래와 같이 코드에 GridView 컴포넌트를 표현하는 ASP.NET 문법이 생성될 것입니다. (* 만약 여러분이 도구상자를 찾지 못하신다면, 비주얼 스튜디오에서 "보기" 메뉴를 클릭하면 "도구상자"가 있음을 확인할 수 있습니다.)

```
1    <%@ Page Language="C#" AutoEventWireup="true" CodeBehind="Default.aspx.cs" Inherits="
2
3    <!DOCTYPE html>
4
5    <html xmlns="http://www.w3.org/1999/xhtml">
6    <head runat="server">
7    <meta http-equiv="Content-Type" content="text/html; charset=utf-8"/>
8        <title></title>
9    </head>
10   <body>
11       <form id="form1" runat="server">
12           <div>
13               <asp:GridView ID="GridView1" runat="server"></asp:GridView>
14           </div>
15       </form>
16   </body>
17   </html>
```

[그림 10-12] 도구상자를 이용한 GridView 설정

aspx 파일은 이렇게만 설정하면 더 이상 추가 작업은 없습니다. MS에서 제공해주는 컴포넌트의 대단함을 볼 수 있는 한 가지 사례 중 하나입니다.

다음은 aspx.cs 파일을 열어 봅니다. 해당 파일을 열어 보면 지금까지 배워왔던 C# 문법, C# 구조가 친숙하게 보여집니다. 해당 파일에 다음과 같이 DB 문법을 적용해 봅시다.

[함께 해봐요] **웹 페이지에서 게시글 리스트 출력하기**　　　　　Board/Default.aspx.cs

```
01  using System;
02  using System.Data;
03  using RoadBook.CsharpBasic.Chapter10.Examples.Model;
04  using RoadBook.CsharpBasic.Chapter10.Examples.Manager;
05
06  namespace RoadBook.CsharpBasic.Chapter10.Web.Board
07  {
08      public partial class Default : System.Web.UI.Page
09      {
10          protected void Page_Load(object sender, EventArgs e)
11          {
12              DatabaseInfo dbInfo = new DatabaseInfo();
13              dbInfo.Name = "RoadbookDB";
14              dbInfo.Ip = "127.0.0.1";
15              dbInfo.Port = 1433;
16              dbInfo.UserId = "sa";
17              dbInfo.UserPassword = "test123!@#";
18
19              MsSqlManager ms = new MsSqlManager();
20              ms.Open(dbInfo);
21
22              DataTable dt = ms.Select("SELECT IDX, TITLE, SUMMARY, CREATE_DT,
                                          CREATE_USER_NM, TAGS, LIKE_CNT,
                                          CATEGORY_IDX FROM TB_CONTENTS");
23              GridView1.DataSource = dt;
24              GridView1.DataBind();
25          }
26      }
27  }
```

데이터베이스에 질의하는 SELECT 로직은 8장에서 언급했기 때문에, 해당 부분에 대한 설명은 넘어가도록 합니다.

웹 예제 프로그램에서 가장 중요한 것은

```
GridView1.DataSource = dt;
GridView1.DataBind();
```

이 두 개의 문법입니다.

여러분은 방금 전, aspx 파일에서 GridView 컴포넌트를 생성한 것을 기억하고 있을 것입니다. 그리고 위의 GridView 컴포넌트에서는 "GridView1"이라는 ID를 명시하고 있다는 것도 코드를 통해 확인할 수 있습니다. 웹 페이지에서 데이터를 바인딩 시키기 위한 규칙은 여러 가지가 있지만, 가장 기본이 되고 간단한 바인딩 방법이 바로 컴포넌트에 직접 명시적으로 바인딩을 시키는 방법입니다.

GridView1.DataSource = dt의 문법은,

GridView 컴포넌트에 타겟이 될 Data를 선언해 주면 됩니다. 우리는 TB_CONTENTS 테이블의 SELECT 결과 값을 가지고 있는 DataTable 객체를 GridView1 컴포넌트에 선언해 준 것입니다.

선언이 완료된 후에는, GridView1.DataBind() 문법을 사용하여, 웹 페이지에서 해당 컴포넌트에 데이터를 바인딩(연결) 시켜라 라는 명령을 내림으로써 화면에서는 테이블 형태의 결과물이 나타납니다.

구현한 웹 페이지를 실행하기 위해서는 Board 폴더의 Default.aspx 파일을 [오른쪽 마우스 클릭] - [브라우저에서 보기] 를 선택하면 됩니다.

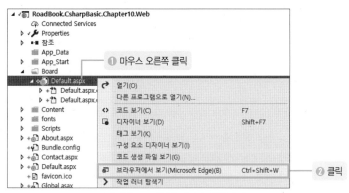

[그림 10-13] 웹 페이지 실행하기

브라우저에서 보기 실행을 할 경우, Microsoft Edge 브라우저가 자동으로 실행되면서, 게시판 테이블에 들어있는 내용을 가지고 옵니다.

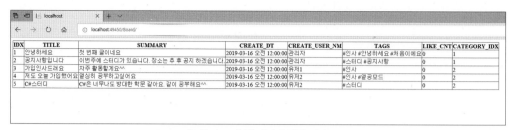

[그림 10-14] 웹 페이지 실행 결과

GridView 외에도 ASP.NET(C# 웹프로그래밍)에서는 여러 가지 데이터를 바인딩 시켜주는 컴포넌트들이 있습니다. 이 부분은 웹 프로그래밍 서적을 보시면 더 자세히 공부하실 수 있을 것입니다.

Default.aspx 페이지에서, GridView 컴포넌트 밑에 '링크'를 추가하도록 하겠습니다.

```
<asp:GridView ID="GridView1" runat="server"></asp:GridView>
<a href="New.aspx">글쓰기</a>
```

<a href="New.aspx">의 의미는 New.aspx 페이지로 이동하라는 HTML 마크업 구문입니다. 이제 New.aspx를 만들어, 게시글을 작성하는 웹 폼을 만들어보도록 하겠습니다. 역시 컴포넌트를 이용하도록 하겠습니다. 도구상자에 있는 표준 컴포넌트중 텍스트박스와 버튼을 사용합니다.

[그림 10-15] 텍스트박스와 버튼 컴포넌트

```
01  <%@ Page Language="C#" AutoEventWireup="true" CodeBehind="New.aspx.cs"
        Inherits="RoadBook.CsharpBasic.Chapter10.Web.Board.New" %>
02
03  <!DOCTYPE html>
04
05  <html xmlns="http://www.w3.org/1999/xhtml">
06  <head runat="server">
07  <meta http-equiv="Content-Type" content="text/html; charset=utf-8"/>
08      <title></title>
09  </head>
10  <body>
11      <form id="form1" runat="server">
12          <div>
13              제목 : <asp:TextBox ID="txtTitle" runat="server" Width="500px">
                    </asp:TextBox><br />
14              내용 : <asp:TextBox ID="txtSummary" runat="server" TextMode="MultiLine"
                    Height="300px" Width="500px"></asp:TextBox><br />
```

```
15              작성자 : <asp:TextBox ID="txtUserNm" runat="server" Width="500px">
                    </asp:TextBox><br />
16              태그 : <asp:TextBox ID="txtTags" runat="server" Width="500px">
                    </asp:TextBox><br />
17              <asp:Button ID="btnSave" runat="server"
                        OnClick="btnSave_Click" Text="저장" /><br />
18          </div>
19      </form>
20  </body>
21  </html>
```

<asp:TextBox>는 웹 페이지에서 사용하는 텍스트 박스 기능입니다. <asp:Button>은 웹 페이지에서 사용하는 버튼 기능입니다. 즉 TextBox 컴포넌트에는 TB_Contents에 입력될 데이터 컬럼에 대한 텍스트박스를 구성해주고, Button 컴포넌트는 버튼 클릭 시, 실행되는 메소드를 OnClick 속성을 가지고 명시합니다.

비하인드 코드인 aspx.cs 페이지에서는 btnSave_Click 메소드에 대해 로직을 구현하면 됩니다. 이 부분 역시 위에서 이미 구현된 MsSqlManager 클래스의 Insert 기능을 이용하면 됩니다.

[함께 해봐요] 게시글 작성 로직　　　　　　　　　　　　　Board/New.aspx.cs

```
01  using System;
02  using System.Text;
03  using RoadBook.CsharpBasic.Chapter10.Examples.Model;
04  using RoadBook.CsharpBasic.Chapter10.Examples.Manager;
05
06  namespace RoadBook.CsharpBasic.Chapter10.Web.Board
07  {
08      public partial class New : System.Web.UI.Page
09      {
10          protected void Page_Load(object sender, EventArgs e)
11          {
12
13          }
14
```

```
15          protected void btnSave_Click(object sender, EventArgs e)
16          {
17              DatabaseInfo dbInfo = new DatabaseInfo();
18              dbInfo.Name = "RoadbookDB";
19              dbInfo.Ip = "127.0.0.1";
20              dbInfo.Port = 1433;
21              dbInfo.UserId = "sa";
22              dbInfo.UserPassword = "test123!@#";
23
24              MsSqlManager ms = new MsSqlManager();
25              ms.Open(dbInfo);
26
27              StringBuilder sbSQL = new StringBuilder();
28              sbSQL.Append(" INSERT TB_CONTENTS ( TITLE, SUMMARY, CREATE_DT,
                            CREATE_USER_NM, TAGS, CATEGORY_IDX ) ");
29              sbSQL.Append(
30                  string.Format(" VALUES( '{0}', '{1}', '{2}', '{3}',
                                    '{4}', '{5}' )",
31                      txtTitle.Text,
32                      txtSummary.Text,
33                      DateTime.Now.ToString("yyyy-MM-dd"),
34                      txtUserNm.Text,
35                      txtTags.Text,
36                      2
37                  )
38              );
39
40              ms.Insert(sbSQL.ToString());
41
42              Response.Redirect("Default.aspx");
43          }
44      }
45 }
```

btnSave_Click 이벤트에 대한 기능도, 이미 위에서 구현된 MsSqlManager의 Insert를 이용해서 데이터를 저장합니다. 제일 마지막의 Response.Rediret의 의미는 Defulat.aspx 페이지로 이동하라는 뜻입니다. 즉, 데이터 저장 후에는 다시 게시글 리스트 페이지로 돌아가는 것입니다.

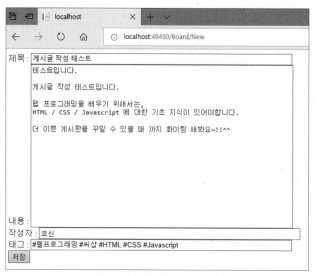

[그림 10-16] 게시글 작성하기 화면

게시글 리스트를 가져오는 로직과, 게시글을 쓰는 로직을 구현해 보았습니다. 데이터를 수정하거나, 삭제하는 로직은 여러분이 조금 더 자료를 찾아가면서 기능을 구현해보도록 합시다.

웹 프로그래밍을 하기 위해서는 사전 지식이 필요한 기술이 많습니다. 정말 기본적인 HTML 문법부터 시작해서, ASP.NET을 하기 위해서는 웹 폼에 대한 지식, 더 나아가 MVC Pattern 등등 공부를 해야 합니다. 공부할 것은 정말 많지만 프로그램 개발자 중 가장 많은 비율을 차지하는 것이 바로 웹 개발자입니다. 그만큼 시장규모도 크고 수요도 많다는 의미입니다. 웹 개발에 대한 여러분의 흥미가 조금은 생겼나요? 지금 서점으로 가서 ASP.NET 웹 프로그래밍에 대한 서적을 한 권구매해서 이 책의 중요 C# 로직과 함께 공부해 나가도록 해봅시다.

11장

프로젝트#2:
윈폼으로 만드는 POS 시스템

이번 장에서는 윈폼(Windows Form) 개발에 대한 간단한 예제를 만들어 볼까 합니다.

윈폼이란 여러분이 사용하고 있는 Windows OS에서 동작하는 GUI 프로그램입니다.

10장에서 구현했던 웹 프로그램처럼, 윈폼 프로그래밍도 그림을 그리듯이 프로그램을 구현하기 때문에,

초급 개발자들이 프로그래밍에 흥미를 이끌만한 매력을 지닌 프로그래밍입니다.

여러분이 웹 프로그래밍을 공부하면서 도구사용에 익숙해졌다면, 윈폼도 충분히 쉽게 학습할 수 있을 겁니다.

#사전_기초지식

#VisualStudio_도구_다루기 #이벤트정의

이번 장은, C# 문법을 이용하여 콘솔 화면이 아닌 윈도우 화면에 어울릴 만한 GUIGraphical User Interface 프로그램을 만들어 보는 것입니다.

닷넷 프레임워크.NET Framework의 가장 큰 장점은 1장에서도 언급했듯이, 하나의 프레임워크에서 웹 개발도 가능하고, 앱 개발도 가능하며, 윈도우 프로그래밍도 가능하기 때문에 거의 만능에 가까운 프레임워크입니다. 또한 10장에서도 느꼈듯이, 생소한 프로그램을 개발하더라도, 비주얼 스튜디오라는 매력적인 도구Tool가 있기 때문에 적응하기가 쉽고 C# 문법에 대한 지식만 있다면 로직 구현만 하면 된다는 것입니다.

윈폼Windows Form도 마찬가지입니다. 특정 위치에 원하는 컨트롤(Button, Textbox 등등)을 그려주고 해당 컨트롤에 대한 이벤트만 C#으로 정의하면 됩니다. 백견불여일타, 지금 바로 윈폼을 만들어보도록 하겠습니다.

먼저 솔루션 탐색기에서 오른쪽 마우스 클릭 후, 새 프로젝트를 만듭니다.

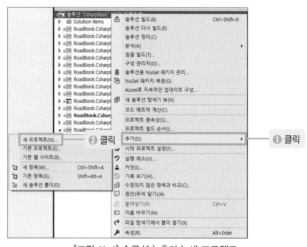

[그림 11-1] 솔루션 〉추가 〉새 프로젝트

새 프로젝트 추가 화면에서 Windows Forms 앱(.NET Framework)를 선택해주고, 프로젝트 이름을 써주고 확인 버튼을 클릭합니다.

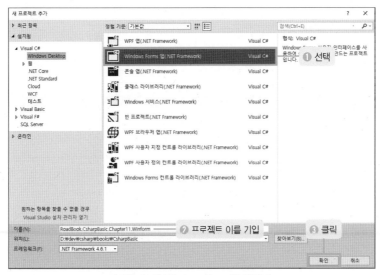

[그림 11-2] Windows Form 앱 만들기

프로젝트를 만들면, 하나의 창 포맷이 보여집니다. 이것이 바로 Windows Form 앱의 기본 구성 화면입니다. 이 화면에 앞으로 하나씩 컨트롤을 추가하여 멋진 POS 프로그램을 만들어 볼 것입니다. POS 시스템이란, Point Of Sale System의 약자로, 음식점과 같은 가게에서 판매하는 내용들을 관리하는 시스템입니다.

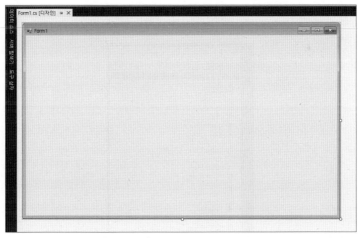

[그림 11-3] Windows Form 초기 화면

한번 이 상태에서 디버그 없이 빌드(Ctrl + F5)를 해서 프로그램을 띄워 보겠습니다. 지금까지 여러분은 검은 콘솔창만 보면서 예제를 공부하였는데, 이번 프로그램은 실제 윈도우에서 사용하는 프로그램과 동일하게 뭔가 있어 보이는 창이 띄워질 것입니다.

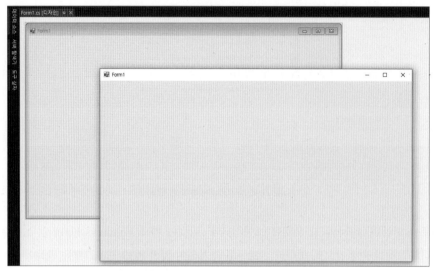

[그림 11-4] Windows Form 프로그램 실행 화면

이제 여러분이 10장에서 웹 개발을 할 때 사용했듯이, 도구 상자를 살펴보도록 하겠습니다. 해당 도구 상자는 웹 개발과 비슷한 도구들로 많이 구성되어 있습니다.

[그림 11-5] Windows Form 도구상자

이제 비주얼 스튜디오의 드래그 앤 드랍Drag & Drop 기능을 이용하여, 각각의 컨트롤을 해당 폼에 그려보도록 하겠습니다.

먼저 우리가 만들어 볼 POS 시스템으로 앞서 언급했다시피 음식점과 같은 가게에서 판매하는 내용들을 관리하는 시스템입니다. 기본적으로 들어가는 기능으로는,

주문 관리, 매출 관리

가 있습니다. 이 밖에도 통계 기능, 고객 포인트 기능 등등 정말 많은 기능들을 제공해야 하지만 여러분들은 가장 기본에 충실한 기능들만 구현해보도록 하겠습니다.

먼저 "Label"을 선택하여 해당 폼에 드래그 앤 드랍을 해보겠습니다. 이 Label 컨트롤은 단순 화면에 보여지는 정보를 표현하는 컨트롤입니다.

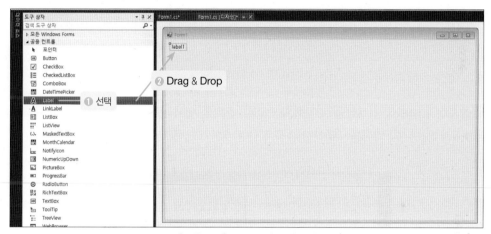

[그림 11-6] Label 드래그 앤 드랍

폼 안에 있는 Label을 선택 후, 비주얼 스튜디오에 "속성"을 확인해보도록 하겠습니다. 만약 아래의 화면처럼 여러분의 비주얼 스튜디오에 "속성" 창이 안 보일 경우, 상단 메뉴의 보기 〉 속성을 선택하면 됩니다 . 속성에서 여러분이 살펴볼 것은, Text와 Font입니다. Text 속성에 "주문현황"을 입력하고, Font에는 "15pt"를 설정하여 글씨 크기를 조금 더 키워줍니다. 속성에 값을 수정하면 아래와 같은 화면이 나타납니다.

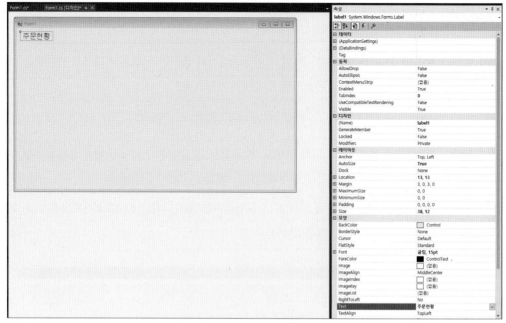

[그림 11-7] Label 사용하기

다음으로는 ListBox 컨트롤을 주문현황 Label 컨트롤 밑에 배치시켜보도록 하겠습니다. 이 ListBox의 용도는 각 테이블이 주문한 음식이 어떤 것인지 보여주는 역할을 할 것입니다.

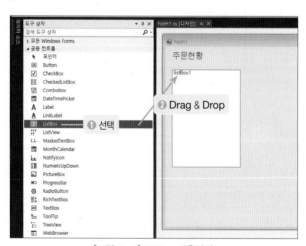

[그림 11-8] ListBox 사용하기

다음으로는 음식점 메뉴를 만들어보도록 하겠습니다. 메뉴는 클래스(모델)로 관리를 할 것입니다.

[함께 해봐요] **음식점 메뉴 관리 클래스**   Model/Menu.cs

```
01  namespace RoadBook.CsharpBasic.Chapter11.Winform.Model
02  {
03      public class Menu
04      {
05          public int Id { get; set; }
06          public string Name { get; set; }
07          public int Price { get; set; }
08      }
09  }
```

메뉴는 고유 ID와 이름, 그리고 가격이 책정되어 있습니다. 이 메뉴 클래스를 이용하여 분식집 메뉴로 List화 해보도록 하겠습니다. Menu 클래스를 Generic List〈T〉 형태로 먼저 초기화하도록 하겠습니다. Windows Form에서 코드를 보기 위해서는 Form 화면에서 마우스 오른쪽 클릭 후, 코드 보기를 선택하시면 됩니다. 단축키를 이용한다면 F7 키를 누르면 됩니다.

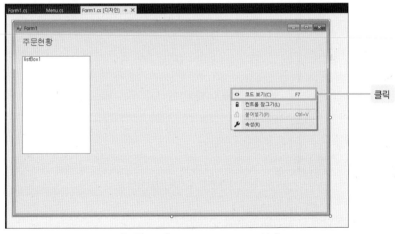

[그림 11-9] Windows Form 코드 보기

코드 보기를 누르면 여러분이 지금까지 익숙하게 봐왔던 C# 코드를 입력하는 화면이 보일 것입니다. 이 화면에서, 아래와 같이 분식집 메뉴를 리스트화하는 메소드를 구현해보도록 하겠습니다.

```
List<Model.Menu> lstMenu;

private void SetMenu()
{
    lstMenu = new List<Model.Menu>()
    {
        new Model.Menu{ Id=1, Name="김밥", Price=1000 },
        new Model.Menu{ Id=2, Name="라면", Price=3000 },
        new Model.Menu{ Id=3, Name="떡볶이", Price=2000 },
        new Model.Menu{ Id=4, Name="순대", Price=2500 },
        new Model.Menu{ Id=5, Name="공기밥", Price=500 }
    };
}
```

위의 코드에서 보는 바와 같이 5개의 메뉴를 만들었으므로, POS 프로그램에서 음식을 선택할 수
있는 버튼 5개를 Form에 그려주도록 하겠습니다.

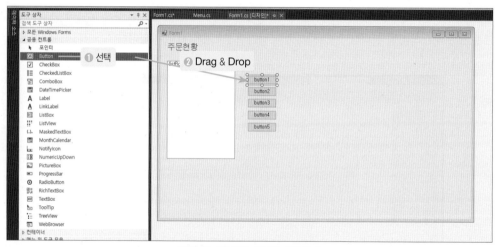

[그림 11-10] 버튼 컨트롤 사용하기

이렇게 버튼 5개를 폼 안에 Drag&Drop으로 만들었다면, 지금부터 정말 중요한 부가 설정을 진행
할 것입니다. 먼저 버튼 한 개를 선택하여, 속성 창을 확인합니다. 속성창에서 우리가 설정할 것은

Name, Text, Tag

입니다. 각각의 속성의 역할은 Name의 경우 버튼의 고유 ID가 될 것이고, Text는 버튼에 보여질
문장 즉 음식명이 나타날 것이고, Tag는 버튼이 가지고 있는 값을 저장해놓을 것입니다. 아래와 그
림과 같이 각각의 버튼에

Name=btnMenu01, Text="김밥", Tag=1
Name=btnMenu02, Text="라면", Tag=2
Name=btnMenu03, Text="떡볶이", Tag=3
Name=btnMenu04, Text="순대", Tag=4
Name=btnMenu05, Text="공기밥", Tag=5

속성을 넣어보도록 하겠습니다.

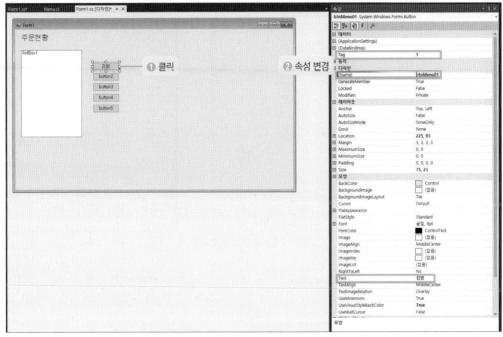

[그림 11-11] 버튼 컨트롤에 속성 설정하기

다섯개의 버튼에 속성을 설정하면 아래와 같이 Form 화면이 변경될 것입니다.

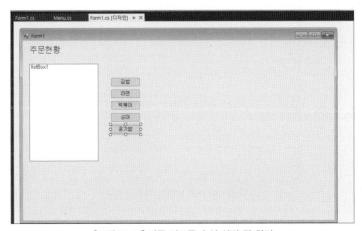

[그림 11-12] 버튼 컨트롤 속성 설정 된 화면

이제 다음으로는 버튼의 특징인 "클릭" 요소에 대한 행위를 코드로 표현해보도록 하겠습니다. 위의 다섯 개 메뉴의 버튼을 클릭하면 미리 설정해 놓은 리스트박스 컨트롤에 해당 메뉴가 차곡차곡 쌓이면 될 것입니다. 버튼 이벤트를 설정하기 위해서는 각각의 버튼 속성 창에 "번개" 마크를 클릭한 후 이벤트 정의 메소드 명을 선언해주면 됩니다. 아래와 같이 Click 이벤트에 해당 버튼 클릭 이벤트 메소드 명을 임의로 지어 준 다음 엔터를 쳐 주면 자동으로 메소드 껍데기가 만들어질 것입니다.

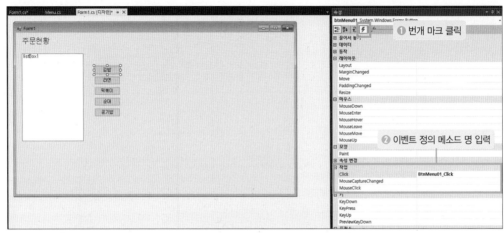

[그림 11-13] 버튼 이벤트 처리

위와 같이 다섯개의 버튼 이벤트를 만들어 준 후, C# 코드 창을 확인했을 때 아래와 같이 보이게 되면 잘 만들어진 것입니다.

```
34          private void BtnMenu01_Click(object sender, EventArgs e)
35          {
36
37          }
38
39          private void BtnMenu02_Click(object sender, EventArgs e)
40          {
41
42          }
43
44          private void BtnMenu03_Click(object sender, EventArgs e)
45          {
46
47          }
48
49          private void BtnMenu04_Click(object sender, EventArgs e)
50          {
51
52          }
53
54          private void BtnMenu05_Click(object sender, EventArgs e)
55          {
56
57          }
```

[그림 11-14] 버튼 이벤트 메소드 생성

이제 각각의 이벤트 메소드에 수행 로직을 구현하면 됩니다. 리스트 박스 컨트롤에 아이템을 담기 위해서는,

리스트박스.Items.Add(Object)

와 같이 추가를 해주면 됩니다. BtnMenu01의 경우 "김밥"을, BtnMenu02의 경우 "라면"을,…, BtnMenu05의 경우 "공기밥"을 문자열로 넣어주면 됩니다. 각각의 클릭 이벤트 메소드에 아래와 같은 코드를 집어넣습니다. 물론 익숙한 List⟨T⟩를 찾아내는 람다Lambda 문법을 사용하였습니다.

```csharp
private void BtnMenu01_Click(object sender, EventArgs e)
{
    listBox1.Items.Add(lstMenu.Find(m => m.Id == 1).Name);
}

private void BtnMenu02_Click(object sender, EventArgs e)
{
    listBox1.Items.Add(lstMenu.Find(m => m.Id == 2).Name);
}

private void BtnMenu03_Click(object sender, EventArgs e)
{
    listBox1.Items.Add(lstMenu.Find(m => m.Id == 3).Name);
}

private void BtnMenu04_Click(object sender, EventArgs e)
{
    listBox1.Items.Add(lstMenu.Find(m => m.Id == 4).Name);
}

private void BtnMenu05_Click(object sender, EventArgs e)
{
    listBox1.Items.Add(lstMenu.Find(m => m.Id == 5).Name);
}
```

한번 프로그램을 실행해보도록 하겠습니다. 실행된 프로그램에서 버튼을 클릭하게 되면 다음과 같이 메뉴가 리스트 안에 들어가는 것을 확인할 수 있을 것입니다.

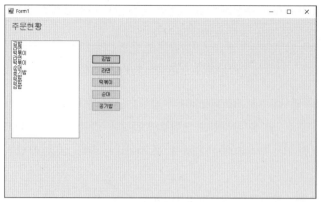

[그림 11-15] 중간 실행 화면

이벤트 메소드는 "이벤트를 발생시킨 객체(object)"와 해당 "이벤트의 정보를 가지는 이벤트 객체 (EventArgs)"로 구성되는 두개의 매개변수를 가집니다. 여기서 중요한 점 한 가지는 "이벤트를 발 생시킨 객체(object)"입니다. 이 정보만 알아도 위에서 만들었던 5개의 이벤트 메소드를 1개로 변 경할 수 있기 때문입니다.

지금 BtNMeunXX_Click 이벤트의 공통점은 "버튼" 컨트롤을 이용한 이벤트라는 점입니다. 따라서 object로 넘겨진 sender 매개변수를 Button 컨트롤 클래스로 타입 캐스팅을 하게 되면, 어떤 버튼 을 클릭했는지 알게 되는 것입니다. 여러분이 컨트롤을 배치한 후에 Tag 속성을 집어 넣은 이유가 바로 이것입니다. 아래와 같이 BtnMenu_Click 메소드로 통합을 해보겠습니다.

```
private void BtnMenu_Click(object sender, EventArgs e)
{
    Button clickedButton = (Button)sender;

    listBox1.Items.Add(lstMenu.Find(m => m.Id == Convert.
ToInt32(clickedButton.Tag)).Name);
}
```

이제 각각의 버튼에도 위의 이벤트로 바인딩을 시켜줍니다.

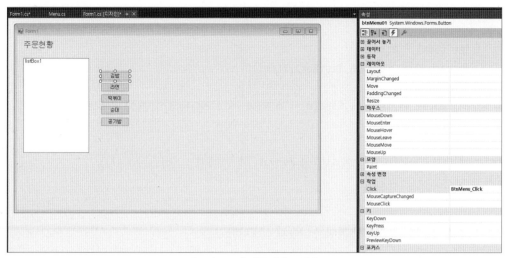

[그림 11-16] 버튼 이벤트 통합

이제 마지막으로 주문한 메뉴 정보를 기반으로, 결제 금액을 표현하도록 하겠습니다.

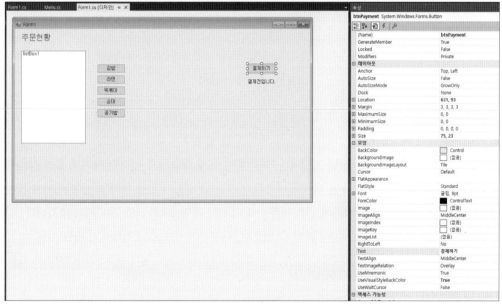

[그림 11-17] 결제하기 버튼, 결제 정보 라벨 컨트롤 사용하기

위와 같이 결제하기 버튼 컨트롤을 만든 후, BtnPayment_Click 이벤트 메소드를 만들어보도록 하겠습니다. BtnPayment_Click 이벤트에서 정의되어야 할 기능은, 리스트박스에 담겨진 메뉴 리스트를 불러들여, 가격을 계산해준 후에 라벨 컨트롤에 해당 정보를 보여주면 됩니다. 위의 화면에서 필자는, "결제하기" 버튼의 Name을 btnPayment로 정의하였고, "결제전입니다" 라벨의 Name을 lblPaymentInfo로 정의했습니다.

```
private void BtnPayment_Click(object sender, EventArgs e)
{
    int total = 0;
    foreach (var item in listBox1.Items)
    {
        total += lstMenu.Find(m => m.Name == item.ToString()).Price;
    }

    lblPaymentInfo.Text = string.Format("총 결제 금액 : {0}", total);
}
```

위의 코드를 정의한 후 실행한 화면은 다음과 같습니다.

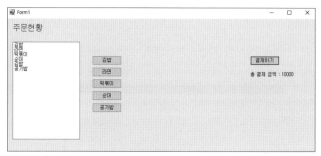

[그림 11-18] 결제하기 화면

지금은 비록 기본 컨트롤만 사용했기 때문에, 뭔가 어설픈(?) 디자인의 윈도우 폼이 완성되었으나, 앞으로 버튼이나 리스트 박스, 라벨의 텍스트 폰트 등을 협업하는 디자이너와 함께 작업을 하게 된다면 UX도 뛰어난 폼으로 완성될 것입니다. 여러분이 현재 개발자의 능력만 가지고 있는 상태에서, 조금 더 예쁘게 꾸미고 싶다면 적어도 버튼의 크기 수정이나, 정렬을 "**마우스**"를 이용하여 자유롭게 변경할 수도 있습니다. 버튼의 끝을 마우스에 가져다 대면, 크기 조절 포인터가 생깁니다. 이 포인터를 가지고 자유롭게 늘리거나 줄일 수 있으니, 다양한 방법으로 수정해보기 바랍니다.

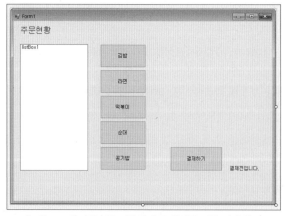

[그림 11-19] 마우스를 이용하여 폼 위치를 정렬 시킨 화면

지금까지 구현한 코드의 전체 소스는 다음과 같습니다.

```
01  using System;
02  using System.Collections.Generic;
03  using System.ComponentModel;
04  using System.Data;
05  using System.Drawing;
06  using System.Linq;
07  using System.Text;
08  using System.Threading.Tasks;
09  using System.Windows.Forms;
10
11  namespace RoadBook.CsharpBasic.Chapter11.Winform
12  {
13      public partial class Form1 : Form
14      {
15          List<Model.Menu> lstMenu;
16
17          public Form1()
18          {
19              InitializeComponent();
20              SetMenu();
21          }
22
23          private void SetMenu()
24          {
25              lstMenu = new List<Model.Menu>()
26              {
27                  new Model.Menu{ Id=1, Name="김밥", Price=1000 },
28                  new Model.Menu{ Id=2, Name="라면", Price=3000 },
29                  new Model.Menu{ Id=3, Name="떡볶이", Price=2000 },
30                  new Model.Menu{ Id=4, Name="순대", Price=2500 },
31                  new Model.Menu{ Id=5, Name="공기밥", Price=500 }
32              };
33          }
34
35          private void BtnMenu_Click(object sender, EventArgs e)
36          {
```

```
37          Button clickedButton = (Button)sender;
38
39          listBox1.Items.Add(lstMenu.Find(m => m.Id ==
   Convert.ToInt32(clickedButton.Tag)).Name);
40      }
41
42      private void BtnPayment_Click(object sender, EventArgs e)
43      {
44          int total = 0;
45          foreach (var item in listBox1.Items)
46          {
47              total += lstMenu.Find(m => m.Name == item.ToString()).Price;
48          }
49
50          lblPaymentInfo.Text = string.Format("총 결제 금액 : {0}", total);
51      }
52  }
53 }
```

지금 코드는 간단하게 하나의 주문서에 대한 계산 로직을 구현해 봤습니다. 조금만 더 컨트롤을 다루는 방법에 대해 공부를 한 후에는, 각 테이블(1번부터 9번 테이블)의 주문 내역을 리스트에 담아, 각각의 테이블 계산 로직을 구현해 볼 수도 있으며, 일일 매출에 대한 정보도 통계를 내서 리포트화할 수도 있을 것입니다.

윈폼도 웹 프로그래밍과 같이 사전 지식이 필요한 기술이 많습니다. 정말 기본적인 컨트롤 다루는 방법부터 시작해서, 델리게이트에 대한 심화적인 지식이 필요하며, 폼에 대한 디자인도 부가적으로 공부를 해야 할 것입니다. 윈폼은 웹 프로그래밍보다는 수요가 적은 편이지만, 솔루션을 다루는 회사에서는 없어서는 안 될 프로그램으로 발전하고 있습니다. 이번 예제를 통해 흥미를 느끼셨다면 심화적으로 다양한 컨트롤을 다루면서 여러 가지 프로그램을 만들어 보는 것도 좋을 것 같습니다.

12장

프로젝트#3:
검색엔진 만들기

12장에서 만나볼 내용은?

이번 장에서는 최근 핫하게 떠오르고 있는 '데이터'을 다루는 프로그램을 만들어보려 합니다.

우선 데이터를 잘 다루기 위해서 꼭 필요한 데이터 '수집' 기술을 살펴볼 것이고,

수집된 데이터를 손쉽게 찾을 수 있도록 하는 '데이터 색인' 기술을 비롯 '검색 엔진'의 흐름을 살펴볼 것입니다.

#사전_기초지식

#클래스 #데이터베이스

12.1 검색엔진이란

이번 장은 지금까지 배웠던 기능, 특히 '람다', '링큐'를 이용하여 검색엔진을 만들어보려고 합니다. 개발에 들어가기에 앞서 검색엔진이란 무엇인가부터 알아보도록 하겠습니다.

검색엔진은 말 그대로 가지고 있는 데이터를 쉽게 찾아줄 수 있는 기계(모듈)라고 볼 수 있습니다. 우리가 8장에서 배웠던 '데이터베이스'에 들어 있는 데이터를 검색할 수도 있고, '웹 페이지'의 내용을 검색할 수도 있고, 심지어 여러분이 개발을 하면서 사용하고 있는 PC 혹은 노트북의 하드디스크에 들어 있는 '파일'을 검색할 수도 있습니다. 각 기업마다 사용하고 있는 협업도구/그룹웨어(마이크로소프트의 Sharepoint, IBM의 Notes 등등)의 데이터도 검색할 수 있습니다.

그렇다면 여기서 데이터베이스의 쿼리 질의에 대한 지식이 어느 정도 있는 독자 분들은 이런 생각을 할 수 있을 것입니다.

> "데이터베이스의 *where*문을 사용해서 데이터를 필터링할 수도 있고
> 원하는 데이터를 찾을 수 있는데, 검색엔진과 데이터베이스 검색의 차이점은 무엇인가요?"

물론 SQL 검색의 'LIKE'를 사용하면 충분히 데이터를 찾을 수 있습니다만, 수백 만 건 이상 되는 데이터에 대해 데이터베이스를 질의하려면 다소 무리가 있습니다. 또한 'LIKE'를 이용하여 검색을 하게 되는 경우 부정확한 데이터도 추출될 가능성이 매우 큽니다.

그렇다면, 여기서 잠깐 데이터베이스 LIKE 검색이란 무엇인지 알아보겠습니다.

9장의 데이터베이스 연동에서 우리는 SELECT 구문을 배운 적이 있습니다. 이 SELECT 구문은 특정 테이블의 모든 데이터 행을 가져오도록 되어 있는데, 이 수많은 데이터 중 몇개의 특정 데이터만 가져오기 위해서는 WHERE 조건문을 사용합니다.

```
SELECT *
FROM 회원
WHERE 회원주소 = '서울'
```

위와 같이 SQL 질의를 하게 된다면, 회원 테이블에서 회원주소가 '서울'인 사람들만 데이터를 추출할 수 있습니다. 하지만

> *일반 WHERE 컬럼 = 값'*

쿼리문의 한계는 해당 컬럼의 데이터가 모두 매칭이 되어야 조회가 가능합니다. 예를 들면 회원주소에 '서울특별시' 와 같은 값으로 데이터가 들어 있으면 '서울' 검색에서 제외됩니다. 이를 보완하기 위해 나온 조건문이 바로 LIKE 문법입니다.

```
SELECT *
FROM 회원
WHERE 회원주소 LIKE '%서울%'
```

위와 같이 조건문을 사용하게 된다면, 문장 앞 뒤로 "서울" 이라는 단어가 포함되어 있는 ROW가 조회됩니다. LIKE의 장점은 '부분 검색'에 있지만, 때로는 단점이 될 수 있는 '양날의 검'입니다. 조금 억지스러운 예시지만, 게시글 내용 중에 '%가방%'이라는 단어가 포함된 것을 찾으려고 조회를 했을 때,

*"아버지**가방**에들어가신다."*

와 같은 분상까지 검색될 수 있기 때문입니다.

우리는 더 정확하고, 깔끔한 데이터를 찾아 내기 위해 그리고 더 빠른 속도로 데이터를 찾아 내기 위해 "검색엔진"을 사용합니다.

12.2 검색엔진의 시나리오

검색엔진의 일반적인 흐름은 "수집 – 색인 – 검색"의 시나리오로 분리할 수 있습니다. 각각의 시나리오 별로 '수집기', '색인기', '검색기'의 프로그램이 존재합니다.

'수집기'는 여러 곳에 쌓여 있는 데이터를 모아서 하나의 파일 형태로(혹은 여러 개의 파일로) 보관을 합니다. 이때 생성되는 파일의 확장자는 어떤 것이 되든 상관이 없습니다. 이번 장에서는 "LINQ TO XML" 기법을 사용하기 때문에 우리는 xml 확장자로 수집 파일을 저장하게 될 것입니다. 참고로 필자가 다녔던 예전 검색엔진 회사에서는 Structure Crawl Document라는 의미의 scd 확장자를 사용했습니다. 이처럼 수집에 사용되는 파일의 확장자는 어떤 것이 되어도 문제는 없습니다.

'색인기'는 수집된 파일을 '역파일'화 해서 각각의 문서의 단어에 번호를 매기게 됩니다. 여기서 '역파일'이란, 여러분이 보고 있는 이 책의 가장 마지막 페이지에 "ㄱ, ㄴ, ㄷ, …, a, b, c"와 같이 찾아보기 쉽도록 구성되어 있는 영역을 확인할 수 있는데 이런 형태로 구성한 파일을 의미합니다.

예를 들어, ["ㅅ"의 "사과"라는 단어가 32p와 33p에 있다] 라고 '찾아보기'에 기록되어 있다면, 여러분들은 손쉽게 32페이지와 33페이지로 이동하여 해당 문서를 찾아서 읽을 수 있습니다. ["ㄱ"의 "감자"라는 단어는 3p, 33p, 35p에 있다] 라고 '찾아보기'에 기록되어 있다면, 이 또한 손쉽게 3페이지, 33페이지, 35페이지로 이동하여 해당 문서를 찾아 읽을 수 있습니다.

이때 '찾아보기' 역할을 할 수 있도록 페이지 번호를 매긴 것이 '색인기'의 역할입니다.

'검색기'는 방금 전에 말씀드린 바와 같이, '33페이지로 이동'하여 문서를 보여주도록 하는 기능을 담당합니다.

위에서 설명한 검색엔진의 흐름도를 그림으로 확인해보겠습니다.

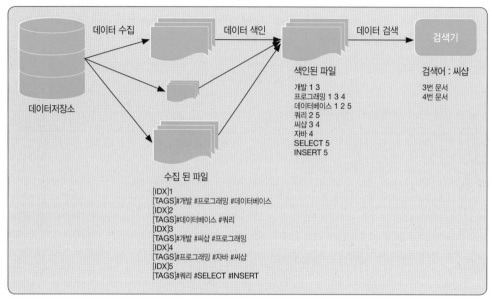

[그림 12-1]검색엔진의 흐름

문서 번호가 1, 2, 3번인 게시글이 있습니다. 이의 메타 데이터(데이터저장소에 저장된 순수 데이터 값)를 수집한 내용을 살펴본다면, '[IDX], [TAGS]'와 같이 '고유 key'를 가지고 있고 내용을 담고 있습니다.

색인된 파일의 내용을 보면 1번 문서와 3번 문서에는 '개발'이라는 단어가 있기 때문에

개발 1 3

과 같이 페이지 번호를 저장합니다. 다른 문서들도 마찬가지입니다. '씨샵'이라는 단어가 들어 있는 문서는 3번과 4번 문서이기 때문에,

씨샵 3 4

와 같이 색인 파일에 역파일화 되어 저장됩니다.

이렇게 만들어진 색인 파일을 참고하여 '검색기'가 '검색' 역할을 수행하게 됩니다.

사실 검색엔진은 '하나의 학문'이라고 표현할 만큼 매우 방대한 기능을 가지고 있습니다. 여러분은 C# 입문자이기 때문에, 매우 간단한 내용만을 배울 것이고, 만약 여러분이 더 관심을 가지게 된다면, '루씬Lucene'이나 '엘라스틱 서치Elastic Search'에 대한 문서를 참고할 것을 추천합니다.

12.3 Nuget을 이용하면 손쉽게 외부 라이브러리를 사용할 수 있어요

개발을 하다 보면 외부에서 만들어진 라이브러리 파일(dll 파일)을 참조해서 해당 기능을 시용하는 경우가 많습니다. 과거에는 라이브러리를 검색해서 다운로드 후에 참조를 하는 방식으로 개발을 진행해 왔습니다.

하지만 이로 인해 발생하는 문제점이 있었습니다. 예를 들면 32비트 운영체제에서 개발을 하고 있는데 64비트의 dll 파일을 다운로드 하여 개발을 하게 된다면, 우리가 만들어 놓은 프로그램이 정상적으로 작동되지 않습니다. 또한 다운로드 한 외부 라이브러리가 업그레이드가 이루어진 경우, 다시 새로운 버전의 라이브러리를 다운로드 하여 교체하는 작업도 필요하기도 했습니다. 이러한 번거로움을 피하기 위해 'NuGet'이라는 패키지 모듈이 생겼습니다. 'NuGet'을 사용하게 되면 쉽게 오픈소스 라이브러리를 검색할 수 있고, 쉽게 설치할 수 있습니다.

백문이불여일견입니다. NuGet을 이용하여 검색엔진 구성에 필요한 'Lucene'을 다운로드 하여 설치해보도록 하겠습니다.

12장 프로젝트를 만들고 프로젝트에서 [솔루션탐색기] – [오른쪽 마우스 클릭] – [NuGet 패키지 관리]를 선택합니다.

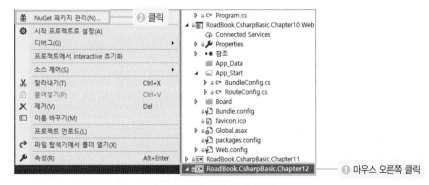

[그림 12-2] NuGet 패키지 관리

검색 창에 'Lucene'으로 검색을 한 후, 검색 결과에 나타난 'Lucene.Net'을 선택합니다.

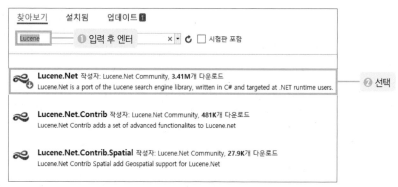

[그림 12-3] NuGet 패키지 검색: Lucene.Net

Lucene.Net을 선택하여 설치하도록 합니다. 현재 제일 안정적인 버전은 3.0.3 버전입니다.

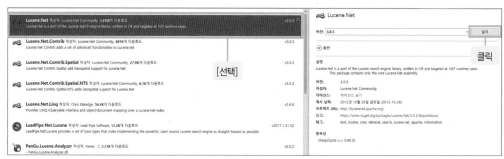

[그림 12-4] Lucene.Net 설치

설치가 완료되었다면, 솔루션 파일의 Root 폴더에 'package' 폴더가 생성된 것을 확인할 수 있습니다. 해당 폴더에 들어가면 'Lucene.Net' 폴더가 자신이 선택한 버전에 맞게 존재합니다.

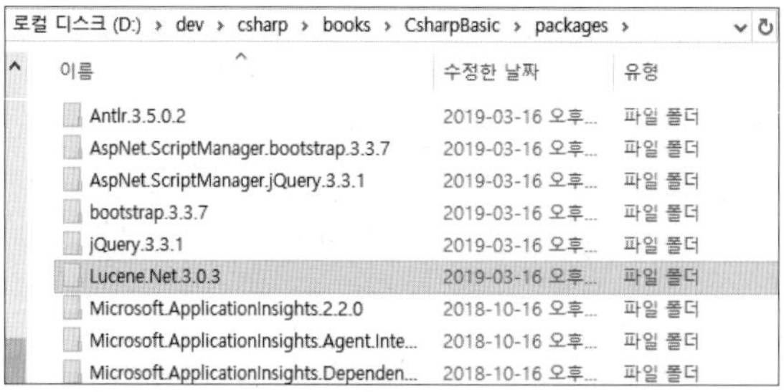

[그림 12-5] NuGet을 이용하여 Lucene.Net이 설치된 결과 폴더

만약, 'Nuget'이 없다고 가정하고, 50여 개의 라이브러리를 수동으로 다운로드 받아 참조에 추가하는 작업을 진행하였다면 엄청난 시간과 노력이 필요했을 것입니다. 하지만 비주얼 스튜디오의 또 하나의 편의성 있는 기능으로 우리는 시간을 단축할 수 있었습니다.

12.4 검색엔진 테스트를 위한 사전 작업

우리는 데이터베이스의 특정 테이블을 쿼리 기반으로 '수집' 한 후에, '토크나이징Tokenizing' 방식으로 '색인'을 진행하고, 색인된 역파일 데이터를 가지고 '검색' 하는 시나리오로 프로젝트 예제를 구성할 예정입니다. 그러기 위해서는 데이터베이스에 테이블 생성 및 데이터 추가 작업이 필요합니다. 우리는 10장에서 개발했던 게시판 데이터를 가지고 작업을 진행하도록 하겠습니다.

어려운 용어 등장! | 토크나이징?

데이터 색인 방식의 하나로, 가장 기본이 되는 기법입니다.

색인 기법은 매우 다양합니다. 그 중 가장 보편적으로 사용하는 방식이

형태소 분석, 스테밍(Stemming), 토크나이징(Tokenizing)

이 세 가지 방식입니다.

정확도 있는 검색을 원하기 위해서는 '형태소 〉 스테밍 〉 토큰' 방식으로 우선순위가 매겨집니다.

가장 먼저 토큰 방식은 하나의 문장에 빈 공백(White Space)을 기준으로 색인어를 분리하는 방식입니다.

"I Playing Piano"

문장이 있다면 색인어는 "I / Playing / Piano"로 분리가 되어 색인어가 추출됩니다.

검색을 할 때 "playing"으로 검색을 하면 해당 문서가 검색되는 것입니다. 하지만 토큰 방식의 큰 문제점은 위와 같은 "playing"에서 원 단어인 "play"를 검색하면 검색에서 포함이 안된다는 점이 있습니다. 그래서 더 심화적으로 생긴 방식이 스테밍입니다.

스테밍은 ing나 ed와 같은 과거형 현재형 문자를 인식하여 이에 대한 원 명사를 찾아낼 수 있도록 색인어를 추출해줍니다. "I / Play / Playing / Piano"로 추출되는 것으로 이해하면 됩니다.

마지막으로 형태소 분석은 이들보다 더 정확한 검색을 하기 위해 필요합니다. 가장 정확한 데이터를 추출하기 위해 사전에 기반한 데이터를 추출하는 것입니다.

12.5 데이터 수집

먼저 우리의 목적은

"게시판 테이블의 데이터를 수집하고, 색인된 역파일을 생성하고, 검색한다"

입니다. 우선은 수집 대상이 '게시판'으로 명확히 정해졌기 때문에 게시판의 속성을 담고 있는 클래스를 생성해보도록 하겠습니다. 게시판 구조가 기억이 나지 않는다면 10장에서 만들었던 TB_Contents 테이블을 다시 한번 살펴보기 바랍니다.

[함께 해봐요] TB_Contents 테이블에 대한 클래스 설계   Model/Contents.cs

```
01  using System;
02
03  namespace RoadBook.CsharpBasic.Chapter12.Examples.Model
04  {
05      public class Contents
06      {
07          public int Idx { get; set; }
08          public string Title { get; set; }
09          public string Summary { get; set; }
10          public DateTime? CreateDt { get; set; }
11          public string CreateUserNm { get; set; }
12          public string Tags { get; set; }
13      }
14  }
```

매우 심플하게 게시판의 속성을 담고 있는 클래스를 작성해보았습니다. 위의 소스를 보면서 한 가지 새로운 점이 발견되었습니다. DateTime 객체에 "?'가 붙었습니다. 이 물음표의 의미는

"NULL 값이 들어오는 것을 인정한다"

라는 뜻입니다. DateTime에 들어가는 값이 만약 날짜를 뜻하는 표현식이 아닌 경우, 예외사항으로 넘어가게 되어 있습니다. 이는 컴파일러 입장에서는 당연한 판단이기 때문에, 이에 대해 미리

이번 DateTime에는 NULL값이 들어가도 인정한다!

라고 언급해주는 것이 바로 '?'의 의미입니다.

제일 먼저 구현할 것은, 'Linq To XML'을 이용한 파일 쓰기/읽기 기능을 만들어 보겠습니다.

검색엔진 구조에 대해 설명할 때, 우리가 만들 검색엔진의 수집 파일은 'xml' 형태로 구성할 것이라고 미리 언급한 바 있습니다. 보통은 txt 파일 혹은 scd 파일과 같은 일반 텍스트 형식의 파일로 수집 결과물이 구성되지만, 이번 장에서 XML을 다루는 기술을 살펴보아야 하기 때문에 링큐를 이용하여 구성해보도록 하겠습니다.

먼저 수집 파일이 저장될 위치부터 설정을 해야 합니다. 기본적으로 여러분은 C드라이브에 프로젝트를 구성하는 분들도 있을 것이고, D드라이브 혹은 타 드라이브에 프로젝트 구성을 한 독자도 있을 것입니다. 만약 'D드라이브에' 파일을 저장해야 하는데, 어떤 PC에는 C드라이브만 구성되어 있어 예외사항이 나타날 수가 있습니다.

따라서 현재 구성되어 있는 프로젝트의 경로를 토대로 파일 저장 경로가 구성되어야 합니다.

```
private static char directorySeparator = System.IO.Path.irectorySeparatorChar;
private static string crawlDirectoryPath = Environment.CurrentDirectory +
                directorySeparator + "crawled";
```

'directorySeparator' 문자형 변수에는 OS별로 디렉토리를 분리하는 문자 값을 가지게 됩니다. 예를 들면 윈도우 플랫폼에서는 "₩"를 리눅스 플랫폼에서는 "/"와 같은 디렉토리 분리 문자 값을 가지게 되는 것입니다. 그리고 'crawlDirectoryPath'에는 현재 디렉토리에 "crawled" 폴더로 경로가 잡히게 됩니다.

다음으로는 파일 생성을 하는 로직을 살펴보도록 하겠습니다. 파일을 생성하기 위해서는 '파일명'이 필요하고, '파일이 저장될 디렉토리 경로'가 필요합니다. 만약 디렉토리가 존재하지 않는다면 런타임 에러가 출력됩니다. 따라서 디렉토리의 존재 여부를 체크하고, 없는 경우 디렉토리도 재생성을 해주어야 합니다. 또한, 우리가 만들어야 할 검색엔진 구조는 하나의 수집 파일을 가지고 색인 작업이 이루어져야 하기 때문에, 동일 디렉토리에 여러 개의 파일이 존재할 수 없습니다. 따라서 예전 수집 파일은 백업 폴더로 이동을 시켜주는 로직도 필요합니다.

```
if (System.IO.Directory.Exists(crawlDirectoryPath))
{
    System.IO.DirectoryInfo di = new System.IO.DirectoryInfo(crawlDirectoryPath);

    foreach (var file in di.GetFiles())
    {
```

```
        file.MoveTo(crawlDirectoryPath + directorySeparator + "backup" +
            directorySeparator + file.Name);
    }
}
else
{
    System.IO.Directory.CreateDirectory(crawlDirectoryPath);
    System.IO.Directory.CreateDirectory(crawlDirectoryPath +
            directorySeparator + "backup");
}
```

선언된 디렉토리 경로가 존재하는지에 대한 체크를 하여, 만약 존재한다면 DirectoryInfo의 GetFiles() 메소드를 이용하여 해당 디렉토리에 존재하는 파일 리스트를 가지고 옵니다. 그리고 조회된 파일 리스트를 moveTo() 메소드를 이용하여 backup 폴더로 이동시켜 줍니다. 만약 디렉토리가 존재하지 않은 경우, CreateDirectory 메소드를 이용하여 해당 디렉토리를 생성하고, 하위 폴더에 backup 폴더도 함께 생성을 시켜주도록 로직을 구성합니다.

다음으로는 LINQ TO XML을 이용하기 위해 xml의 시작을 알리는 구문을 선언해야 합니다.

```
XDocument _xDoc = new XDocument(
                        new XDeclaration("1.0", "utf-8", null),
                        new XElement("result"));
```

위와 같이 선언을 한다면 다음과 같은 XML 포맷 내용이 생성됩니다. 이 표현이

'이 파일은 XML 포맷을 따르는 문서이다'

라는 의미를 내포하게 됩니다.

```
<?xml version="1.0" encoding="utf-8"?>
<result />
```

해당 xml에서 수집된 데이터들은 〈result〉 노드 안에 데이터로 들어가게 됩니다.

MsSqlManager에 의해 TB_CONTENTS 데이터가 가공된다고 가정한다면, 다음과 같이 XML의 Element를 추가하는 로직을 구현할 수 있습니다.

```
_xDoc.Element("result").Add(
    new XElement("row",
        new XElement("idx", contents.Idx),
        new XElement("title", new XCData(contents.Title)),
        new XElement("summary", new XCData(contents.Summary)),
        new XElement("create_date", contents.CreateDt),
        new XElement("create_user", new XCData(contents.CreateUserNm)),
        new XElement("tags", new XCData(contents.Tags))
    ));
```

만약 생성된 XML 파일의 내용을 읽기 위해서는 아래와 같이 로직을 구현할 수 있습니다.

```
_xDoc.Descendants("row").Select(s => new Model.Contents()
{
    Idx = Convert.ToInt32(s.Element("idx").Value),
    Title = s.Element("title").Value,
    Summary = s.Element("summary").Value,
    CreateDt = Convert.ToDateTime(s.Element("create_date").Value),
    CreateUserNm = s.Element("create_user").Value,
    Tags = s.Element("tags").Value
}).ToList();
```

마지막으로 xml 파일을 미리 명시한 디렉토리에 저장해 주어야 합니다.

```
string filename = DateTime.Now.ToString("yyyyMMddHHmmssfff") + ".xml";
_xDoc.Save(crawlDirectoryPath + directorySeparator + filename);
```

최종 코드는 아래와 같습니다.

[함께 해봐요] **XML 파일 매니저**   `Manager/XmlManager.cs`

```
01  using System;
02  using System.Collections.Generic;
03  using System.Linq;
04  using System.Xml.Linq;
05
```

```
06   namespace RoadBook.CsharpBasic.Chapter12.Examples.Manager
07   {
08       public class XmlManager
09       {
10           public enum USE_TYPE { WRITE, READ };
11
12           private XDocument _xDoc;
13
14           private static char directorySeparator =
                   System.IO.Path.DirectorySeparatorChar;
15           private static string crawlDirectoryPath =
                   Environment.CurrentDirectory + directorySeparator + "crawled";
16
17           public XmlManager(USE_TYPE useType)
18           {
19               switch (useType)
20               {
21                   case USE_TYPE.WRITE:
22                       if (System.IO.Directory.Exists(crawlDirectoryPath))
23                       {
24                           System.IO.DirectoryInfo di =
                                   new System.IO.DirectoryInfo(crawlDirectoryPath);
25
26                           foreach (var file in di.GetFiles())
27                           {
28                               file.MoveTo(crawlDirectoryPath + directorySeparator +
                                       "backup" + directorySeparator + file.Name);
29                           }
30                       }
31                       else
32                       {
33                           System.IO.Directory.CreateDirectory(crawlDirectoryPath);
34                           System.IO.Directory.CreateDirectory
                                   (crawlDirectoryPath + directorySeparator + "backup");
35                       }
36
37                       _xDoc = new XDocument(
38                               new XDeclaration("1.0", "utf-8", null),
39                               new XElement("result"));
40                       break;
41                   case USE_TYPE.READ:
42                       if (System.IO.Directory.Exists(crawlDirectoryPath))
```

```
43                          {
44                              System.IO.DirectoryInfo di =
                                    new System.IO.DirectoryInfo(crawlDirectoryPath);
45                              System.IO.FileInfo[] fi = di.GetFiles();
46
47                              if (fi.Length > 0)
48                              {
49                                  _xDoc = XDocument.Load(fi[0].FullName);
50                              }
51                          }
52
53                          break;
54                      default:
55                          break;
56              }
57          }
58
59          public void Write(Model.Contents contents)
60          {
61              _xDoc.Element("result").Add(
62                  new XElement("row",
63                      new XElement("idx", contents.Idx),
64                      new XElement("title", new XCData(contents.Title)),
65                      new XElement("summary", new XCData(contents.Summary)),
66                      new XElement("create_date", contents.CreateDt),
67                      new XElement("create_user",
                                    new XCData(contents.CreateUserNm)),
68                      new XElement("tags", new XCData(contents.Tags))
69                  ));
70          }
71
72          public List<Model.Contents> Read()
73          {
74              return _xDoc.Descendants("row").Select(s => new Model.Contents()
75              {
76                  Idx = Convert.ToInt32(s.Element("idx").Value),
77                  Title = s.Element("title").Value,
78                  Summary = s.Element("summary").Value,
79                  CreateDt = Convert.ToDateTime(s.Element("create_date").Value),
80                  CreateUserNm = s.Element("create_user").Value,
81                  Tags = s.Element("tags").Value
82              }).ToList();
```

```
83              }
84
85          public void Save()
86          {
87              string filename = DateTime.Now.ToString("yyyyMMddHHmmssfff") + ".xml";
88
89              _xDoc.Save(crawlDirectoryPath + directorySeparator + filename);
90          }
91      }
92  }
```

다음으로 구현할 것은, 게시판 수집을 위한 데이터베이스 수집 매니저를 구현합니다. 데이터 수집 매니저는 데이터베이스에 접속하여 TB_CONTENTS 테이블 데이터를 조회한 후, 결과 데이터를 XmlManager의 Write 기능을 이용하여 파일로 저장하는 것입니다.

이미 데이터베이스에 대해서는 이전 챕터에서도 많이 구현해보았기 때문에, 여러분이 한번 스스로 해보도록 하겠습니다.

스스로 해결해보세요

1. 10장 프로젝트 파일을 '참조'한다.

2. CrawlManager 클래스를 만든다.

3. CrawlManager 생성자에는 DatabaseInfo 클래스와 MsSqlManager 클래스를 선언한다.

4. Run() 메소드를 구현한다. Run 메소드에서는 Scan() 메소드를 호출하며, 수집 시간을 측정한다.

5. Scan() 메소드에서는 TB_Contents 테이블을 질의하여, Model.Contents의 제네릭 List 데이터를 가공한다. 가공된 데이터는 Run 메소드로 리턴해준다.

6. 가공된 데이터를 받아, XmlManager의 Write() 기능을 이용하여 파일에 기록한다.

힌트!

메소드의 실행 시간을 계산하기 위해서는

System.Diagnostics.Stopwatch

를 사용하면 됩니다.

```
System.Diagnostics.Stopwatch sw = new System.Diagnostics.Stopwatch();
sw.Start();

… 로직 …
sw.Stop();
Console.WriteLine(sw.Elapsed.ToString());
```

문제를 풀어 보셨나요? 이제 여러분이 직접 짠 코드와 비교하면서 다음 코드를 살펴보도록 합시다.

[함께 해봐요] 데이터 수집 매니저 · Manager/CrawlManager.cs

```
01  using System;
02  using System.Data;
03  using System.Linq;
04  using System.Collections.Generic;
05  using RoadBook.CsharpBasic.Chapter10.Examples.Manager;
06  using RoadBook.CsharpBasic.Chapter10.Examples.Model;
07
08  namespace RoadBook.CsharpBasic.Chapter12.Examples.Manager
09  {
10      public class CrawlManager
11      {
12          DatabaseInfo _dbInfo;
13          MsSqlManager _ms;
14
15          public CrawlManager()
16          {
17              SetDatabaseInfo();
18              SetMsSalManager();
19          }
20
21          public void Run()
22          {
23              System.Diagnostics.Stopwatch sw = new System.Diagnostics.Stopwatch();
24              sw.Start();
25
26              List<Model.Contents>  contents = Scan();
27
28              WriteToDocs(contents);
29
```

```
30          sw.Stop();
31
32          Console.WriteLine("총 " + contents.Count + "건 수집 / 소요시간 : " +
                            sw.Elapsed.ToString());
33      }
34
35      private List<Model.Contents> Scan()
36      {
37          _ms.Open(_dbInfo);
38
39          DataTable dt = _ms.Select("SELECT IDX, TITLE, SUMMARY,
                        CREATE_DT, CREATE_USER_NM, TAGS, LIKE_CNT,
                        CATEGORY_IDX FROM TB_CONTENTS");
40
41          var contents =
42              from dr in dt.AsEnumerable()
43              select new Model.Contents()
44              {
45                  Idx = Convert.ToInt32(dr["IDX"]),
46                  Title = dr["TITLE"].ToString(),
47                  Summary = dr["SUMMARY"].ToString(),
48                  CreateDt = Convert.ToDateTime(dr["CREATE_DT"]),
49                  CreateUserNm = dr["CREATE_USER_NM"].ToString(),
50                  Tags = dr["TAGS"].ToString()
51              };
52
53          _ms.Close();
54
55          return contents.ToList();
56      }
57
58      private void WriteToDocs(List<Model.Contents> contents)
59      {
60          XmlManager _xmlManager = new XmlManager(XmlManager.USE_TYPE.WRITE);
61
62          contents.ForEach(c =>
63          {
64              _xmlManager.Write(c);
65          });
66
```

```
67              _xmlManager.Save();
68          }
69
70          private void SetDatabaseInfo()
71          {
72              _dbInfo = new DatabaseInfo();
73              _dbInfo.Name = "RoadbookDB";
74              _dbInfo.Ip = "127.0.0.1";
75              _dbInfo.Port = 1433;
76              _dbInfo.UserId = "sa";
77              _dbInfo.UserPassword = "test123!@#";
78          }
79
80          private void SetMsSalManager()
81          {
82              _ms = new MsSqlManager();
83          }
84      }
85  }
```

수집기 코드는 매우 간단합니다. 코드를 시나리오 대로 읽어 내려가보겠습니다.

먼저 CrawleManager 객체를 호출하면 DatabaseInfo와 MsSqlManager 클래스가 초기화하고, Run() 메소드를 호출하면 실제 수집 로직이 실행됩니다. 먼저 Stopwatch 객체를 이용하여 수집 시간을 측정합니다. Stopwatch는 코드 마지막 라인(로직이 끝나는 부분에) Stop() 메소드를 호출하여 시작시간과 – 끝시간을 저장하게 되며, 시간 범위를 이용하여 몇초(분/시간)가 걸렸는지 출력을 합니다.

Scan 메소드에서는 MsSqlManager를 이용하여 데이터베이스에 접근하며, TB_Contents를 질의하여, List<Model.Contents>에 결과를 저장합니다. 저장된 결과를 가지고 Xml 파일로 변환시킨 후, 프로그램이 종료됩니다.

데이터 수집 결과는 xml 파일로 저장됩니다. 결과는 잠시 후 보여드리도록 하겠습니다.

12.6 루씬을 이용한 수집된 데이터 색인 및 검색

다음으로 해야 할 작업은 루씬을 이용한 색인어 추출 및 검색입니다. 우선 루씬이란 무엇인지 간단하게 알고 넘어가겠습니다.

루씬은 오픈소스 검색 라이브러리입니다. 초기에는 자바Java로 개발되었지만, 최근에는 C#, Python 등등 많은 언어를 지원하게 되면서 '검색엔진' 분야 연구에서는 가장 많이 사용되고 가장 많이 참고(Bench Marking)가 되는 라이브러리입니다. 우리는 루씬의 형태소 분석까지 세부적으로 구현하지는 않을 것입니다. 위에서 필자가 말했듯이, 검색엔진 분야는 하나의 큰 학문입니다. C# 입문서에서 모든 내용을 다루기에는 워낙 광범위한 분야이기 때문에, 가장 기본이 되는 토크나이징Tokninzing 방식과 스테밍Stemming 방식을 이용하는 색인 방법을 살펴볼 것입니다.

Lucene.Net을 이용하여 색인과 검색의 예제를 만들어 보겠습니다. 먼저 필요한 데이터를 확보하기 위해 "Book" 클래스를 만들어보겠습니다. Book 클래스에는 고유 ID와 제목, 요약정보, 가격정보를 가지고 있습니다.

[함께 해봐요] Book 클래스 설계　　　　　　　　　　　　　　　Model/Book.cs

```
01  namespace RoadBook.CsharpBasic.Chapter12.Examples.Model
02  {
03      public class Book
04      {
05          public string Id { get; set; }
06          public string Title { get; set; }
07          public string Description { get; set; }
08          public int Price { get; set; }
09      }
10  }
```

다음으로는 루씬에서 제공하는 Document 객체를 이용하여 색인을 위한 환경 설정 코드를 작성하도록 합니다. 이때 Document는 Lucene.Net.Document 네임 스페이스를 사용합니다. 아래의 코드를 보면서 설명을 이어가도록 하겠습니다.

```
System.Collections.Generic.List<Document> _docs =
        new System.Collections.Generic.List<Document>();

foreach (var book in bookList)
{
    var data = new Document();
    data.Add(new Field("Id", book.Id, Field.Store.YES, Field.Index.NOT_
ANALYZED));
    data.Add(new Field("Title", book.Title, Field.Store.YES, Field.Index.
ANALYZED));
    data.Add(new Field("Description", book.Description, Field.Store.YES,
Field.Index.NOT_ANALYZED));
    data.Add(new Field("Price", book.Price.ToString(), Field.Store.YES, Field.
Index.NOT_ANALYZED));

    _docs.Add(data);
}
```

가장 핵심이 되는 부분은 foreach문 안의 로직입니다. Document 객체에 필드 정보를 추가(Add) 합니다. 이 때 필드 정보를 구성하는 첫 번째는 '컬럼명'이 되어야 하며, 두 번째는 실제 데이터 값을 매개변수로 넣어줍니다.

세 번째와 네 번째에 들어가는 부분은 "색인"에 대한 동작을 정의하는 부분입니다.

세 번째 매개 변수값인, Field.Store.Yes는

"해당 필드가 검색 결과에 노출되는 필드인가 아닌가"

에 대한 선택을 합니다. 만약 Field.Store.No를 수행하게 된다면 해당 필드는 숨겨진 필드가 됩니다.

마지막 매개 변수 값인 Field.Index.ANALYZED는

"해당 필드가 색인 대상인가"

에 대한 선택을 합니다. Field.Index.NOT_ANALYZED는 색인 대상 필드가 아닌 것으로 설정됩니다. 위의 예제를 보면 Title 컬럼에 대한 문서만 색인어를 추출하도록 진행되게 되어 있습니다.

다음으로는 색인어를 관리하는 역파일 저장 경로를 지정해야 하고 루씬 버전을 명시해야 합니다.

```
Lucene.Net.Store.Directory _directory = FSDirectory.Open(new
DirectoryInfo(indexPath));

Analyzer _analyzer _analyzer = new StandardAnalyzer(luceneVersion);
```

색인 파일 경로와 루씬 버전을 명시하였다면, 색인 파일을 작성하는 일을 진행해야 합니다.

```
using (var writer = new IndexWriter(_directory, _analyzer, true, IndexWriter.
MaxFieldLength.LIMITED))
{
    foreach (var doc in _docs)
    {
        writer.AddDocument(doc);
    }
    writer.Optimize();
}
```

모든 색인 작업이 완료되었습니다. 다음으로는 색인된 파일을 참조하여 검색을 진행하는 로직을 구현해보도록 하겠습니다.

검색도 루씬을 이용하면 간단히 로직을 구현할 수 있습니다. 먼저 색인 파일이 들어 있는 디렉토리를 지정해주고, 검색을 수행하는 Searcher 객체를 선언합니다.

```
IndexReader indexReader = IndexReader.Open(_directory, true);
Searcher indexSearch = new IndexSearcher(indexReader);
```

검색어 파싱을 담당하는 QueryParser를 선언합니다. 이때 QueryParser에 필요한 정보는 루씬 버전과, 검색될 컬럼이 무엇인지, 그리고 분석 옵션을 지정해 줍니다.

```
var queryParser = new QueryParser(luceneVersion, "TITLE", _analyzer);
var query = queryParser.Parse(q);
```

그리고 실제 검색된 결과를 출력해주는 로직만 구현하면 검색기의 기능은 완료됩니다.

```
var hits = resultDocs.ScoreDocs;

int currentRow = 0;
foreach (var hit in hits)
{
    var documentFromSearch = indexSearch.Doc(hit.Doc);
    Console.WriteLine("* Result {0}", ++currentRow);
    Console.WriteLine("\t-도서명 : {0}", documentFromSearch.Get("Title"));
    Console.WriteLine("\t-요약 : {0}", documentFromSearch.Get("Description"));
    Console.WriteLine("\t-가격 : {0}", documentFromSearch.Get("Price"));
}
```

위의 코드를 합치면 아래와 같은 예제를 구현할 수 있습니다.

[함께 해봐요] 색인과 검색 예제   Ex001.cs

```
01  using System;
02  using System.IO;
03  using Lucene.Net.Analysis;
04  using Lucene.Net.Index;
05  using Lucene.Net.Search;
06  using Lucene.Net.Documents;
07  using Lucene.Net.Store;
08  using Lucene.Net.Analysis.Standard;
09  using Lucene.Net.QueryParsers;
10
11  namespace RoadBook.CsharpBasic.Chapter12.Examples
12  {
13      public class Ex001
14      {
15          string indexPath = Environment.CurrentDirectory + "\\LuceneIndex";
16          Lucene.Net.Util.Version luceneVersion =
                  Lucene.Net.Util.Version.LUCENE_30;
17
18          System.Collections.Generic.List<Document> _docs;
19          Lucene.Net.Store.Directory _directory;
20          Analyzer _analyzer;
21
22          public void Run()
23          {
```

```csharp
24          Crawl();
25          Index();
26
27          Search("csharp");
28          Search("programming");
29      }
30
31      private void Crawl()
32      {
33          System.Collections.Generic.List<Model.Book> bookList =
                new System.Collections.Generic.List<Model.Book>()
34          {
35              new Model.Book { Id = "P001", Title = "Csharp Programming Basic",
                    Description = "C# 초급자들을 위한 기본서", Price = 35000 },
36              new Model.Book { Id = "P002", Title = "Csharp Programming Advance",
                    Description = "C# 고급자들을 위한 고급기술 서적", Price = 40000 },
37              new Model.Book { Id = "P003",
                    Title = "Java Programming With Lambda",
                    Description = "Lambda Expression을 이용한 자바 프로그래밍",
                    Price = 27000 },
38              new Model.Book { Id = "P004", Title = "Data Science With Python",
                    Description = "파이썬을 이용한 데이터 사이언스", Price = 48000 },
39              new Model.Book { Id = "P005", Title = "Apache Lucene",
                    Description = "검색엔진 구축을 위한 Lucene", Price = 25000 },
40              new Model.Book { Id = "P006", Title = "MS-SQL Database Management",
                    Description = "MS-SQL 관리", Price = 32000 }
41          };
42
43          _docs = new System.Collections.Generic.List<Document>();
44          foreach (var book in bookList)
45          {
46              var data = new Document();
47              data.Add(new Field("ID", book.Id, Field.Store.YES,
                        Field.Index.NOT_ANALYZED));
48              data.Add(new Field("TITLE", book.Title, Field.Store.YES,
                        Field.Index.ANALYZED));
49              data.Add(new Field("DESCRIPTION", book.Description,
                        Field.Store.YES, Field.Index.NOT_ANALYZED));
50              data.Add(new Field("PRICE", book.Price.ToString(),
                        Field.Store.YES, Field.Index.NOT_ANALYZED));
51
52              _docs.Add(data);
```

```
53                    }
54                }
55
56        private void Index()
57        {
58            _directory = FSDirectory.Open(new DirectoryInfo(indexPath));
59
60            _analyzer = new StandardAnalyzer(luceneVersion);
61
62            using (var writer = new IndexWriter(_directory, _analyzer, true,
                                IndexWriter.MaxFieldLength.LIMITED))
63            {
64                foreach (var doc in _docs)
65                {
66                    writer.AddDocument(doc);
67                }
68                writer.Optimize();
69            }
70        }
71
72        private void Search(string q)
73        {
74            IndexReader indexReader = IndexReader.Open(_directory, true);
75            Searcher indexSearch = new IndexSearcher(indexReader);
76
77            var queryParser = new QueryParser(luceneVersion, "TITLE", _analyzer);
78            var query = queryParser.Parse(q);
79
80            Console.WriteLine("[검색어] {0}", query);
81
82            TopDocs resultDocs = indexSearch.Search(query, indexReader.MaxDoc);
83
84            var hits = resultDocs.ScoreDocs;
85
86            int currentRow = 0;
87            foreach (var hit in hits)
88            {
89                var documentFromSearch = indexSearch.Doc(hit.Doc);
90                Console.WriteLine("* Result {0}", ++currentRow);
91                Console.WriteLine("\t-도서명 : {0}",
                                    documentFromSearch.Get("TITLE"));
92                Console.WriteLine("\t-요약 : {0}",
                                    documentFromSearch.Get("DESCRIPTION"));
```

```
93                    Console.WriteLine("\t-가격 : {0}",
                                    documentFromSearch.Get("PRICE"));
94          }
95
96          Console.WriteLine();
97      }
98  }
99 }
```

위의 예제는 말 그대로 토크나이징 방식으로 색인 및 검색을 한 예제입니다. 따라서 "Programming" 이라는 단어에 대한 검색 결과는 찾아볼 수 있지만 원 단어인 "Program"에 대한 검색 결과는 찾을 수 없습니다.

스테밍 방식을 이용해야 제대로 된 검색어 추출이 가능합니다.

Lucene.Net에서는

PorterStemFilter

를 제공해주기 때문에 간단히 상속 하나만으로 스테밍 검색이 가능하게 할 수 있습니다.

StemAnalyzer를 만들어 보도록 하겠습니다.

```
public class StemAnalyzer : Analyzer
{
    public override TokenStream TokenStream(string fieldName, TextReader reader)
    {
        return new PorterStemFilter(new StandardTokenizer(Lucene.Net.Util.Version.LUCENE_30, reader));
    }
}
```

또한 위의 예제에서는 특정 하나의 컬럼만 지정하여 검색을 하도록 구현했습니다. 하지만 만약, 책 제목과 책에 대한 요약 정보까지 같이 검색되도록 하기 위해서는, 즉 색인된 컬럼이 2개 이상인 경우 어떻게 해야 할까요?

바로 이것 또한 루씬에서 제공하는 MultiFieldQueryParser를 사용하면 됩니다.

```
var queryParser = new MultiFieldQueryParser(luceneVersion, new string[] {
"TITLE", "DESCRIPTION" }, _analyzer);
var query = queryParser.Parse(q);
```

위의 Analyzer를 이용한 스테밍 방식의 예제는 아래와 같습니다.

[함께 해봐요] 색인과 검색 예제   Ex002.cs

```
01  using System;
02  using System.IO;
03  using Lucene.Net.Analysis;
04  using Lucene.Net.Index;
05  using Lucene.Net.Search;
06  using Lucene.Net.Documents;
07  using Lucene.Net.Store;
08  using Lucene.Net.Analysis.Standard;
09  using Lucene.Net.QueryParsers;
10
11  namespace RoadBook.CsharpBasic.Chapter12.Examples
12  {
13      public class StemAnalyzer : Analyzer
14      {
15          public override TokenStream TokenStream(string fieldName,
                                                    TextReader reader)
16          {
17              return new PorterStemFilter(new StandardTokenizer
                    (Lucene.Net.Util.Version.LUCENE_30, reader));
18          }
19      }
20
21      public class Ex002
22      {
23          string indexPath = Environment.CurrentDirectory + "\\LuceneIndex";
24          Lucene.Net.Util.Version luceneVersion =
                  Lucene.Net.Util.Version.LUCENE_30;
25
26          System.Collections.Generic.List<Document> _docs;
27          Lucene.Net.Store.Directory _directory;
28          Analyzer _analyzer;
29
```

```csharp
30      public void Run()
31      {
32          Crawl();
33          Index();
34
35          Search("csharp");
36          Search("programming");
37      }
38
39      private void Crawl()
40      {
41          System.Collections.Generic.List<Model.Book> bookList =
                new System.Collections.Generic.List<Model.Book>()
42          {
43              new Model.Book { Id = "P001", Title = "Csharp Programming Basic",
                    Description = "C# 초급자들을 위한 기본서", Price = 35000 },
44              new Model.Book { Id = "P002", Title = "Csharp Programming Advance",
                    Description = "C# 고급자들을 위한 고급기술 서적", Price = 40000 },
45              new Model.Book { Id = "P003",
                    Title = "Java Programming With Lambda",
                    Description = "Lambda Expression을 이용한 자바 프로그래밍",
                    Price = 27000 },
46              new Model.Book { Id = "P004", Title = "Data Science With Python",
                    Description = "파이썬을 이용한 데이터 사이언스", Price = 48000 },
47              new Model.Book { Id = "P005", Title = "Apache Lucene",
                    Description = "검색엔진 구축을 위한 Lucene", Price = 25000 },
48              new Model.Book { Id = "P006",
                    Title = "MS-SQL Database Management",
                    Description = "MS-SQL 관리", Price = 32000 }
49          };
50
51          _docs = new System.Collections.Generic.List<Document>();
52          foreach (var book in bookList)
53          {
54              var data = new Document();
55              data.Add(new Field("ID", book.Id, Field.Store.YES,
                                Field.Index.NOT_ANALYZED));
56              data.Add(new Field("TITLE", book.Title, Field.Store.YES,
                                Field.Index.ANALYZED));
57              data.Add(new Field("DESCRIPTION", book.Description,
                                Field.Store.YES, Field.Index.ANALYZED));
58              data.Add(new Field("PRICE", book.Price.ToString(),
                                Field.Store.YES, Field.Index.NOT_ANALYZED));
```

```
59
60                          _docs.Add(data);
61                  }
62          }
63
64          private void Index()
65          {
66                  _directory = FSDirectory.Open(new DirectoryInfo(indexPath));
67
68                  //_analyzer = new StandardAnalyzer(luceneVersion);
69                  _analyzer = new StemAnalyzer();
70
71                  using (var writer = new IndexWriter(_directory, _analyzer, true,
                              IndexWriter.MaxFieldLength.LIMITED))
72                  {
73                      foreach (var doc in _docs)
74                      {
75                          writer.AddDocument(doc);
76                      }
77                      writer.Optimize();
78                  }
79          }
80
81          private void Search(string q)
82          {
83                  IndexReader indexReader = IndexReader.Open(_directory, true);
84                  Searcher indexSearch = new IndexSearcher(indexReader);
85
86                  var queryParser = new MultiFieldQueryParser(luceneVersion,
                              new string[] { "TITLE", "DESCRIPTION" }, _analyzer);
87                  var query = queryParser.Parse(q);
88
89                  Console.WriteLine("[검색어] {0}", query);
90
91                  TopDocs resultDocs = indexSearch.Search(query, indexReader.MaxDoc);
92
93                  var hits = resultDocs.ScoreDocs;
94
95                  int currentRow = 0;
96                  foreach (var hit in hits)
97                  {
98                      var documentFromSearch = indexSearch.Doc(hit.Doc);
```

```
 99             Console.WriteLine("* Result {0}", ++currentRow);
100             Console.WriteLine("\t-도서명 : {0}",
                            documentFromSearch.Get("TITLE"));
101             Console.WriteLine("\t-요약 : {0}",
                            documentFromSearch.Get("DESCRIPTION"));
102             Console.WriteLine("\t-가격 : {0}",
                            documentFromSearch.Get("PRICE"));
103         }
104
105         Console.WriteLine();
106     }
107   }
108 }
```

12.7 LINQ to XML을 이용한 데이터 색인

이제 실제 게시판에서 수집된 데이터를 색인할 수 있는 우리만의 색인기를 만들어볼 차례입니다.

XmlManager를 이용하여 색인기를 만들어 보도록 하겠습니다. 이미 색인 로직에 대한 설명은 위에서 했으므로, 바로 코드로 옮겨보도록 하겠습니다. 이번 개발도 여러분이 스스로 한번 해보도록 합니다.

스스로 해결해보세요

1. XmlManager를 이용하여 Read() 메소드를 호출한다.

2. Tags 컬럼이 색인 대상으로 설정한다.

문제를 풀어 보셨나요? 이제 여러분이 직접 짠 코드와 비교하면서 다음 코드를 살펴보도록 합시다.

```csharp
01  using System;
02  using System.Collections.Generic;
03
04  namespace RoadBook.CsharpBasic.Chapter12.Examples.Manager
05  {
06      public class IndexManager
07      {
08          private readonly char _directorySeparator =
                  System.IO.Path.DirectorySeparatorChar;
09          private readonly string _indexDirectoryPath =
                  Environment.CurrentDirectory + _directorySeparator + "indexer";
10
11          Lucene.Net.Util.Version luceneVersion = Lucene.Net.Util.Version.LUCENE_30;
12
13          List<Lucene.Net.Documents.Document> _docs;
14          Lucene.Net.Store.Directory _directory;
15          Lucene.Net.Analysis.Analyzer _analyzer;
16
17          private Manager.XmlManager _xmlManager;
18
19          public IndexManager()
20          {
21              _xmlManager = new Manager.XmlManager
                          (Manager.XmlManager.USE_TYPE.READ);
22          }
23
24          public void Run()
25          {
26              List<Model.Contents> contentsList = _xmlManager.Read();
27
28              _docs = new List<Lucene.Net.Documents.Document>();
29              foreach (var content in contentsList)
30              {
31                  var data = new Lucene.Net.Documents.Document();
32                  data.Add(new Lucene.Net.Documents.Field
                          ("IDX", content.Idx.ToString(),
                          Lucene.Net.Documents.Field.Store.YES,
                          Lucene.Net.Documents.Field.Index.NOT_ANALYZED));
```

```
33            data.Add(new Lucene.Net.Documents.Field
                      ("TITLE", content.Title,
                      Lucene.Net.Documents.Field.Store.YES,
                      Lucene.Net.Documents.Field.Index.NOT_ANALYZED));
34          data.Add(new Lucene.Net.Documents.Field("SUMMARY",
                      content.Summary, Lucene.Net.Documents.Field.Store.YES,
                      Lucene.Net.Documents.Field.Index.NOT_ANALYZED));
35          data.Add(new Lucene.Net.Documents.Field("CREATE_DT",
                      content.CreateDt.ToString(),
                      Lucene.Net.Documents.Field.Store.YES,
                      Lucene.Net.Documents.Field.Index.NOT_ANALYZED));
36          data.Add(new Lucene.Net.Documents.Field
                      ("CREATE_USER_NM", content.CreateUserNm,
                      Lucene.Net.Documents.Field.Store.YES,
                      Lucene.Net.Documents.Field.Index.NOT_ANALYZED));
37          data.Add(new Lucene.Net.Documents.Field("TAGS", content.Tags,
                      Lucene.Net.Documents.Field.Store.YES,
                      Lucene.Net.Documents.Field.Index.ANALYZED));
38
39          _docs.Add(data);
40        }
41
42      _directory = Lucene.Net.Store.FSDirectory.Open
                      (new System.IO.DirectoryInfo(_indexDirectoryPath));
43
44      _analyzer = new Lucene.Net.Analysis.Standard.StandardAnalyzer
                      (luceneVersion);
45
46      using (var writer = new Lucene.Net.Index.IndexWriter
                  (_directory, _analyzer, true,
                  Lucene.Net.Index.IndexWriter.MaxFieldLength.LIMITED))
47      {
48          foreach (var doc in _docs)
49          {
50              writer.AddDocument(doc);
51          }
52          writer.Optimize();
53      }
54    }
55  }
56 }
```

색인 옵션 지정 및 색인 파일 작성에 대한 로직은 Lucene.Net 예제를 기반으로 구성되어 있습니다. 각 라인에 대한 설명이 궁금하다면 루씬 첫번째 예제를 다시 한번 살펴보길 바랍니다.

마지막으로 검색기를 구현해 보도록 하겠습니다. 검색기는 XMLManager나 DBManager를 사용하는 일이 없고, 오로지 Lucene.Net 라이브러리만 사용하게 구성하면 됩니다.

12.8 색인된 파일을 가지고 검색기 만들기

[함께 해봐요] 데이터 검색 매니저 Manager/SearchManager.cs

```
01  using Lucene.Net.QueryParsers;
02  using System;
03
04  namespace RoadBook.CsharpBasic.Chapter12.Examples.Manager
05  {
06      public class SearchManager
07      {
08          private static char directorySeparator =
                  System.IO.Path.DirectorySeparatorChar;
09          string _indexDirectoryPath = Environment.CurrentDirectory +
                                  directorySeparator + "indexer";
10
11          Lucene.Net.Store.Directory _directory;
12          Lucene.Net.Util.Version luceneVersion = Lucene.Net.Util.Version.LUCENE_30;
13          Lucene.Net.Analysis.Analyzer _analyzer;
14
15          public SearchManager()
16          {
17              _directory = Lucene.Net.Store.FSDirectory.Open
                          (new System.IO.DirectoryInfo(_indexDirectoryPath));
18              _analyzer = new Lucene.Net.Analysis.Standard.StandardAnalyzer
                          (luceneVersion);
19          }
20
21          public void Run()
22          {
23              Lucene.Net.Index.IndexReader indexReader =
                  Lucene.Net.Index.IndexReader.Open(_directory, true);
```

```
24          Lucene.Net.Search.Searcher indexSearch =
                new Lucene.Net.Search.IndexSearcher(indexReader);
25
26          var queryParser = new QueryParser(luceneVersion, "TAGS", _analyzer);
27
28          Console.Write("검색어를 입력해주세요 :");
29          string q = Console.ReadLine();
30
31          var query = queryParser.Parse(q);
32
33          Console.WriteLine("[검색어] {0}", q);
34
35          Lucene.Net.Search.TopDocs resultDocs =
            indexSearch.Search(query, indexReader.MaxDoc);
36
37          var hits = resultDocs.ScoreDocs;
38
39          int currentRow = 0;
40          foreach (var hit in hits)
41          {
42              var documentFromSearch = indexSearch.Doc(hit.Doc);
43              Console.WriteLine("* Result {0}", ++currentRow);
44              Console.WriteLine("\t-제목 : {0}",
                                    documentFromSearch.Get("TITLE"));
45              Console.WriteLine("\t-내용 : {0}",
                                    documentFromSearch.Get("SUMMARY"));
46              Console.WriteLine("\t-태그 : {0}",
                                    documentFromSearch.Get("TAGS"));
47          }
48
49          Console.WriteLine();
50      }
51  }
52 }
```

이제 수집, 색인, 검색 기능을 모두 구현했으니, 이 매니저들을 실행하는 프로그램을 만들어보겠습니다.

```
01   namespace RoadBook.CsharpBasic.Chapter12.Examples
02   {
03       public class Ex003
04       {
05           public void Run()
06           {
07               Manager.CrawlManager cm = new Manager.CrawlManager();
08
09               cm.Run();
10           }
11       }
12   }
```

수집기가 호출되면, 프로젝트 폴더에 다음과 같이 XML 형태의 문서가 저장될 것입니다. 여러 번
수집기를 실행하게 되면 기존의 파일은 backup 폴더로 이동하고, 최근 수집 파일이 crawled 폴더
에 저장됩니다.

[그림 12-6] 수집된 파일

XML 파일을 열어보면 다음과 같은 내용이 들어 있습니다.

```
<?xml version="1.0" encoding="utf-8"?>
<result>
  <row>
    <idx>1</idx>
    <title><![CDATA[안녕하세요]]></title>
    <summary><![CDATA[첫 번째 글이네요]]></summary>
    <create_date>2019-03-16T00:00:00</create_date>
    <create_user><![CDATA[관리자]]></create_user>
    <tags><![CDATA[#인사 #안녕하세요 #처음이에요]]></tags>
  </row>
  <row>
    <idx>2</idx>
    <title><![CDATA[공지사항입니다]]></title>
```

```xml
      <summary><![CDATA[이번주에 스터디가 있습니다. 장소는 추 후 공지 하겠습니다.]]></summary>
      <create_date>2019-03-16T00:00:00</create_date>
      <create_user><![CDATA[관리자]]></create_user>
      <tags><![CDATA[#스터디 #공지사항]]></tags>
    </row>
    <row>
      <idx>3</idx>
      <title><![CDATA[가입인사드려요]]></title>
      <summary><![CDATA[자주 활동할게요^^]]></summary>
      <create_date>2019-03-16T00:00:00</create_date>
      <create_user><![CDATA[유저1]]></create_user>
      <tags><![CDATA[#인사]]></tags>
    </row>
    <row>
      <idx>4</idx>
      <title><![CDATA[저도 오늘 가입했어요]]></title>
      <summary><![CDATA[열심히 공부하고싶어요]]></summary>
      <create_date>2019-03-16T00:00:00</create_date>
      <create_user><![CDATA[유저2]]></create_user>
      <tags><![CDATA[#인사 #열공모드]]></tags>
    </row>
    <row>
      <idx>5</idx>
      <title><![CDATA[C#스터디]]></title>
      <summary><![CDATA[C#은 너무나도 방대한 학문 같아요. 같이 공부해요^^]]></summary>
      <create_date>2019-03-16T00:00:00</create_date>
      <create_user><![CDATA[유저2]]></create_user>
      <tags><![CDATA[#스터디]]></tags>
    </row>
    <row>
      <idx>6</idx>
      <title><![CDATA[안녕하세요]]></title>
      <summary><![CDATA[웹프로그래밍 재밌네요!!

]]></summary>
      <create_date>2019-03-16T00:00:00</create_date>
      <create_user><![CDATA[유저1]]></create_user>
      <tags><![CDATA[#스터디 #씨샵]]></tags>
    </row>
</result>
```

이 XML 파일을 가지고 색인기를 실행해보도록 하겠습니다.

```
01  namespace RoadBook.CsharpBasic.Chapter12.Examples
02  {
03      public class Ex004
04      {
05          public void Run()
06          {
07              Manager.IndexManager im = new Manager.IndexManager();
08
09              im.Run();
10          }
11      }
12  }
```

색인기를 실행하면 다음과 같이 역파일이 저장될 것입니다.

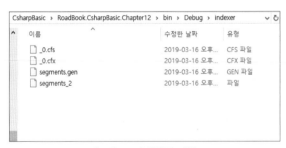

[그림 12-7] 색인된 파일

이 색인된 파일을 가지고 검색기를 호출하도록 하겠습니다.

```
01  namespace RoadBook.CsharpBasic.Chapter12.Examples
02  {
03      public class Ex005
04      {
05          public void Run()
06          {
```

```
07              Manager.SearchManager sm = new Manager.SearchManager();
08
09              sm.Run();
10          }
11      }
12  }
```

검색 결과는 다음과 같습니다.

```
검색어를 입력해주세요 : 스터디(입력)
[검색어] 스터디
* Result 1
- 제목 : C#스터디
- 내용 : C#은 너무나도 방대한 학문 같아요. 같이 공부해요^^
- 태그 : #스터디
* Result 2
- 제목 : 공지사항입니다
- 내용 : 이번주에 스터디가 있습니다. 장소는 추 후 공지 하겠습니다.
- 태그 : #스터디 #공지사항
* Result 2
- 제목 : 안녕하세요
- 내용 : 웹프로그래밍 재밌네요!!
- 태그 : #스터디 #씨샵
```

이렇게 해서 검색엔진을 만들어보았습니다. 이 검색엔진을 기본으로 "데이터 분석"을 하여, 최근에는 '추천 시스템' 혹은 '개인화 시스템'을 개발하는 데 많이 사용합니다. 특히 IT에서 가장 화두가 되고 있는 데이터 관련 분야로 진로를 결정하게 된다면, 지금 배운 루씬뿐만 아니라 엘라스틱 서치도 살펴볼 것을 추천합니다.

부록

1. MacOS에서 비주얼 스튜디오 설치하기

과거에는 윈도우 플랫폼에서만 동작했던 C# 언어가, 오픈소스 시장의 중요성을 감지하면서 .NET Core를 개발하게 되었고 자연스럽게 타 플랫폼에서도 동작할 수 있게 발전되었습니다.

최근 개발자들은 맥북을 많이 사용합니다. 이제는 MacOS에서도 비주얼 스튜디오를 설치하고, C# 개발이 가능합니다. 이번 장에서는 MacOS에서 비주얼 스튜디오를 설치하는 방법에 대해 살펴보겠습니다.

비주얼 스튜디오 다운로드 페이지에서, MacOS용을 선택하여 다운로드 합니다.

[그림 부록-1] Visual Studio for Mac 다운로드

다운로드가 완료 되면 dmg 파일로 저장됩니다.

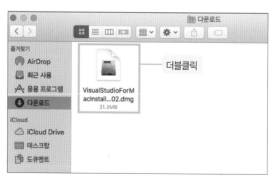

[그림 부록-2] Visual Studio 설치 파일 생성

dmg 파일을 더블 클릭 하면 비주얼 스튜디오가 설치됩니다.

[그림 부록-3] Visual Studio 설치하기

Mac에서 경고 메시지가 보이더라도, 안전한 파일이기 때문에 '열기' 버튼을 클릭합니다.

[그림 부록-4] Visual Studio 설치 경고 메시지

설치 도중 나타나는 메시지들에 대해, '계속' 버튼을 클릭하며 설치를 진행합니다.

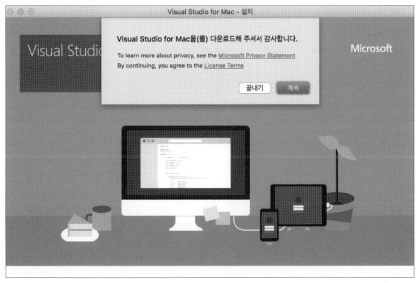

[그림 부록-5] Visual Studio 설치 계속

Xcode도 Mac 사용자들은 유용하게 쓰는 도구이기 때문에 '계속' 버튼을 클릭합니다.

[그림 부록-6] Xcode 설치

무엇을 설치할 것인지 물어보는 안내 창이 뜰 경우, 우리는 C# 개발을 할 것이기 때문에 .NET Core 플랫폼을 선택하고 '설치' 버튼을 클릭합니다.

[그림 부록-7] .NET Core 설치

MacOS에 문제가 있지 않은 이상, 설치가 계속 진행됩니다.

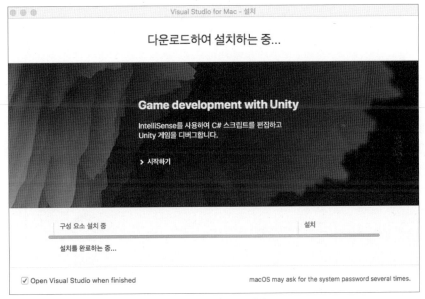

[그림 부록-8] 설치 진행

비주얼 스튜디오가 Mac에서 설치 완료되었습니다. 프로젝트를 구성해보겠습니다. 먼저 '새 프로젝트' 버튼을 클릭합니다.

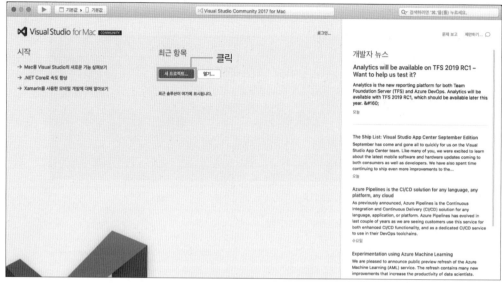

[그림 부록-9] Visual Studio 첫 메인 화면

우리는 콘솔 프로그래밍을 통해 C# 공부를 하기 때문에, '콘솔 응용 프로그램'을 선택하고 '다음' 버튼을 클릭합니다.

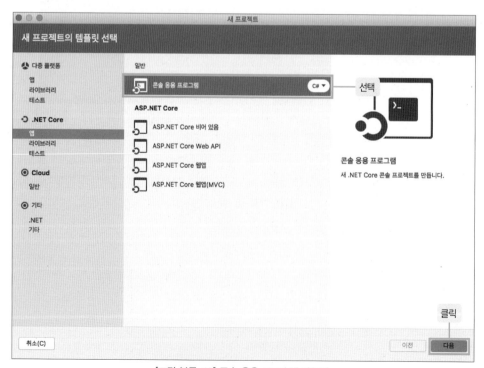

[그림 부록-10] 콘솔 응용 프로그램 만들기

프로젝트 이름과 솔루션 이름, 그리고 파일이 저장될 위치를 기록하고, '만들기' 버튼을 클릭합니다.

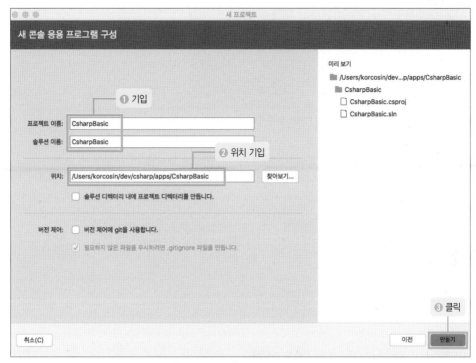

[그림 부록-11] 프로젝트 만들기

Program.cs 파일에서, 아래의 코드를 입력합니다.

```
Console.WriteLine("Hello World");
```

위 코드는 1장에서 설명을 하기 때문에, 자세한 코드의 설명은 부록에서는 생략합니다.

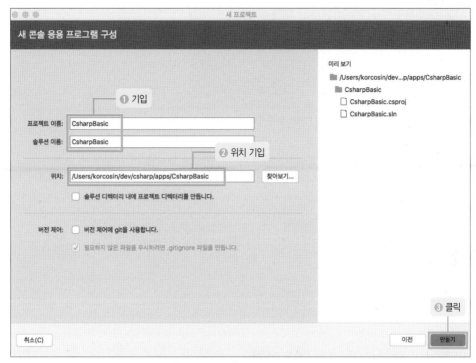

[그림 부록-12] 코드 작성

구현된 코드를 실행하기 위해, 비주얼 스튜디오 상단 '실행' 탭에서 '디버깅하지 않고 시작' 혹은 '디버깅 시작'을 클릭합니다.

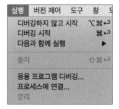

[그림 부록-13] 프로그램 실행하기

비주얼 스튜디오에서 컴파일을 진행하고, 콘솔창으로 "Hello World"라는 문구가 출력되는 화면이 출력됩니다.

[그림 부록-14] 프로그램 실행 화면

2. 비주얼 스튜디오와 깃헙 연동하기

비주얼 스튜디오에서 확장 도구를 사용하여 책에 나와 있는 예제소스를 바로 연동하여 사용할 수 있습니다. 이 방법은 이 책의 예제 프로젝트뿐만 아니라, 다른 깃헙 프로젝트도 연동할 수 있습니다.

먼저 비주얼 스튜디오 〉 도구 〉 확장 및 업데이트를 선택합니다.

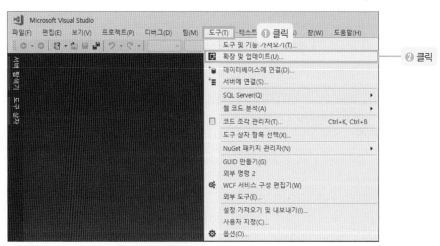

[그림 부록-15] Visual Studio 도구 확장

우 상단의 검색창에 "github"로 검색을 하면, "GitHub Extension for Visual Studio"라는 확장 프로그램이 보여집니다. 해당 확장 도구를 설치하면 됩니다. 만약 이미 설치되어 있다면 아래 그림과 같이 보일 것입니다. 만약 설치가 안 되어 있다면, 설치 버튼이 보일 것이고 해당 버튼을 클릭하면 자동으로 도구가 설치됩니다.

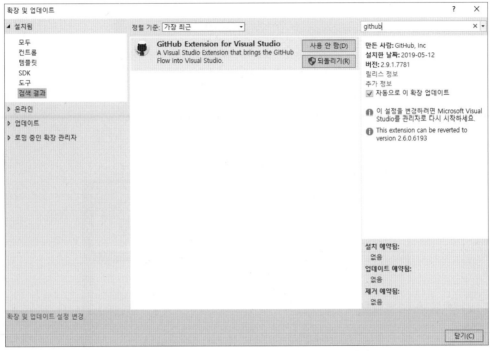

[그림 부록-16] GitHub Extension for Visual Studio 설치하기

설치가 완료되면, "팀 탐색기"를 열어 필자의 GitHub Repository URL을 복사하여 연동을 하면 됩니다. 아래와 같이 연동할 경우, "D:₩books₩github" 폴더 아래에 해당 프로젝트가 저장되는 것을 확인할 수 있습니다.

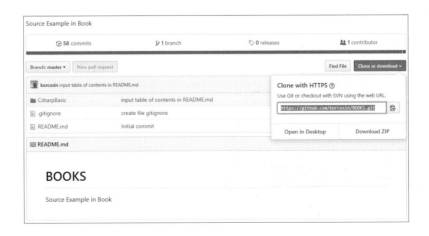

[그림 부록-17] GitHub Repository 연동하기

GitHub이 연동되면 비주얼 스튜디오 솔루션 탐색기에 해당 프로젝트 소스가 모두 포함되어 있는 것을 확인할 수 있습니다.

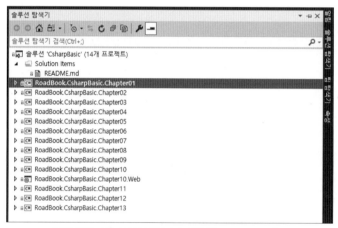

[그림 부록-18] 솔루션 탐색기에 연동 된 GitHub 프로젝트

위의 방식은 단순히 필자 깃헙에 저장된 Repository URL을 받아서 읽기 형식(ReadOnly)으로 코드를 분석하고 실행하는 데에 초점을 두고 있습니다. 만약 여러분이 필자의 코드에서 조금 더 변형을 해보고 싶고, 자신만의 코드 관리를 하고 싶다면 GitHub의 포크Fork 기능을 사용하면 됩니다.

3. 나의 깃헙에서 소스 관리하기 (깃헙의 포크 기능)

여러분의 계정으로 로그인 후, https://github.com/korcosin/BOOKS에 접속합니다. 해당 프로젝트 화면에서 우측 상단에 Fork 라는 버튼이 있는데, 이 버튼을 클릭합니다.

[그림 부록-19] GitHub Fork 하기

포크Fork의 의미는, 여러분이 음식을 먹을 때 포크로 음식을 집어서 자신의 그릇으로 옮기는 행위와 같습니다.

즉, korcosin(필자의 계정)의 BOOKS 프로젝트를 포크로 집어서 자신의 계정으로 옮기는 것입니다. 아래 그림과 같이 프로젝트를 복사하는 로딩 이미지가 지나고 나면 자신의 GitHub 계정에 해당 프로젝트가 담겨 있는 것을 확인할 수 있습니다.

[그림 부록-20] 필자의 프로젝트 코드를 여러분의 계정으로 옮기는 작업

해당 프로젝트가 정상적으로 Fork가 되었다면 자신의 Repository URL을 가지고 [그림 부록—17]
과 같이 연동 작업을 진행하면 됩니다.

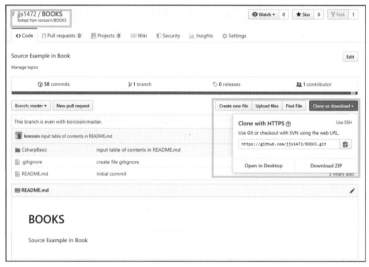

[그림 부록—21] 내 GitHub 계정으로 옮겨진 프로젝트

마지막으로, 여러분이 수정한 코드가 필자의 프로젝트 예제에도 반영이 되길 원하신다면(코드의
오류 혹은 코드의 개선 목적), 저에게 PR_{Pull Request}를 보낼 수도 있습니다. 먼저 여러분이 Fork해
서 가져온 프로젝트에서

RoadBook.CsharpBasic.Chapter01 > Examples > Hello.cs

파일을 열어 본 후, 다음과 같이 코드를 변경해보겠습니다.

Console.WriteLine("안녕하세요");

원래 영어로 된 인사말 Console 출력문이었는데, 한국어로 변경한 간단한 코드 수정입니다.

[그림 부록—22] 코드 수정

코드 수정 후, 솔루션 탐색기를 확인 해보면, Hello.cs 파일에 빨간색으로 체크가 된 것을 확인할 수 있습니다. 이렇게 체크가 된 이유는 GitHub에 저장된 Repository의 소스와 다르게 변경되었다는 의미입니다. 이제 해당 파일을 오른쪽 마우스 클릭하여 "커밋"을 클릭합니다. 여기서 "커밋"의 의미는 수정된 코드를 내 저장소로 보내겠다는 의미입니다.

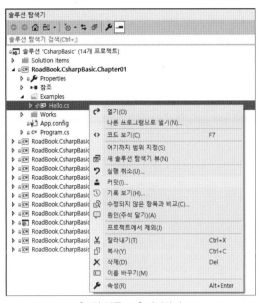

[그림 부록-23] 커밋하기

"커밋" 하기를 처음 할 때는 자신의 계정을 확인하는 확인 창이 최초 한번 실행됩니다. 이 때, 자신의 계정 정보를 입력하면 됩니다.

[그림 부록-24] 계정 입력하기

계정을 입력하면 변경 내용을 확인 할 수 있는 탐색기 창이 생성 됩니다. 여기서 변경된 코드인 Hello.cs를 오른쪽 마우스 클릭하여 "스테이징으로 이동"을 선택합니다.

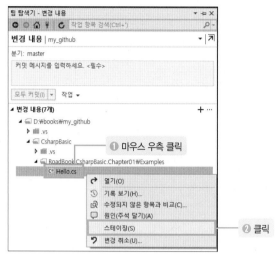

[그림 부록-25] 스테이징 클릭

마지막으로 "커밋 메시지를 입력하세요"라는 노란색 텍스트 박스에,

이 코드를 수정하는 이유

를 작성하고, "스테이징된 항목 커밋 후 푸시"를 선택합니다.

[그림 부록-26] 스테이징된 항목 커밋 후 푸시

푸시가 성공이 되었다면, 다시 GitHub 페이지로 돌아와서, Pull Request 라는 탭으로 이동합니다. 이동 후, New Pull request 버튼을 클릭합니다.

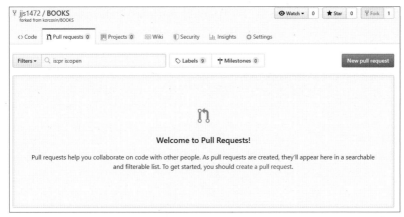

[그림 부록-27] Pull Request 하기

New Pull request 버튼을 클릭하면, 아래와 같이

Base repository: korcosin/BOOKS | base:master
<= head repository: jjs1472/BOOKS | base:master

셀렉트 박스 4개가 생깁니다. 첫 번째 base repository의 의미는 "최종 목적지"이고 두 번째 base repository의 의미는, "시작점"입니다. 즉, jjs1472라는 계정의 저장소의 코드를 korcosin(저자의 계정)의 저장소로 옮기는 것을 요청하겠다는 의미입니다. 그리고 제일 밑에 화면을 보면 어떤 코드가 수정될 것인지 한 눈에 보입니다.

우선 Create pull Request 버튼을 클릭합니다.

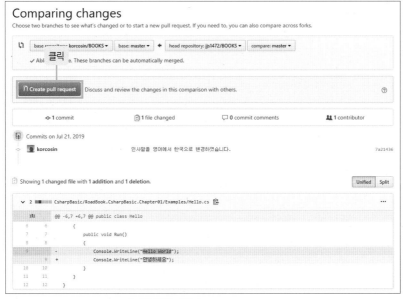

[그림 부록-28] Create pull request

생성된 텍스트 박스에 Pull Request 메시지를 입력한 후 Create Pull Request를 최종적으로 클릭합니다.

이렇게 보내진 Pull Request를 저자가 확인하여, 옳다고 생각하면 해당 코드를 병합(Merge)합니다. 병합하는 순간 여러분이 제시한 코드가, 실제 저자의 코드에도 반영이 되는 것입니다.

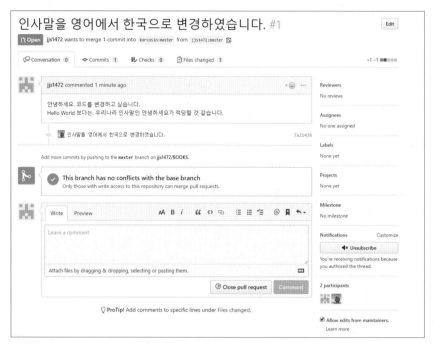

[그림 부록-29] Pull Request 완료

4. Log4Net 사용하기

Log4Net은 개발자들이 만들어 놓은 프로그램이 얼마나 잘 동작하고 있는지, 오류는 얼마나 발생하고 있는지 히스토리를 확인할 수 있는 문서 기록 도구입니다. 여러분은 지금까지 프로그램을 만들면서, 가끔씩 부정확하게 동작하는 경우를 콘솔창에서 확인할 수 있었습니다. 물론 개발 단계에서는 콘솔창에서 부정확하게 동작하는 경우에 대한 디버깅도 할 수 있기 때문에 문서 기록은 중요하지 않지만, 여러분이 만든 프로그램이 다양한 사람들에게 실시간으로 계속 사용될 만큼 가치 있는 프로그램으로 발전되었을 때, 오류에 대한 발 빠른 대응은 개발자에게 필수적인 역량으로 자리 잡을 것입니다. 서버에 기록된 오류, 혹은 특정 사용자의 컴퓨터에서 나타난 오류 등을 확인하기 위해서는 콘솔창의 에러 메시지가 아닌, 문서로 기록된 "로그"를 확인해야 합니다.

"솔루션 탐색기에서 오른쪽 마우스 클릭 〉 Nuget 패키지 관리"를 선택합니다

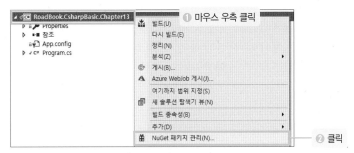

[그림 부록-30] Nuget 패키지 관리

"log4net"을 검색한 후, 가장 안정적인 버전을 설치합니다.

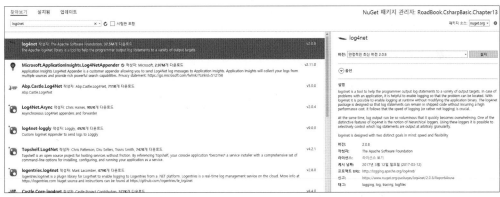

[그림 부록-31] log4net 설치

설치가 완료되면, App.config 파일에서 Log4Net의 기본적인 설정을 정의해주어야 합니다.

[함께 해봐요] Log4Net 설정   App.config

```
01  <?xml version="1.0" encoding="utf-8" ?>
02  <configuration>
03      <configSections>
04          <section name="log4net" type=
              "log4net.Config.Log4NetConfigurationSectionHandler, log4net"/>
05      </configSections>
06
07      <log4net>
08          <appender name="RollingFile" type="log4net.Appender.RollingFileAppender">
09              <file value="c:\my_log\log4net.log"/>
```

```
10              <appendToFile value="true"/>
11              <datePattern value="yyyy-MM-dd"/>
12              <rollingStyle value="Date"/>
13              <maxSizeRollBackups value ="10"/>
14              <maximumFileSize value ="10MB"/>
15              <layout type="log4net.Layout.PatternLayout">
16                  <conversionPattern value="[%d]%m%n"/>
17              </layout>
18          </appender>
19
20          <root>
21              <level value="DEBUG"/>
22              <appender-ref ref="RollingFile"/>
23          </root>
24      </log4net>
25
26      <startup>
27          <supportedRuntime version="v4.0" sku=".NETFramework,Version=v4.5.2" />
28      </startup>
29  </configuration>
```

별색으로 명시된 부분이 Log4Net을 설정하는 부분입니다. App.config는 XML 형태로 되어 있으며, 프로그램이 동작하기 전 기억해야 할 부분들을 미리 정의해 놓는 곳입니다. 우선 Log4Net에 설정된 모든 정의문을 이해할 필요는 없습니다. 해당 부분은 Log4Net이 동작할 수 있도록 가장 최소한의 설정만으로 이루어져 있습니다. 자세한 내용은 Log4Nett 문서를 확인하여 여러분이 직접 자신의 프로그램 동작에 맞게 설정을 하도록 합니다.

위의 내용 중에 한가지 중요한 부분은

```
<file value="c:\my_log\log4net.log" />
```

입니다. 이는 프로그램이 실행하면서 로그 파일이 저장될 위치를 설정하는 부분입니다. 위와 같이 명시하게 된다면 C 드라이브의 my_log 폴더 안에 log4net.log 파일이 생성될 것입니다.

다음으로는 프로그램에서 어떻게 로그 처리를 하는지 확인해보도록 하겠습니다.

```
01   using log4net;
02
03   [assembly: log4net.Config.XmlConfigurator(Watch = true)]
04   namespace RoadBook.CsharpBasic.Chapter13
05   {
06       class Program
07       {
08           static ILog log = LogManager.GetLogger("Program");
09
10           static void Main(string[] args)
11           {
12               log.Debug("디버깅 메시지");
13               log.Info("정보 메시지");
14               log.Warn("경고 메시지");
15               log.Error("에러 메시지");
16               log.Fatal("치명적인 에러 메시지");
17           }
18       }
19   }
```

위의 프로그램 실행 단계는 다음과 같습니다.

[assembly: log4net.Config.XmlConfigurator(Watch = true)]

우선 프로그램에서 log4net config를 읽어 들이겠다는 정의를 내립니다. 그리고 Logger로 불려지는 log 출력용 인스턴스를 취득합니다(Program 클래스에서 사용하겠다는 명시).

Main 메서드에서는 로그 출력용 명령문을 입력합니다. 이 때 사용하는 메시지의 종류는 5가지가 있습니다.

- Debug: 디버깅을 위한 메시지(실제 배포된 프로그램에는 사용되지 않은 경우가 많습니다)
- Info: 프로그램이 실행하면서 최소한의 정보를 기록하기 위한 Info성 메시지
- Warn: 사용자가 잘못된 작동을 했을 경우 기록합니다.
- Error: 프로그램에서 에러가 났을 경우 기록합니다(보통 Try Catch문에 묶여져 있는 예외상황에 대한 Error를 많이 기록합니다).
- Fatal: 치명적인 에러가 났을 경우 기록합니다.

위의 프로그램을 실행 후에, 여러분이 지정한 log 파일을 확인하면 다음과 같이 기록되어 있을 것입니다.

```
[프로그램실행시각]디버깅 메시지
[프로그램실행시각]정보 메시지
[프로그램실행시각]경고 메시지
[프로그램실행시각]에러 메시지
[프로그램실행시각]치명적인 에러 메시지
```

찾아보기

수백 번 듣는 것보다 한번 만들어봄만 하리라!

百見不如一打

백견불여일타

C# 입문